Das waren die deutschen Kampfflieger-Asse 1939—1945

Georg Brütting

DAS WAREN DIE DEUTSCHEN KAMPFFLIEGER-ASSE 1939–1945

MOTORBUCH VERLAG STUTTGART

Umschlagzeichnung: Carlo Demand.
Die Zeichnung zeigt die Flugzeugtypen Ju 88 A-4 und He 111 H-.
Einband-Konzeption: Siegfried Horn.

Fotos und Zeichnungen: Bätcher 5, Bildstelle III./KG 100 2, Bleibtreu 1, Bundesarchiv Koblenz 28, Hoffmann 1, Kowalewski 6, Dr. Kühl 1, Kuntz 1, Mühlbradt 2, Ohmayer 1, Dr. Petertil 2, Röder 1, Röthke 1, Sierstorpff 1, Sperling 1. Alle übrigen Fotos und Zeichnungen vom Autor.

ISBN 3-87943-345-3

7. Auflage 1986

Copyright © by Motorbuch Verlag, 7000 Stuttgart 1, Postfach 13 70.
Eine Abteilung des Buch- und Verlagshauses Paul Pietsch GmbH & Co. KG.
Sämtliche Rechte der Verbreitung – in jeglicher Form und Technik – sind vorbehalten.
Satz und Druck: HENKELdruck, Grafischer Betrieb, 7000 Stuttgart 40.
Bindung: Franz Spiegel Buch GmbH, 7900 Ulm.
Printed in Germany.

INHALT

Zu diesem Buch	7
Der Kampfflieger —	
und seine Besatzung	9
ihr Auftrag	14
... und seine Flugzeuge	16
Die Asse ...	
Werner Baumbach	34
Dietrich Peltz	67
Joachim Helbig	81
Hermann Hogeback	101
Martin Harlinghausen	111
Dr. Ernst Kühl	133
Hansgeorg Bätcher	142
Kampfflieger-Asse — Eichenlaubträger	162
Ritterkreuzträger der Kampfflieger	178
Neuartige Einsätze der deutschen Kampffliegerei	267
Der letzte große Erfolg der deutschen Kampffliegerei	272
Die Asse der fernlenkbaren Flugkörper (FK)	278
Kampfflieger im OKW-Bericht	287
Namensregister	302
Literaturverzeichnis	307

ZU DIESEM BUCH

Generalleutnant Walter Wever, der erste Generalstabschef der Luftwaffe, krönte seine programmatische Rede bei der Eröffnung des Lehrbetriebes an der neu gegründeten Akademie der Luftwaffe am 1. November 1935 mit der Feststellung: »Vergessen Sie niemals — die entscheidende Waffe des Luftkrieges ist der Bomber.«
Über die Bedeutung dieser Waffengattung sagt Generalmajor Dietrich Peltz, der erste General der Kampfflieger aus der jungen Generation, es war eine Waffengattung, »in der alle miteinander verbunden waren und in der die fortschreitende, vielgestaltige Technik allen eine spezielle, aber letztlich auf das Ganze gerichtete Verhaltensweise aufzwang. Immer stand das Zusammengehörigkeitsgefühl obenan, herrschte die Gewißheit, sich auch in kritischen Situationen aufeinander verlassen zu können. Deshalb gab es bei den Kampffliegern nur wenige hervorstechende Einzelleistungen, vorherrschend waren die Gemeinschaftserfolge einer Besatzung, der Gruppe oder der Verbände. Das unbeirrbare Ansteuern der befohlenen Ziele war das besondere Kennzeichen der Kampfflieger. Das verbindet, verpflichtet gegenseitig. Die Fortschritte der Technik trugen dem Einzelnen und der Gemeinschaft eine spezielle Verhaltensweise auf.«
Über den Einsatz der Kampfflieger schreibt Generalfeldmarschall Albert Kesselring in seinen Lebenserinnerungen »Soldat bis zum letzten Tag«: »Der Oberbefehlshaber der Luftwaffe wußte, daß die schlacht- und feldzugsentscheidenden Erfolge nur zustande ge-

kommen waren, weil die Truppe, die fliegenden Besatzungen und das technische Personal voran, in einem an Raubbau grenzenden Umfang die ihr übertragene Aufgabe bewältigten und daß die operativen Kräfte, um Lücken der Nahkampffliegerei zu stopfen, mit in die Kämpfe des Heeres einbezogen wurden.«
Dazu kam der verhängnisvolle Entwicklungsstopp im Herbst 1940, »was«, nach den Worten von Kesselring, »wiederum nichts anderes bedeutete, als auf die Fortentwicklung einer entscheidenden modernen Luftwaffe zu verzichten.«
Um mit dem Urteil maßgebender Männer fortzufahren — Baumbach: »Die materielle, die technische und die personelle Überlegenheit der Anglo-Amerikaner mußte jeden Versuch einer rationellen und wirksamen Kampfführung zum Scheitern bringen.«
Und Kesselring schließt seine Betrachtung: »So sehen wir das Bild, daß eine Waffe, die in ihrer Entstehungszeit Einmaliges vollbrachte und die hätte befähigt sein können, den Kriegsausgang maßgeblich zu beeinflussen, in der kritischsten Kriegsperiode als Wrack am Boden lag.«
An anderer Stelle, in der er die Bedeutung der Luftwaffe würdigt, schreibt Kesselring: »Diese Worte sollen geschrieben werden, um die einmaligen Leistungen der Luftwaffe nicht in Vergessenheit geraten zu lassen...«
Und aus diesem Grunde wurde auch dieses Buch geschrieben...

Georg Brütting

DER KAMPFFLIEGER — UND SEINE BESATZUNG

Das Temperament prägt den Charakter. Nie kam dies deutlicher zum Ausdruck als in den verschiedensten Einsatzmöglichkeiten des Fliegers im Zweiten Weltkrieg. »Die Bomber hatten eine vom Jagdflieger verschiedene Einstellung«, schreibt Werner Baumbach über den Typ des Kampffliegers. »Die Art ihres Einsatzes über weite Strecken, in das Hinterland des Feindes, über See, bei Schlechtwetter und bei Nacht, der geschlossene Angriff im Verbandsflug, überhaupt die Eigenschaften des langsameren Bomberfluges, all das bestimmt das Gesicht des Kampffliegers, der äußerlich ruhiger, ausdauernder, gesetzter (in der Jagdfliegersprache: »sturer«) erschien. Im weiteren Verlauf des Krieges wurde auch vom Kampfflieger in der Beherrschung seines Flugzeuges, insbesondere bei Angriff und Abwehr, größere Wendigkeit verlangt.
Die Jagdflieger lernten unsere Nöte bei ihren Jabo- und Schlechtwettereinsätzen kennen. So bildete sich gegen Ende des Krieges mehr und mehr ein einheitlicher Typus des Frontfliegers schlechthin heraus. Doch ein guter Jagdflieger wurde selten ein guter Kampfflieger und umgekehrt. Der Kampfflieger mußte immer auf dem Sprung sein, nicht abgeschossen zu werden. Immer nach Aushilfen und Ausweichen suchend, durfte er seine eigentliche Aufgabe, seine Bomben sicher ins Ziel zu bringen, nicht vergessen. Über die inneren Gegensätzlichkeiten zwischen Jägern und Bombern verband beide eine unausgesprochene herbe Kameradschaft, die sich um so mehr bewährte, je mehr Haare man zusammen gelassen hatte.«

Der Kampfflieger war der am weitesten reichende Arm der Kriegführung, das Rückgrat der Luftkriegführung. Dafür brauchte er eine besondere, eine langwierige Ausbildung. Die Beherrschung seines Flugzeugtyps war selbstverständliche Voraussetzung. Er mußte mehrmotorige Flugzeuge in allen Fluglagen meistern. Da die Flüge oft stundenlang und mehrere hundert Kilometer über unbekanntes Gelände in Feindgebiet führten, mußte der Kampfflieger darüber hinaus Meister der Navigation in jeder Form und allen dazugehörigen Instrumenten sein. Da ferner der Auftrag bei jedem Wetter, bei den schwierigsten Wetterlagen durchgeführt werden mußte, war der Blindflug und die Kenntnis der dafür notwendigen Instrumente eine weitere Selbstverständlichkeit für den Kampfflieger, ehe er überhaupt zum Verband und zum Einsatz kam. Die vielgestaltigen Anforderungen konnte er nicht allein erfüllen. Daher war die Besatzung der Inbegriff der Kampffliegerei.

Der Erfolg des Einsatzes beruhte immer auf einer Gemeinschaftsleistung, auf dem Können des gesamten Verbandes, ganz gleich in welcher Stärke er flog. Letztendlich aber war er immer abhängig von dem guten Zusammenwirken der ganzen Flugzeugbesatzung, die in den meisten Flugzeugtypen der Kampffliegerei aus Flugzeugführer, Beobachter, Bordfunker, Bordmechaniker und Bordschütze bestand. Der Flugzeugführer, der »Kutscher« im Luftwaffenjargon, war für die technische und taktische Vorbereitung und Durchführung des Fluges verantwortlich. Bei der Ju 88 wurde er darüber hinaus noch der Kommandant und daher kam ihm in diesem modernsten Kampfflugzeug der deutschen Luftwaffe im Zweiten Weltkrieg besondere Bedeutung zu. Er warf im Sturzflug seine Bomben selbst. Der Beobachter, der »Franz«, der oft auch eine Flugzeugführerausbildung hatte, war bei den meisten Kampfflugzeugtypen zweiter Flugzeugführer. Er unterstützte den Flugzeugführer bei Start und Landung, in der Überwachung der Triebwerke und der Bordinstrumente. Den Weg zum Ziel und den Flug zum Einsatzhafen zu finden, ob bei blauem Himmel, ob in der Wasch-

küche von Wolken, ob bei Nacht, war seine Aufgabe. Kurse absetzen, Knemeyer, Karte, Kurs und Kompaß überrechnen, aus einer Wolkenlücke mit Erdsicht franzen, in Zusammenarbeit mit dem Funker Peilungen einholen, Standorte bestimmen, halfen ihm dabei. Als Bombenschütze führte er über dem Ziel den Bombenwurf durch und griff im Luftkampf, wie Bordfunker und Bordschütze, zum Maschinengewehr. Eng war meist der Platz für den Bordfunker zwischen Panzerplatten und Bordkanonen. Hier bediente er die Funkgeräte und unterstützte Flugzeugführer und Beobachter in der Navigation. In den Wickelungen seiner Geräte liefen jene Drähte, die ein unsichtbares Band knüpften zwischen dem Einsatzhafen und dem Kampfflugzeug irgendwo in der Tiefe des feindlichen Raumes. Eine gründliche Ausbildung auf Nachrichten- und Waffenschulen befähigte ihn dazu.
Der Bordmechaniker oder Bordschütze hatte die Verteidigung des Flugzeuges nach hinten unten. Oft hing das Schicksal der Besatzung vom Kameraden in der Wanne, vom Mann »im Keller« ab. Er mußte als Rückendeckung feindliche Flugzeuge frühzeitig und sicher erkennen und sollte natürlich ein guter Schütze sein. Gar manches Mal mußte nach harten Kämpfen der eine den anderen ersetzen. So bildeten Soldaten verschiedener Dienstgrade mit verschiedenen Ausbildungsgängen und bestimmten, aber unterschiedlichen Aufgaben doch schließlich eine einzige Kampfgemeinschaft, die sich oft über Jahre bewährte und keinen ihrer Männer durch Versetzung verlieren wollte. Es war eine gute Einrichtung, daß die Männer des fliegenden Personals auch nach dem Einsatz, beim Essen und auf dem Horst zusammen blieben.
Aber auch sie standen nicht allein. Was über die Besatzung hinaus zum Einsatz eines Kampfflugzeuges gehörte, zeigt die Bildtafel Seite 13.
Auf dem Flug zum Angriffsziel gab es kein Zurück, auch nicht wenn ein Dutzend feindlicher Jäger sich auf die anfliegende Formation stürzte. Das befohlene Ziel mußte immer und unter allen

Umständen angegriffen werden. Über das fliegerische und taktische Können eines jeden einzelnen Mannes der Besatzung hinaus war der Kampfflieger im Luftkampf nicht wehrlos. Seine stärkste Waffe war der Verband. Je stärker die Formation, je enger der Verband flog, desto geballter und konzentrierter die Abwehr seiner Maschinengewehre und Kanonen — eine konzentrierte Abwehr, die auch dem schneidigsten Jagdflieger gefährlich werden konnte. Daher war der Verbandsflug eine weitere Voraussetzung für den Einsatz der Kampfflieger. Kein Wunder, daß das »Verbandsexerzieren« und die gründliche Blindflugausbildung die wichtigsten Aufgaben der friedensmäßigen Schulung gewesen sind. Die verschiedensten Formen des Formationsfluges zeigen die Skizzen im Anhang, Seite 309.

So war vom Grundsatz her der Einsatz des Kampffliegers eine Aufgabe der Gemeinschaft. Und eine Gemeinschaft ist immer namenlos, weil der einzelne ein Teil der Leistung ist.

Und doch haben sich aus der großen Zahl der unbekannten Kampfflieger im Laufe der fünf Jahre des Zweiten Weltkrieges eine Reihe von Soldaten besonders hervorgetan, ganz gleich ob Flugzeugführer oder Beobachter im Angriff, oder Bordmechaniker oder Bordfunker in der Abwehr. Dies gilt in allererster Linie für den Erfolg in der Bekämpfung von Punktzielen, vor allem bei der Nachschubversorgung und der Schiffahrt des Gegners, dies gilt aber auch für jene Besatzungsmitglieder, die eine unglaublich hohe Zahl von Einsätzen im Laufe des Zweiten Weltkrieges erreicht haben. Sie wurden die Kampfflieger-Asse, die es für die Militärgeschichte zu würdigen gilt. Sie verdienten ihre hohen Auszeichnungen. Erschütternd die große Zahl, die posthum geehrt wurde, deren vielfältige Leistung erst nach dem Tode bekannt wurde. Nicht weniger erschütternd die hohe Zahl von Kampffliegern, die nach der Auszeichnung mit dem Ritterkreuz vom Feindflug nicht mehr zurückkehrten.

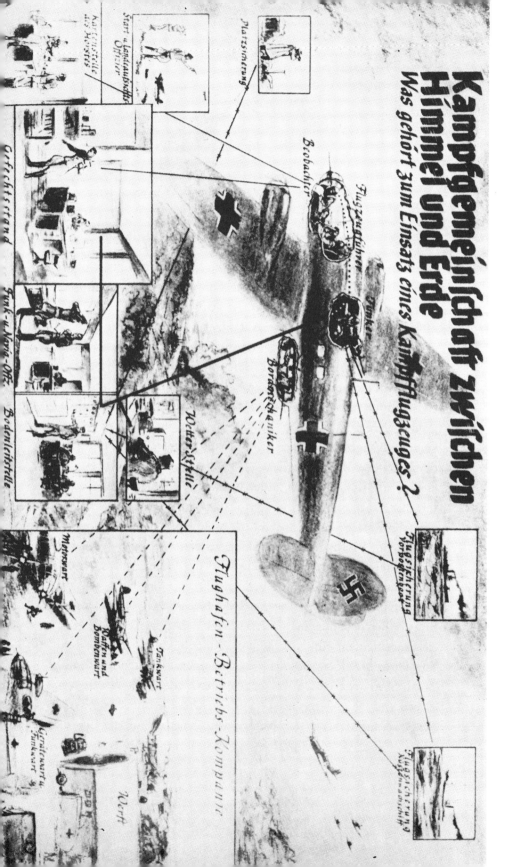

IHR AUFTRAG

In einem »Taktischen Merkblatt für die Führung von Nahkampfverbänden« des Führungsstabes der Luftwaffe vom 2. Mai 1941 heißt es über die Aufgaben der Kampfverbände: »Auswahl der Ziele erfolgt auf Grund der Aufklärungsergebnisse, der Einsatz gegen Engen und Übergänge durch eingehendes Kartenstudium unter Berücksichtigung der taktischen Lage. Bei ungeklärter Lage und schnell beweglichen Zielen ist es zweckmäßig, dem Geschwader einen Kampfauftrag zu geben, so daß die Gruppen mit vorausfliegender Gefechtsaufklärung auf die Meldung ihrer Aufklärer unverzüglich angreifen können. Eine genaue kartenmäßige Festlegung des Zielraumes ist erforderlich.

Gerade die Kampfverbände des Nahkampfführers können durch ihre Beobachtungen mit zur Vervollständigung eines klaren Bildes über die Erdlage beitragen und die Meldungen der Aufklärer ergänzen. Die Besatzungen sind dahingehend zu erziehen.

Infolge ihrer größeren Reichweite wird der Einsatz schwerpunktmäßig auf Zielen weit hinter der eigentlichen Front liegen und der Störung rückwärtiger Bewegungen, der Nachführung von Reserven und der Bereitstellung motorisierter Verbände dienen.

Bei Angriffen auf Kolonnen sind die Kolonnen selbst und nicht die von ihnen benutzten Straßen zu bekämpfen. Kolonnen sind nach Möglichkeit von rückwärts anzugreifen. Durch Zuwerfen von Engen und Übergängen usw. kann eine Unterbrechung von Truppenbewegungen hervorgerufen werden. Erneuter Einsatz auf die

sich anstauenden Kolonnen ist in den meisten Fällen von besonderem Erfolg.
Angriffe auf Bahnanlagen erfolgen am besten aus Höhen oberhalb der Wirkung der leichten Flak. Anzugreifen sind besonders Lokomotivschuppen, Betriebswerke, Stellanlagen und Weichenstraßen. Durch wiederholten kettenweisen Einsatz ist es möglich, den Gegner für längere Zeit niederzuhalten; nach erfolgtem Bombenwurf ist, wenn es die Erdabwehr irgend erlaubt, auf niedrigere Höhen herunterzugehen und mit den Bordwaffen in den Erdkampf einzugreifen.
Die Angriffshöhe hängt von der Abwehr ab. Es empfiehlt sich, außerhalb der Wirkung der leichten Abwehrwaffen anzufliegen, um sich über die Abwehr ins Bild zu setzen. Es muß aber das Bestreben jeder Besatzung sein, so dicht über dem Ziel herunterzugehen, wie die Abwehr es irgend erlaubt.
Bei feindlicher Luftüberlegenheit ist bei diesen Angriffen die Mitgabe von Begleitschutz erforderlich. Vorhandene Wolkendecken sind immer auszunutzen; diese erschweren den feindlichen Flugmeldedienst und bieten günstige Überraschungsmöglichkeiten für den Angreifer. Auf eingehendstes Studium der Karten des Einsatzraumes wird besonders hingewiesen. Nur bei genauester Kartenvorbereitung und Besprechung des Fluges wird der Einsatz Erfolg haben.
In der Verfolgung sind Angriffe auf zurückströmende Kolonnen besonders wirksam. In diesem Falle werden den Verbänden in der Tiefe des feindlichen Raumes Rückzugstraßen zur Bekämpfung zugewiesen, welche planmäßig abgeflogen und auf denen Bewegungen jeder Art angegriffen werden. Hierfür eignet sich besonders Einsatz SD 2.
Nachteinsätze können in Form von Störangriffen in Frage kommen, werden aber nur durchführbar sein, wenn die Verbände auf hierzu geeigneten Plätzen liegen.«

... UND SEINE FLUGZEUGE

Als die deutsche Luftwaffe am 1. März 1935 »enttarnt« wurde, waren die wenigen Kampffliegergruppen mit Ju 52 und Do 23 ausgerüstet — mit Flugzeugen, die man bestenfalls als behelfsmäßige Kampfflugzeuge bezeichnen konnte. Das in aller Welt bewährte Verkehrsflugzeug Ju 52 war auch in der damaligen Zeit unmöglich zum Kampfflugzeug umzuwandeln, zumal die Reisegeschwindigkeit durch den Einbau von Maschinengewehrständen kaum 180 km/h erreichte und die Benzintanks vollkommen ungeschützt waren.

Die Do 23 hatte eine lange Entwicklungsreihe hinter sich und war von vorneherein als — wie es damals hieß — Bomberflugzeug ausgelegt. 1925 hatte Dornier mit der Entwicklung eines zweimotorigen Kampfflugzeuges begonnen, angefangen bei der Do N, die 1928/29 zur Do F und 1931 zur Do Y führte. Die Do F flog erstmals im Mai 1934 unter der neuen Typenbezeichnung Do 11. Weitere Verbesserungen, vor allem die Beseitigung der Labilität im Rumpf, führten über Do 13 zur Do 23, die nach ausgedehnter Festigkeitserprobung 1934/35 an die Luftwaffe geliefert wurde. Die größte Serie erlebte die Do 23 G mit zwei 750 PS-BMW-VI-U-Motoren, die bis zur Ablösung durch die He 111 die Standardausrüstung der Kampffliegerverbände bildete. Die Do 23 war gleichzeitig der Abschluß einer Entwicklung im Flugzeugbau, die durch moderne, aerodynamisch bessere und schnellere Flugzeuge abgelöst wurde. Der Weg von der Do 23 zur He 111 und zur Ju 88 war

Neben der Ju 52 waren die ersten Kampfgruppen der deutschen Luftwaffe 1935—1937 mit der zweimotorigen Do 23 ausgerüstet.

Dornier baute ferner für die Kampffliegerei die Do 17 und Do 217. Das Bild zeigt die 9./KG 2 mit Do 217 unter Führung von Oberleutnant Bechtle über der Akropolis von Athen.

Die He 111 flog in der deutschen Luftwaffe als Kampfflugzeug vom ersten bis zum letzten Kriegstag.

Das Sturzkampfflugzeug unter den Kampfflugzeugen war die Ju 88. Die Ju 88 der »Helbig-Flyer« im Einsatz über Afrika.

Durch Einbau von Bombenschächten und MG-Ständen wurde aus dem bekannten Verkehrsflugzeug FW 200 »Condor« die Militärversion FW 200 C, die wohl nur 250 km/h erreichte, aber über 20 Stunden weit hinaus über den Atlantik als Fernaufklärer und Fernbomber fliegen konnte.

gleichsam ein Sprung in der Entwicklungsgeschichte des Flugzeugbaues.
Bei Heinkel entstand 1935 nach dem großen Erfolg mit dem Flugzeug He 70 »Blitz« das zweimotorige Verkehrsflugzeug He 111 C, deutlich erkennbar an dem charakteristischen, elliptischen Flügelumriß. Unter strengster Geheimhaltung wurde 1936 in Staaken eine Aufklärungsgruppe zusammengestellt, die unter Führung von Oberstleutnant Rowehl Langstrecken-Aufklärungsflüge, getarnt als Strecken-Versuchsflüge für den Zivilluftverkehr, über England und Frankreich und der Sowjetunion bis zum Ural durchführte. Damit begann für die als Verkehrsflugzeug ausgelegte He 111 eine vollkommen neue Aufgabenstellung.
Über die weitere Entwicklung der He 111 zum Kampfflugzeug berichtet Ernst Heinkel selbst: »Niemand hatte meinem Schnellverkehrsflugzeug an der Wiege gesungen, was nun in der Folgezeit geschah.
Die He 111 K wurde zu *dem* deutschen Horizontal-Kampfflugzeug (im Gegensatz zu den noch zu schildernden Sturzkampfflugzeugen). Sie entwickelte sich neben und nächst dem 1939 auftretenden schweren Sturzkampfflugzeug Ju 88 zu dem bekanntesten zweimotorigen Kampfflugzeug, das Deutschland bis zum Ende des Zweiten Weltkrieges besaß.
Bei Ausbruch des Zweiten Weltkrieges im Jahre 1939 waren von den deutschen Kampffliegerverbänden achtzehn, d. h. zwei Drittel, mit He 111-Flugzeugen ausgerüstet. Und die He 111 K behauptete ihren Platz als mittelschwerer Horizontalbomber bis zum Jahre 1945. — Bis 1940 war sie tatsächlich den gegnerischen Flugzeugen im Osten wie im Westen im wesentlichen überlegen oder gewachsen. Später blieb sie, weil es auf deutscher Seite als Folge der verschiedensten noch zu schildernden Umstände nicht gelang, ein Flugzeug in die Großserie zu bringen, das die He 111 ersetzen konnte.
Die ersten He 111 K, die 1936/37 für die Luftwaffe aus den Bauhallen kamen, hatten ein Fluggewicht von 8000 kg, waren mit den

damals neuen Daimler-Benz DB 600-Motoren von rund 900 PS ausgerüstet, erreichten eine Höchstgeschwindigkeit von etwa 400 km, trugen eine Bombenlast von 1000 kg und konnten in feindliches Gebiet mit voller Bombenlast rund 500 oder 600 km tief eindringen. Die letzten 1944/45 ausgelieferten He 111 P hatten ein Fluggewicht von 16 000 kg, waren mit Junkers Jumo 213 E-Motoren von 1750 PS ausgerüstet, erreichten eine Höchstgeschwindigkeit von annähernd 500 km, eine Gipfelhöhe von 10 000 Metern und trugen 2000 kg Bombenlast über ebenfalls 500 oder 600 km Entfernung.

Bis 1939 waren rund 800 He 111 K für die Luftwaffe gebaut, im Jahre 1939 entstanden 452 He 111, 1940 deren 756 und 1941 deren 950, 1942 deren 1337, 1943 deren 1405 und 1944 deren 756. Sie wurden für die Kampfverbände zuverlässige, erprobte, leicht zu wartende Arbeitsbienen. Wenn sie zumindest von 1941 an technisch überholt und vor allen Dingen wegen ihrer begrenzten Reichweite für die Fronten im Westen und im Mittelmeer nicht mehr ausreichend waren und auch durch den wiederholten Umbau und den Einbau immer stärkerer Motoren (für die Weiterentwicklung der He 111 wurden bis 1944 nahezu 4 Millionen Stunden in den Konstruktionsbüros aufgewandt) nicht die erforderliche Reichweite gewinnen konnten — es gab tatsächlich keinen Ersatz für sie. Obwohl späterhin zweimal von den Serienbauprogrammen abgesetzt, mußte immer wieder auf sie zurückgegriffen werden, weil neue Typen, die an ihre Stelle treten sollten, nicht in Serie kamen. Die He 111 trug die Hauptlast der Horizontalbombenangriffe in Polen, in Frankreich, in der Hauptphase der Luftschlacht gegen England und später im Osten.« Und Werner Baumbach, wohl der erfolgreichste Kampfflieger im Zweiten Weltkrieg, sagt über die Bedeutung der He 111 als Kampfflugzeug: »Mit der He 111 starteten wir am Morgen des 1. September 1939 gegen polnische Ziele, und mit ihr flogen wir im April 1945 die letzten ferngelenkten Bomben gegen die Oderbrücken der Russen.«

Auch im Werk von Dornier blieben die aufsehenerregenden Erfolge der He 70 nicht ohne Rückwirkung. Dornier gab den bis dort für seine Flugzeuge typischen Konstruktionstrend auf und schuf mit der Do 17 ein aerodynamisch hochwertiges Schnellflugzeug. Im Herbst 1934 startete die V 1 mit zwei 660 PS-BMW-12 Zylindermotoren, ein Schulterdecker mit Einziehfahrwerk, zum Jungfernflug. Überraschenderweise kam die Konstruktion nicht an, bis im Frühjahr 1935 einmal Flugkapitän Untucht, damals einer der bekanntesten Flugkapitäne der Deutschen Lufthansa, zu Dornier nach Löwenthal kam, eines der Versuchsmuster der Do 17 sah — flog und begeistert war. Sehr schnell kam daraufhin vom RLM der Auftrag. Zur Verbesserung der Seitenstabilität und für ein freies Schußfeld nach hinten erhielt die Do 17 V 4 ein doppeltes Seitenleitwerk, das sie von da an in allen Versionen behielt. Der große Erfolg kam bei dem Internationalen Flugmeeting im Juli 1937 in Zürich, als die Do 17 den Alpenrundflug gewann und dabei zum Erstaunen der internationalen Fachwelt um 40 km/h schneller war als das damals schnellste ausländische Jagdflugzeug. Die Engländer bezeichneten die Do 17 nach diesem Sieg als *The Flying Pencil* — unter diesem Namen »Der fliegende Bleistift« ging die Do 17 in die Luftfahrtgeschichte ein. 1937 kamen dann mit der Do 17 E die ersten Kampfflugzeuge zur Luftwaffe. Sie konnte 750 kg Bomben tragen, hatte zwei MG 15, eine Gipfelhöhe von 5000 m und erzielte je nach Höhe 385 bis 465 km/h. Diese Version flog — »Pablo« genannt — bereits bei der Legion Condor in Spanien. Aus einer Stärkemeldung des Oberkommandos der Luftwaffe vom 19. September 1938 geht hervor, daß zu diesem Zeitpunkt die Kampf- und Fernaufklärungsverbände über 479 einsatzfähige Maschinen der Typen Do 17 E, M, F und P verfügten. Mit der folgenden Version erhielt die Do 17 eine völlig neue Kanzel, hatte vier Mann Besatzung, drei Maschinengewehre und erreichte mit zwei Sternmotoren des Musters Bramo 323 A eine Höchstgeschwindigkeit von 410 km/h in 4000 m Höhe. Es war die in größter Serie gebaute

Do 17 Z, die ab 1939 in einer Reihe von Kampfgeschwadern eingeführt wurde. Nach der Stärkemeldung des Oberkommandos der Luftwaffe vom 1. September 1939 waren von 212 abgelieferten Kampfflugzeugen der Do 17 Z-1 und Z-2 188 Flugzeuge einsatzbereit. Im Kampf gegen die englische Versorgungsschiffahrt erwies sich die Abwehr als zu schwach, so daß die Bewaffnung durch MG's vorne in der Kanzel und seitlich im Funkerstand bis auf acht Maschinengewehre verstärkt wurde. Die Wendigkeit und Festigkeit der Do 17 und die schnelle Reaktion auf jeden Ruderausschlag ließ Stechflüge mit Geschwindigkeiten bis zu 600 km/h und vor allem die gefürchtete Angriffstaktik des »Heckenspringens« zu. Aus den Erfahrungen mit der Do 17 entstand bei Dornier die 217. Sie führte ihren Erstflug am 4. Oktober 1940 durch, war zuerst bei der Gruppe Rowehl als Fernaufklärer eingesetzt, erhielt vom Versuchsmuster 9 an einen erweiterten Rumpf zur Aufnahme größerer Bombenlasten bis zu 3000 kg und war mit zwei BMW 801-Doppelsternmotoren von je 1600 PS Startleistung ausgerüstet. Nach der Truppenerprobung gingen 1941 277 Do 217 an die Truppe. Bei der Do 217 G 3 wurde das Kanzel-MG durch eine 20 mm-Kanone ersetzt. Mit 2500 kg Bomben betrug die Höchstgeschwindigkeit 520 km/h in 5600 m Höhe. Die Do 217 war 1941 und 1942 hauptsächlich gegen Schiffsziele im Atlantik eingesetzt, so auch beim KG 40. Die Serie E 4, von der Dornier 564 Maschinen lieferte, wurde ab 1942 in Nachtangriffen auch gegen England eingesetzt. Von der Do 217 K 2 kamen nur wenige Muster an die Front. Eine dieser Maschinen versenkte mit einem einzigen Treffer einer nachgesteuerten Fritz X-Bombe am 14. September 1943 das italienische Schlachtschiff »Roma« in der Nähe von Korfu. Der Serienbau der Do 217 lief 1943 aus, nachdem 1366 Kampfflugzeuge geliefert worden waren.

Über die Entwicklungsgeschichte der mittleren Kampfflugzeuge schreibt Werner Baumbach: »Schon einige Zeit vor dem Kriege hatte der Generalstab das mittlere Kampfflugzeug mit einer Eindringtiefe von etwa 540 km und einer Bombenlast von 1000 kg gefordert, um im Kriegsfalle wenigstens Nordfrankreich bis Paris abdecken zu können. Diese Forderung wurde jedoch nur von der He 111 erfüllt, während die aus einem Postflugzeug entwickelte Do 17 zunächst nur eine 250-kg-Bombe zuladen konnte. Mit diesen Flugzeugen waren auf Übungsflügen und im spanischen Bürgerkrieg umfangreiche Erfahrungen über den Horizontalangriff gesammelt worden. Es hatte sich gezeigt, daß ein solcher Angriff nur auf großräumige Ziele in Frage kam. Treffaussichten bestanden nur im Reihenwurf. Für Industrieziele waren mindestens vier 250-kg-Bomben erforderlich. Da es noch nicht möglich war, geschlossene Verbände in Gruppen- oder Geschwaderstärke bei Schlechtwetter einzusetzen, konnte ein Angriff im Horizontalwurf nur bei gutem Wetter erfolgen. Eine Reichweitensteigerung bei gleichzeitiger Erhöhung der Bombenzuladung erschien bei den damaligen zweimotorigen Flugzeugtypen und dem Stande der Motorenentwicklung unmöglich. So beschränkte man sich zwangsläufig in der Bombenlast, forderte aber, diese sicher ins Ziel zu bringen. Hierfür erschien nach den vorliegenden Erfahrungen der Schrägangriff im Gleitflug mit einer Bahnneigung von 20 bis 30 Grad am geeignetsten. Daraufhin erweiterte der Generalstab seine Forderungen zur Schaffung eines neuen mittleren Bombers mit einer Eindringtiefe von 1000 km, einer Geschwindigkeit von 380 km/h, 4 Mann Besatzung, geeignet für Schrägangriffe bis zu 30 Grad Flugbahnneigung. Bereits im Dezember 1937 konnte das Technische Amt dem Führungsstab mitteilen, daß diese Forderungen mit dem Kampfflugzeug Ju 88 erfüllbar schienen. Dieser, ursprünglich von Junkers als Schnellflugzeug entwickelte Typ konnte im Jahr 1938 einen Geschwindigkeitsweltrekord aufstellen. Bei diesem Flug von Dessau zur Zugspitze und zurück hatte die Ju 88 eine Durchschnittsgeschwindigkeit von 500 km/h erzielt. Sie wurde daraufhin allgemein als der ›Wunderbomber‹ bezeichnet. In taktischer Hinsicht ermöglichte die Ju 88 vier Angriffsarten:

1. Horizontal-Hochangriff: Der Flugzeugführer konnte durch eine Vollsichtkanzel das Ziel bis zum Auslösen der Bomben sehen und dementsprechend seinen Zielanflug machen. Der Bombenwurf erfolgte durch den Beobachter.
2. Tiefangriff: Der Flugzeugführer konnte selbst den Zielanflug durchführen und mittels eines Schaltknopfes am Steuerknüppel die Bomben auslösen.
3. Schrägangriff: Der Flugzeugführer visierte durch ein Reflexvisier das Ziel an, näherte sich im flachen Winkel mit erhöhter Geschwindigkeit dem Ziel und warf seine Bomben aus geringster Entfernung.
4. Sturzangriff: Erfolgte wie der Schrägangriff.

Die Ju 88 war mit zwei Motoren Jumo 211 ausgerüstet. Es waren die gleichen Motoren wie bei der He 111. Die Leistungssteigerung gegenüber diesem Flugzeugtyp wurde also nicht durch stärkere Triebwerke, sondern durch eine Steigerung der Flächenbelastung erreicht. Die Bedenken eines zu schwierigen Fliegens konnten in der praktischen Truppenerprobung bald widerlegt werden. Nach befriedigenden Probeflügen sandte Göring dem Leiter der Junkerswerke, Koppenberg, am 3. September 1938 eine Generalvollmacht, die mit folgenden Worten schloß: ›Und nun geben Sie den Start frei und schaffen Sie mir in kürzester Zeit eine gewaltige Bomberflotte der Ju 88!‹
Obwohl von der deutschen Luftrüstung die größten Anstrengungen gemacht wurden, gelang es nicht, die von der Führung geforderten Produktionsziffern zu erreichen. Zu Beginn des Jahres 1939 begann die Serienproduktion. Kurz vor Ausbruch des Krieges war die erste Staffel mit der Ju 88 ausgerüstet worden, doch in größerer Zahl kam sie erst im Spätsommer 1940 zu den Verbänden. Das Flugzeug war dazu keineswegs erprobt und wies noch eine Unzahl von Kinderkrankheiten auf, die erst im Verlaufe des Fronteinsatzes abgestellt werden konnten. So erschien sie an der Front ohne

brauchbare Sturzflug- und Nachtflugvisiere. Diese waren erst Ende 1941 vorhanden, als der Sturzangriff taktisch beinahe überholt war. Im Verlaufe der Jahre 1941/42 mußten die Motorenleistung gesteigert und die Tragflächen verlängert werden, um die Bombenzuladung erhöhen zu können und um zusätzliche Einbauten auszugleichen. Doch auch diese verbesserte Ju 88 konnte sich im Westen nicht mehr bei Tage sehen lassen. Weitere Umbauten brachten keine günstigeren Leistungen. Das Flugzeug wurde nicht, wie beabsichtigt, schneller. Da es außerdem nicht möglich war, für den größeren Kraftstoffverbrauch der verstärkten Motoren zusätzliche Tanks einzubauen, wurde auch die Eindringtiefe immer geringer.
Die deutsche Luftrüstung hatte auch hier — wie schon bei anderen Flugzeugmustern — den verhängnisvollen Weg beschritten, den technischen Vorsprung der deutschen Flugzeuge bei Ausbruch des Krieges durch laufende kleine Verbesserungen halten zu wollen. Das war unmöglich.«
Anfang 1943 fällte die Inspektion der Kampfflieger über die Einsatzfähigkeit der Ju 88 folgendes Urteil: »Die jetzige Ju 88 ist für die englisch-amerikanischen Kriegsschauplätze bei Tage wegen der außerordentlich schweren Verluste als nicht mehr einsatzfähig anzusehen, da Geschwindigkeit, Bewaffnung und Standfestigkeit gegenüber dem englisch-amerikanischen Jäger und dem entsprechenden Leitverfahren nicht ausreichen. Bei Nacht wird das Flugzeugmuster Ju 88 nach Weglassen von zwei Außenträgern für Bombenaufhängung und geschwindigkeitsmindernder Bewaffnung, sowie nach Ausrüstung mit einem elektrischen Suchgerät gegen Nachtjäger kurzzeitig noch als brauchbar erachtet. Ohne Suchgerät sind die Verluste untragbar hoch. Im Osteinsatz ist die Ju 88 am Tage bei geeigneter Wetterlage und bei Nacht noch mit tragbaren Verlusten brauchbar.«
Über den zeitlichen Ablauf der Ju 88-Einsätze sei noch folgendes ergänzt: Die Arbeit begann 1936 bei Junkers, wobei zwei Konstrukteure mit besonderer Erfahrung auf dem Gebiet des Metall-

flugzeugbaues ausgesucht worden waren. W. H. Evers und Alfred Gassner kamen beide aus den USA. Bereits am 21. Dezember 1936 startete die V 1 unter Führung von Flugkapitän Kindermann. Die V 3 erhielt eine erhöhte Cockpit-Verglasung mit einem MG-Stand hinter dem Funkersitz und erstmals die neuen Jumo 211 A-Motoren mit je 950 PS Startleistung. Als Ende 1937 Junkers den Auftrag bekam, die Ju 88 zum Sturzbomber zu entwickeln, erhielt der vierte Prototyp die auffallend stumpfe Kanzel mit Planverglasung und der asymmetrischen Bodenwanne, die vorne das Bombenzielgerät für Horizontalwürfe und hinten die Einstiegklappe mit dem MG-Stand für den vierten Mann aufnahm. Am 2. Februar 1938 ging diese Version in Erprobung. Einer besonders frisierten Ausführung gelangen als V 5 im April 1938 die ersten Rekordflüge und im März 1939 die Weltrekordflüge von 517 bzw. 500 km/h, je nach Zuladung und Entfernung. Die erste Lieferung an die Truppe erfolgte im Frühjahr 1939. Bei Kriegsbeginn verfügte die aus der Erprobungsgruppe hervorgegangene I./KG 30 unter Führung von Major Pohle, vorher I a bei Jeschonnek, über 18 Ju 88 A. In den letzten Septembertagen griff dieser Verband den britischen Flottenstützpunkt im Firth of Forth an und war weiterhin im Einsatz gegen Schiffsziele in der Nordsee. Bis Ende des Jahres standen etwa 60 Maschinen im Einsatz. Die ersten Geschwader flogen in der Schlacht um England Ju 88 A-1 und A-5 (A-5 hatte eine auf 20,08 m vergrößerte Spannweite und eine von drei auf fünf MG 15 verstärkte Bewaffnung). Die Fronterfahrung führte zur Konstruktion der Ju 88 A-4, die vom Herbst 1940 an zur Truppe kam. Die Zelle blieb bei allen folgenden Versionen unverändert, ganz gleich, ob es die Torpedoausführung, die Maschine als Ballon-Zerstörer, mit größerer Bodenwanne, mit neuem Besatzungsraum oder schließlich der Schnellbomber war. Insgesamt kamen 15 000 Ju 88 an die Front.

Die Ju 88 verlangte hohes fliegerisches Können, jeder Flug höchste geistige Konzentration. Zahlreiche Hebel und Geräte mußten allein für den Sturzflug oft in Sekundenschnelle vor, während und nach dem eigentlichen Angriff in einer genau bestimmten Reihenfolge bei rasender Geschwindigkeit und größter körperlicher Beanspruchung bedient werden. Wolfgang Wagner hielt dies einmal fest. Die Bedienung mußte schneller geschehen, als man sie lesen kann...

›Hatte die Besatzung einer Ju 88 ihren Einsatzbefehl erhalten, so stellte der Flugzeugführer vor dem Abflug die Luftdruckwerte, die ihm von der Wetterwarte durchgegeben worden waren, auf seinen Höhenmeßgeräten ein. Sie wurden während des Fluges nach Funkmeldungen berichtigt. Auf dem Marschflug selbst schaltete der Bombenschütze zuerst den Wahlhebel auf die vorgesehene Bombenart. Dann stellte er auf dem Reihen-Abwurfgerät für Bomben (RAB) den Wurfauftrag ein (1). Der Flugzeugführer stellte am Reflexvisier den Windausgleichswinkel ein und schaltete dann die Revibeleuchtung ein (2). Hierauf brachte er den Zeiger des Kontakthöhenmessers auf Abwurfhöhe (3). Dieses Gerät löste während des Sturzfluges, 250 m vor dem Bombenabwurf, eine Hupe oder einen Summerton im Kopfhörer aus und entlastete damit den Flugzeugführer von der Beobachtung des Höhenmessers. Hörte die Hupe oder der Summer auf zu tönen, so mußte er die Bomben auslösen.

In der Nähe des Zieles stellte der Bombenschütze den Hauptschalter des Reihen-Abwurfgerätes auf »Ein« (4) und den Hebel des Zünderschaltkastens auf »Sturz« (5). Nun schloß der Flugzeugführer die Kühlerklappen (6), um den Kühlstoff vor einer zu starken Abkühlung zu schützen. Dann verstellte er die Luftschraubenblätter (7) und brachte sie auf eine Steigung, durch die einerseits Überdrehzahlen des Motors verhindert wurden, andererseits die höchstzulässige Drehzahl erreicht wurde, um die Bremswirkung der Schraube als zusätzliche Sturzflugbremse auszunützen. Endlich drehte er das Trimmrad auf die rote Sturzflugmarke (8). Unmittelbar vor dem Sturz brachte er den Kipphebel für »Arm-Reich«-

Schaltung (9 a) auf hohe Leistung. Die Pumpenstempel der Einspritzpumpen förderten dann beim Vollgasgeben nach dem Sturzflug mehr Kraftstoff. Auf diese Weise wurde der Verbrennungsraum besser gekühlt (Innenkühlung) und ein Klopfen des Motors verhindert. Diese vorübergehende Leistungssteigerung gab der Besatzung die Gewähr dafür, daß sie nach dem Sturz schnell aus der Gefahrenzone herauskam. Hierauf schaltete der Flugzeugführer die Förderpumpen (9 b) ein.
Deckten sich die Abkippmarken am Kursvisier und am Kanzelboden mit dem Ziel (10), so stellte er den Sturzflugschalter auf »Aus« (11), worauf die Sturzflugbremsen ölhydraulisch ausgefahren wurden. Ein roter Stift oberhalb der Tragfläche zeigte ihm, daß die Bremsen ausgefahren und eingerastet waren. (12). Mit der Sturzflugbremse zusammen betätigte eine in der Höhenflosse angebrachte Einziehstrebe durch Öldruck eine Stoßstange zur Trimmklappe des Höhenruders (13). Die Trimmklappe wurde nach oben gedrückt, das Ruder nach unten, und die Maschine wurde kopflastig.
Der Flugzeugführer stellte nun die Gasdrossel auf Leerlauf (14) und ließ die Ju in den Sturzflug übergehen. Er brachte dabei das Ziel so in sein Reflexvisier, daß es etwas über dem Kreis des Revis lag (15). Das Ziel stets im Revi haltend, stürzte er weiter, bis 250 m vor der eingestellten Abwurfhöhe die Hupe oder der Summer des Kontakthöhenmessers ertönte (16). Während des Huptons zog der Flugzeugführer das Höhenruder etwas an, damit das Ziel an den unteren Rand des Revikreises zu liegen kam. In dem Augenblick, wo die Hupe oder der Summer aussetzte, drückte er auf den Bombenauslöseknopf am Steuer (17), der die Trimmklappe am Höhenruder durch einen Magneten schlagartig in ihre normale Stellung zurückbrachte; das Flugzeug wurde schwanzlastig und das Abfangen dadurch eingeleitet. Über die Trimmklappe wurde gleichzeitig der Stromkreis zum Reihen-Abwurfgerät für Bomben geschlossen (18). Das Gerät trat in Tätigkeit und brachte die Bomben in der Reihenfolge zum Abwurf, wie sie vom Bordschützen

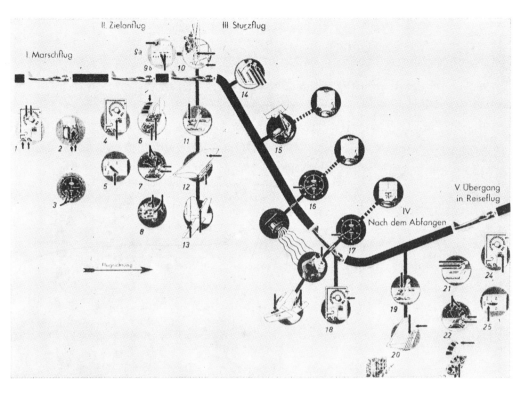

eingestellt worden war. Durch das Umspringen der Trimmklappe, welche die Bomben erst dann zum Abwurf brachte, wenn ihre normale Stellung erreicht und das Abfangen eingeleitet war, wurde das Hineinfallen der Bomben in den Luftschraubenkreis verhindert. Das Abfangen des Flugzeuges wurde beim Auslösen der Bomben vom Flugzeugführer durch leichtes Ziehen und Trimmen der Maschine eingeleitet. Sogleich nach dem Abfangen wurde der Sturzflugschalter auf Stellung »Ein« gebracht (19). Die Sturzflugbremsen wurden dann automatisch eingefahren, was durch das Verschwinden der roten Stifte auf den Tragflächen sichtbar wurde (20). Dann gab der Flugzeugführer langsam Gas (21), verstellte die Luftschraubenblätter auf Steigflug (22) und öffnete die Kühlerklappen (23). Der Bombenschütze schaltete das Reihen-Abwurfgerät aus (24) und stellte den Hebel des Zündschaltkastens auf

»Aus« (25). Der Rückflug zum Heimathafen begann. Die Augen galten dem Luftraum, den Waffen und den Instrumenten für den Flug...‹

In der Tat wurden während des Zweiten Weltkrieges auf deutscher Seite nur drei Typen von Kampfflugzeugen in Großserie gebaut: He 111, Do 17 (Do 217) und Ju 88. Zur Zeit als die ersten Versuchsmuster dieser Typen ihre Jungfernflüge durchführten, wurden sie in ihrer Konstruktion und ihren Leistungen von keinem Kampfflugzeug der Welt erreicht. Nach den ersten Kriegsjahren aber genügten diese Leistungen nicht mehr. Für die weitere Entwicklung muß man wieder Baumbach als Kronzeugen zitieren: »Die Versuche der Flugzeugwerke Junkers und Messerschmitt, aus ihren bewährten Flugzeugmustern einen brauchbaren zweimotorigen Schnellbomber zu schaffen, der den Anforderungen der Front wie der Leistungsforderung des Generalstabes entsprach, müssen alle als unbefriedigend angesehen werden. Weder die Me 410, eine Weiterentwicklung der bereits vorher im Entwurf verunglückten Me 210, noch die Ju 188 und die Ju 300 erfüllten die optimistischen Hoffnungen ihrer Konstrukteure. Die Hauptschwierigkeit war immer wieder die befriedigende Lösung der Motorenfrage.

Die bereits vor dem Kriege entwickelten flüssigkeitsgekühlten Reihenmotore Junkers Jumo 211 und Daimler-Benz DB 601, die in ihrer Zuverlässigkeit unerreicht waren, blieben während des ganzen Krieges die Standardtriebwerke der deutschen Jagd- und Kampfflugzeuge. Es gelang der deutschen Industrie jedoch nicht, den amerikanischen Vorsprung in der Entwicklung luftgekühlter Doppelsternmotoren einzuholen. Obwohl bei BMW bereits 1938 zwei derartige Motorenmuster auf dem Prüfstand liefen und eine Leistung von nahezu 2000 PS erreichten, brachte man damals dieser Entwicklung von seiten des Reichsluftfahrtministeriums keinerlei Interesse entgegen. Die Entwicklung mußte abgebrochen werden, da ›derartige Motorenstärken nicht benötigt würden‹. Erst im Jahre 1943 wurde der schwächere BMW 801 einsatzreif.

Auf der Suche nach einem geeigneten Flugzeug für die 1943 von Hitler erneut geforderten Vergeltungsangriffe gegen England, stieß der frisch ernannte ›Angriffsführer England‹, Oberst Peltz, bei Dornier auf eine vorliegende Entwicklung, die Do 335, die das Technische Amt vor Jahren als ungeeignet abgelehnt hatte, hauptsächlich deswegen, weil das Aussteigen mit dem Fallschirm zu schwierig und unsicher sei.

Bei diesem durchaus neuartigen Flugzeugmuster waren die Triebwerke in den Rumpf verlegt worden. Dies ergab einen von störenden Einbauten befreiten Flügel mit mäßiger Flächenbelastung. Damit waren ohne zusätzliche Steigerung der Motorkraft eine größere Eindringtiefe und Geschwindigkeit bei Verringerung der Widerstände erzielt worden.

Peltz verstand es, Göring für diese Maschine zu interessieren. Im November 1943 wurde eine vordringliche Produktion der Do 335 befohlen. Bis Anfang Januar 1944 waren die ersten drei Versuchsmuster fertiggestellt. Doch die schweren alliierten Angriffe auf die Flugzeugwerke, denen auch Dornier in Friedrichshafen zum Opfer fiel, verzögerten das Anlaufen der ersten Serie derart, daß bis zum Kriegsende nur elf dieser Flugzeuge an die Truppe geliefert werden konnten. Die Do 335 war der letzte deutsche Versuch, durch Flugzeuge mit Kolbenmotoren den technischen Vorsprung des Feindes wie dessen immer bedrohlicher werdendes materielles Übergewicht qualitativ zu überflügeln. Auf der weiteren Suche nach einem von der obersten Führung immer entschiedener geforderten brauchbaren Schnellbomber wandte man nun sein Augenmerk auch dem langverkannten Strahltriebwerk zu.«

Eine »tragische Verkettung von Ursachen« — so Adolf Galland, damals General der Jagdflieger — ließ aus dem eindeutigen Vorsprung der deutschen Industrie in der Entwicklung des Düsenflugzeuges keinen strategischen Nutzen ziehen. »Was hatten wir für Möglichkeiten«, überschreibt Galland dieses größte Dilemma der Luftkriegsführung.

»Die Fertigstellung der Me 262 als Bomber brachte« nach Werner Baumbach »immer neue Schwierigkeiten, denn sie war von Messerschmitt tatsächlich nur als Jäger gefertigt worden. Jetzt mußten die Waffen und die Panzerung ausgebaut werden. Dadurch entstanden Schwerpunkts- und Gewichtsverlagerungen, die für den Bombenabwurf ausgeglichen werden mußten. Die Me 262 kam als Bomber auch für die Invasion zu spät.«

Nicht anders das Schicksal des viermotorigen Bombers He 177. Bereits General Wever hatte frühzeitig die große Bedeutung des viermotorigen Kampfflugzeuges erkannt. Auf seine Veranlassung waren schon 1936 zwei verschiedene Muster entstanden. Nach seinem Tode wurden diese Muster verschrottet, und damit starb auch seine Idee. Erst viel zu spät besann man sich auf seine Forderung ... zu spät.

In diesem Hick-Hack um den Einsatz der modernsten Flugzeuge verstrichen Monate, Jahre und schließlich der Zweite Weltkrieg. Nüchtern registriert Werner Baumbach: »Die deutsche Luftfahrtindustrie baute inzwischen die Flugzeugmuster der ersten Kriegsjahre weiter: Kampfflugzeuge He 111 und Ju 88, den Stuka Ju 87, die Jagdflugzeuge Me 109 und Me 110.

Durch den Einbau stärkerer Motoren sollte eine größere Geschwindigkeit und durch Flächenvergrößerung eine große Tragfähigkeit erzielt werden. Es ergab sich jedoch in der Praxis, daß die Geschwindigkeiten, besonders aber die Eindringtiefen, durch zusätzliche Forderungen nach stärkerer Bewaffnung und Panzerung, sowie größerer Bombenlast, immer mehr zurückgingen ...

Im Herbst 1941 mußte das Kampfflugzeug He 111 auch vom Nachteinsatz im Westen abgesetzt werden, da infolge der feindlichen Nachtjäger die Angriffe zu verlustreich wurden. Die Eindringtiefen der deutschen Kampfflugzeuge waren nicht mehr ausreichend. Ihre Bewaffnung erwies sich als zu schwach ...

Auch in dieser kritischen Phase des Krieges ließen die taktischtechnischen Forderungen des Generalstabes der Luftwaffe an die

Rüstung nicht die erforderliche Klarheit in der Beurteilung der Lage erkennen. Eine wirklich großzügige strategische Planung wurde von dieser Stelle während des gesamten Krieges nie durchgeführt...

Fertige Neuentwicklungen lagen bis November 1941 nicht vor. Die aus der Vor- und Anfangskriegszeit stammenden Entwicklungen lebten wieder auf. Bis Ende des Jahres 1942 behielt das Programm der Luftrüstung durch den Bau von inzwischen veralteten Kampfflugzeugen einen offensiven Charakter...

Im Herbst 1942 hatten auch die Kampfflugzeuge Do 217 und Ju 88 vom Nachteinsatz gegen England abgesetzt werden müssen. Der Westgegner verwandte zu dieser Zeit als Nachtjäger den Bristol-Beaufighter mit einer Geschwindigkeit von 350 km/h in 5000 m Höhe. Der Bombenkrieg gegen England mußte infolge Fehlens geeigneter Flugzeugtypen entweder eingestellt oder bei großen Verlusten ›improvisiert‹ weitergeführt werden...

Tatsächlich sollte der Kriegseintritt der USA mit seinen materiellen Auswirkungen die Entscheidung des Krieges herbeiführen. Das aktive Eingreifen der 8. strategischen USA-Bomberflotte, deren Stärke von 12 Flugzeugen bei Kriegsbeginn bis auf Einsatzstärken von über 700 Bomberflugzeugen mit entsprechend starkem Geleitjagdschutz im Jahr 1943 gesteigert wurde, vollendete den Zusammenbruch der deutschen Industrie im Winter 1944/45...«

WERNER BAUMBACH

Ein Flieger aus Begeisterung und Hingabe war Werner Baumbach. Er wurde der erfolgreichste Kampfflieger des Zweiten Weltkrieges, der durch seine Leistungen seine eigene Behauptung bewies: »Die Luftmacht hat, als spezifisch technisch-naturwissenschaftliches Novum, das bisher bestehende politische Weltbild, wie die darauf bezogenen see- und landkriegsstrategischen Konzepte gesprengt.« Baumbach trug zu dieser Entwicklung entscheidend bei. Ausgezeichnet mit dem Ritterkreuz mit Eichenlaub und Schwertern, der höchsten Auszeichnung, die einem Kampfflieger verliehen wurde, führten ihn seine Aufgaben im Laufe des Krieges zu enger Zusammenarbeit mit höchsten politischen Führungsstellen. Dort entwickelte er ohne Rücksicht auf sich selbst stets ein unverschleiertes Bild der Lage. Seine klare und offene Haltung, sein Mut und sein Verhandlungsgeschick haben die politische Führung stets beeindruckt. »Als immer hilfsbereiter Freund, als starke Persönlichkeit, als begeisterter Flieger und als heldenhafter Kämpfer wirst Du unter uns und in unseren Herzen weiterleben«, schrieb Adolf Galland in seinem Nachruf. Beide haben mit ihren Büchern »Die Ersten und die Letzten« und »Zu spät?« aus der Fülle des Erlebens und der Erfahrung Werke von hohem dokumentarischem Wert für eine historische Gesamtwertung des Zweiten Weltkrieges geschrieben. »Nackt und nichts beschönigend reihen sich die Tatsachen aneinander«, schreibt Baumbach in den Gedanken, die er seinem Buch voranstellt. »Dem Fachmann, dem Flieger will es nüchtern

Das haben deutsche Flugzeuge überstanden.

Start zum Einsatz...

... bei Schnee ...

... bei Sumpf und Morast ...

... im Sand der Wüste von Afrika.

und sachlich Aufschluß über Fragen und Probleme unserer ureigensten Domäne erteilen.«

»Der heute 34jährige Verfasser«, so schrieb nach dem Erscheinen seines Buches die Bayerische Staatszeitung, »gehörte zu den Assen des Luftkrieges. Aber in ihm spricht nicht nur ein Virtuose des Fachs, sondern vor allem ein Mann, der seiner Erlebnisse Herr geworden und in jungen Jahren zu überraschender Reife des Urteils gelangt ist...«

Seiner Berufung zum Flieger, seiner eigenen Bestätigung, Flieger zu sein, blieb Baumbach treu, vom Knabenwunsch bis zur Erfüllung seines Lebens. »Hatte mich nicht schon mit frühester Jugend das Segelfliegen bis in mein Innerstes gepackt und später alle Schranken einer Berufswahl über den Haufen geworfen?« So ist seine Selbstdarstellung beispielhaft für das Schicksal einer ganzen Generation, zu der er gehörte, aus der er sich bald durch die Kriegsereignisse heraushob. Von nur wenigen Menschen dieser Kriegsgeneration besitzen wir eine solch lückenlose Darstellung der eigenen Entwicklung, des eigenen Erlebnisses, der eigenen Erkenntnis. Seine Worte sprechen am besten über ihn und seine Wertung.

»Der Zauber des Losgelöstseins vom Staub der Erde, das Schweben und Erleben im Reich der Sonne, der Wolken und Winde, das Suchen und Ahnen einer höheren Ordnung in der Stille der Mondnacht, das Nahesein mit Gott — alle diese heimlichen Türen eines erfüllten Menschentums sind durch das Wunder des Fliegens weit aufgestoßen, wenn man nur Augen hat zu schauen und Sinne, das Geschaute in sich aufzunehmen und in dem hintersten Kämmerchen seines Herzens zu bewahren... Kein Leben ist ohne Kampf. Kein Leben ist ohne Sturm und ohne Wetterwolken, ohne die Gefahren des Abstürzens; aber fast immer ist auch die Möglichkeit des Sichbewährens. Die fliegenden Menschen trifft dies in besonderem Maße...«

Werner Baumbach, geboren am 27. Dezember 1916, wuchs in der Beschaulichkeit des oldenburgischen Städtchens Cloppenburg auf.

Schon während seiner Schulzeit am Clemens-August-Gymnasium — an dem er ein ausgezeichnetes Abitur »baute« — gehörte seine ganze Liebe der Fliegerei. Mit 16 Jahren erflog er die »Amtliche C« im Segelflug, 1935 weilte er als Helfer beim Rhön-Segelflugwettbewerb auf der Wasserkuppe. Damit war für ihn mit der Wiedererrichtung der deutschen Luftwaffe die Berufswahl klar.

»Mein Gestellungsbefehl zum Eintritt als Fahnenjunker in die Luftkriegsschule Berlin-Gatow lautete auf den 6. April 1936. Dort sollten wir, so hieß es im Lehrplan, eine sorgfältige Ausbildung in allen militärischen und fliegerischen Dienstzweigen erhalten. Wir waren einer der ersten Offiziersanwärter-Jahrgänge der jungen deutschen Luftwaffe. Aus Zehntausenden hatten wenige Hundert das Glückslos gezogen. Der Traum vom Fliegen sollte für uns Wirklichkeit werden ...

Auf dieser Luftkriegsschule war herzlich wenig vom Fliegergeist zu verspüren. Das Erziehungssystem war eigentlich ein besseres Exerzierreglement aus jenen Zeiten, in denen der Horizont der jungen Leutnants nicht weiter als die Breite ihres Zuges zu sein brauchte. Es war keineswegs geeignet, uns zu aufgeschlossenen und eigenverantwortlichen Persönlichkeiten heranzubilden. Fliegeroffiziere, die einmal imstande sein sollten, den komplizierten Mechanismus einer modernen Luftwaffe zu beherrschen, sind auf diesen Institutionen nicht erzogen worden. War es ein Wunder, daß sich bald die ›Rebellen‹ zusammenfanden? Zu ihnen gehörten viele der erfolgreichsten Flieger des Zweiten Weltkrieges. Lent, Philipp, Claus standen mit auf dem ›Aussterbeetat‹. Als Letzte gingen wir bei der Offiziersprüfung durchs Ziel, und ich entsinne mich noch genau der Abschiedsworte des Kriegsschul-Kommandeurs: ›Ich entlasse Sie nicht nur mit den größten Bedenken für Ihre eigene Laufbahn, sondern mit noch größeren Bedenken für die Luftwaffe überhaupt.‹ Zwei Jahre später waren die meisten aus unserem Kreise gefallen oder hatten die höchsten Tapferkeitsauszeichnungen erhalten ...«

Baumbach war am 1. Januar 1938 in Magdeburg Leutnant und Kettenführer geworden. Die friedensmäßige Ausbildung ging weiter. Über eine bezeichnende Episode aus dieser Zeit berichtet Baumbach: »›Aufschließen zum Paradeflug! ... Aufschließen zum Paradeflug!‹ Wir Flugzeugführer haben schon längst unsere Kopfhauben abgesetzt und auf den Boden der Flugzeugkanzel geworfen. So quakt es monoton zu unseren Füßen weiter: ›Aufschließen zum ...‹ Wir sind im Anflug zur Parade, die zu Ehren des Prinzregenten Paul von Jugoslawien veranstaltet wird. Die sich überschlagende, durch atmosphärische Störungen zuweilen arg krächzende Stimme aus der Hörmuschel gehört unserem Kommandanten, der aus der Bordschützenkanzel der überhöht fliegenden Verbandsführermaschine auf seine Schäflein herabschauend unaufhörlich kommandiert: ›Erste Staffel mehr aufschließen! ... Rechte Kette zweite Staffel links heraus!‹ ... So geht es fort, ohne Unterlaß, vom Start bis zur Landung. Mein Beobachter, Leutnant Schmidt, greift ab und zu lässig zur Kopfhaube, um beruhigt festzustellen: ›Alles in Ordnung ... Er kommandiert noch ... unser ‚Herrgott von oben‘‹, wie wir ihn getauft hatten.

Ein Kommandeur muß schließlich kommandieren, dafür ist er ja Kommandeur, und ohne Kommandeure klappt keine Parade. So steht es im militärischen Einmaleins, und als preußischer Junker hält man auf das Exerzierreglement des Alten Fritzen. Doch Luftparaden kann man nicht kommandieren, man muß dirigieren. In der Luft herrscht nicht der Krückstock sondern der Steuerknüppel, und der ist feinnervig wie der Dirigentenstab. Und der Dirigent sitzt auch in der Führermaschine. Es ist der junge Oberleutnant Fritz Sohler. Er dirigiert das Geschwader durch sein fliegerisches Können und läßt, ohne es zu wollen, den Kommandeur zu einer Marionette werden.

Kurz vor dem letzten Ablaufpunkt reißt Sohler das Schiebedach seiner He 111 zurück. Sekundenlang sehen alle Besatzungen seinen so ganz unmilitärischen pechschwarzen Haarschopf im Fahrtwind

flattern. Er winkt uns noch näher heran und gibt das Zeichen zum Tiefergehen. Dann ist er wieder wie ein Spuk verschwunden. Wir brausen im Tiefflug über die Dächer der Reichshauptstadt, so tief, daß wir den Funkturm auskurven müssen. Noch in der Luft erhalten wir durch Funk von allerhöchster Stelle eine besondere Belobigung für den glänzenden Vorbeiflug. Sofort befiehlt der Kommandeur: ›Antreten der Besatzungen unmittelbar nach der Landung!‹
Wir rollen vor das Befehlsgebäude, wo die Kommandeursmaschine ihren ständigen Abstellplatz hat. Dort steht bereits in voller Kriegsbemalung, Paradeanzug, große Ordensschnalle: Der Kommandeur. Wie aus dem Ei gepellt, entsprechend der Anzugsordnung. Wir dagegen hocken noch in Hemdsärmeln, verschwitzt und etwas derangiert in unseren Mühlen; denn der Tag war heiß, und es fliegt sich nicht gut mit umgeschnalltem Koppel. Unsere militärischen Siebensachen zusammensuchend, klettern wir in leichter Vorahnung aus unseren Maschinen. Wir müssen eine schneidende Ansprache über uns ergehen lassen: Wie unfaßlich und wie unmöglich es gewesen sei, wie wir, das Lehrgeschwader der Luftwaffe, an dem Obersten Befehlshaber der Wehrmacht vorbeigeflogen seien: In Hemdsärmeln nämlich! Die ganze herrliche Parade war ihm hörbar und sichtbar verpfuscht, hatte er doch vermeintlich alles so schön kommandiert, und nun diese Enttäuschung. Lange wurde noch im Kasino über die Frage diskutiert: ›Darf man in Hemdsärmeln an seinem Obersten Befehlshaber vorbeifliegen?‹«
Diese aus dem Zeitgeist zu begreifende Frage erledigte sich bald selbst durch ernste Probleme. »Als im Morgengrauen des 1. September 1939 die deutschen Bomberstaffeln weit in das polnische Hinterland vorstießen, Jäger und Zerstörer innerhalb von Tagen die absolute Luftherrschaft über Polen errangen, die deutschen Heeresdivisionen jeden Widerstand am Boden zerbrachen, ahnten wir und die Welt noch nicht, wie und wann das Ende dieses Zweiten Weltkrieges sein würde.«
Baumbach erlebte seine Feuertaufe. Nach dem Angriff auf den

Flugplatz Warschau erhielt er am 28. September 1939 das EK II. Noch war er einer der vielen unbekannten jungen Leutnants, der vielen namenlosen Flugzeugführer. Dann verlegte das KG 30, hervorgegangen aus der Erprobungsstaffel Ju 88 in Rechlin, mit seinen Staffeln auf die Fliegerhorste um die Deutsche Bucht. Es war das erste Geschwader mit dem Sturzkampfbomber Ju 88. Baumbach flog ihn meisterhaft. Als er am 9. Oktober 1939 erstmals gegen englische Seestreitkräfte in der nördlichen Nordsee vorstieß, gehörte er bereits zu den bekanntesten Flugzeugführern seiner Gruppe. Die Einsätze des KG 26 und des KG 30 in den Herbst- und Wintermonaten 1939/1940 gegen britische Seestreitkräfte im Raume der Nordsee waren das hervorstechende Kennzeichen der Kriegführung in jenem Jahr des »Sitzkrieges«. Für die Luftwaffe war es kämpferisches Neuland. Es gab kein Vorbild. Baumbach selbst sagt, es waren »Marksteine in der modernen Luftkriegführung«. In wenigen Wochen war aus dem Seekrieg ein Luftseekrieg geworden. Eine Weltsensation waren im März 1940 die Sturzangriffe auf die Home Fleet in Scapa Flow und im Firth of Forth. Scapa Flow, die in den Inseln eingebettete Bucht, war seit Jahrzehnten Hauptstützpunkt der englischen Seestreitkräfte. Dort schienen sie unangreifbar. Dort war es auch, wo am 21. Juni 1919 Konteradmiral von Reuter 74 internierte deutsche Schiffseinheiten versenkte, um sie nicht den Engländern endgültig in die Hände fallen zu lassen. Auf das verabredete Signal wurden die Bodenventile geöffnet und mit wehender Kriegsflagge sanken die Schiffe vor den Augen der Engländer, die in späteren Jahren diese Schiffe nur noch als Schrott heben konnten. Aus diesen historischen Gründen fanden die U-Booteinsätze von Prien und die Sturzangriffe des KG 26 und KG 30 damals in Deutschland besondere Beachtung. Aus diesen Angriffen heraus entwickelten die beiden Geschwader die neue Angriffstaktik gegen Schiffsziele.
Am 9. April 1940 begann das Unternehmen »Weserübung«, der Einsatz gegen die britischen Truppen in Norwegen. Am 19. April

wurde Baumbach mit seiner Kette auf ein britisches Geleit vor Andalsnes angesetzt. Ein Flug, dem kriegsgeschichtliche Bedeutung zukam. Baumbach selbst berichtet: »In Richtung Andalsnes geht es hinauf auf die Nordsee. Gleich nach Verlassen der Küste sind wir in einem dichten Schneeschauer, so daß wir unsere Kettenflugzeuge nur noch als Schatten erkennen. In kurzen Abständen werden Kursverbesserungen vorgenommen.

Bald fliegen wir in großer Höhe. Die Atemgeräte werden aufgesetzt. Kurz darauf reißt die Wolkendecke auf und wir können wieder Erdorientierung nach den weit ins Land hineinreichenden Fjorden aufnehmen. Tief verschneit liegt Norwegen mit seinen hohen Gletschern unter uns. Nur noch eine halbe Stunde ist zu fliegen, dann muß unser Ziel, der gemeldete feindliche Kriegsschiffverband, erreicht sein. Ein orkanartiger Frühjahrssturm peitscht die Wellen haushoch. Fast scheint es, als wären wir ein Spielball der Elemente geworden. Soweit das Auge reicht: Wasser — Wasser — Himmel — Wolken — Wasser.

Wir bereiten alles zum Angriff vor. Die Bombenabwurfgeräte werden noch einmal überprüft, die Maschinengewehre durchgeladen. Wir sind gerüstet. Viel zu langsam vergehen in höchster Spannung die letzten Minuten. Ich frage immer wieder meinen Beobachter, der über seine Karten gebeugt, navigiert: ›Menz, sind wir immer noch nicht da? Wir müßten doch jetzt da sein.‹ Dann sind wir plötzlich wirklich am Verband. Gleichzeitig haben wir unser Ziel erkannt und wie aus einem Munde schreien wir: ›Ein Schlachtschiff!‹ Der Bordschütze: ›Unter uns ein großes Kriegsschiff und daneben ganz dicke Transporter!‹

Von jetzt ab lassen wir den ›großen Pott‹ nicht mehr aus den Augen. Ich habe im ersten Augenblick auch angenommen, daß es sich um ein Schlachtschiff handelt, da das Schiff an dem engen Fjord unheimlich groß wirkt. Als wir näher herankommen, erkenne ich eindeutig die markanten und charakteristischen Formen eines Kreuzers. Da sich im selben Augenblick Wolken vor das Ziel schieben, komme ich nicht mehr zum Angriff. Ich muß abdrehen und einen neuen Anflug machen.

Da setzt plötzlich stärkstes Flakfeuer vom Kreuzer und den Transportern ein. Der Kreuzer scheint Sperre zu schießen, denn die Flakwölkchen liegen wie ein dichter Teppich über dem Schiff. Beim neuen Anflug sehe ich, daß meine Kettenflugzeugführer ein Wolkenloch erwischt haben und zum Angriff abkippen. Ich kann die Lage der Bomben beobachten, die ganz nahe am Schiff noch etwas zu kurz liegen. Die Flakabwehr scheint etwas schwächer zu werden. Ich will bei meinem zweiten Angriff unbedingt zum Wurf kommen, da sich das Wetter zusehends verschlechtert. Sonst wird uns der Kreuzer doch noch entwischen. Mein linker Daumen liegt auf dem Bombenknopf. Das Sturzflugvisier ist heruntergeklappt. Hell leuchtet das Fadenkreuz vor meinen Augen. Beobachter, Bordschütze und Bordfunker haben die Hand am Abzug ihrer Maschinengewehre.

Wir sind im Anflug. Der Kreuzer versucht in starkem Zickzackkurs zu entkommen. Aber wir stoßen diesmal durch ein winziges Wolkenloch überraschend zum Angriff hernieder. Wir stürzen durch die Wolken, dann habe ich mein Schiff im Visier und lasse es nicht mehr heraus. Wir müssen ihn treffen!

Bombenwurf! Ein befreiender Ruck im Flugzeug zeigt an, daß sie gefallen sind. Ich fange ab. Im gleichen Augenblick schreit der Bordschütze: ›Treffer mitten auf dem Schiff an Steuerbordseite!‹ Unsere Maschinengewehre hämmern nach unten gegen die Flakabwehr der Transporter. Es ist wie in einem Hexenkessel. Ich habe längst Vollgas reingeschoben. Die steilen Bergspitzen kommen immer näher. Ich reiße die Maschine in einem Turn hart an ihnen vorbei. Der Bordschütze fotografiert fieberhaft. Explosionen, Rauch und Flammen haben unser Opfer eingehüllt, das wenige Augenblicke später zu sinken beginnt. Nach einer letzten Kurve verschwinden wir in den Wolken.

Wir fliegen zurück. Durch Funkspruch geben wir unsere Erfolgsmeldung durch. Als wir zur Landung in unseren Horst einschweben, sehen wir bereits den Wagen unseres Geschwaderkommodores zum Abstellplatz fahren. Draußen auf dem Rollfeld mache ich meine Gefechtsmeldung. Es ist 19.40 Uhr. Wir fahren zum Abendessen. Als wir den Speiseraum betreten, hören wir gerade, wie im Rundfunk bei den 20-Uhr-Nachrichten eine Sondermeldung verlesen wird, die der ganzen Welt von unsrem erfolgreichen Angriff Kunde gibt. Zum ersten Male ist es gelungen, aus der Luft einen Kreuzer zu vernichten.«

Von diesem Tage an wurde Baumbach zu einem Begriff in der Schiffsbekämpfung der Luftwaffe. Einer seiner Kameraden berichtete: »Wo es Schiffe gab, war der blonde Hüne fortan dabei.« Spontan erhielt er am 4. Mai 1940 das Eiserne Kreuz I. Klasse. Für ihn und seine Männer aber ging der Einsatz ununterbrochen weiter.

»Wir waren spät abends in Drontheim gelandet. Richtig dunkel wird es hier überhaupt nicht. Als ich zwei Stunden später wieder an den Start rollte, standen alle Männer vom Bodenpersonal auf dem kleinen Sandhügel am Liegeplatz, schwenkten ihre Mützen und winkten uns zu. Sie wußten, daß wir das erste Mal weit hinauf nach Narvik flogen.

Von allen Seiten rumpelte es nun heran. Wie schwerfällige Riesenkäfer und übergroße Hornissen holperten die mit Benzin und Bomben überladenen Maschinen auf die primitive Holzrostenbahn. Erdfontänen, Gras und Heidekraut wirbelten hoch in die staub- und hitzegeschwängerte Luft, die man an diesem Abend beißen konnte. Langsam baute sich eine Maschine nach der anderen hinter meinem Flugzeug am Ende der Startbahn auf, die wie eine endlose Straße über das blanke Meer direkt in den feuerrot verglühenden Sonnenball zu führen schien. Ach, wenn man doch mitten hinein fliegen könnte in die Unendlichkeit des Himmelsgewölbes! Wie oft hatte ich beim Anblick dieses Naturgeschehens gewünscht, aufzusteigen, zu fliegen und nie mehr zurückkommen zu müssen auf diese sich selbst zerfleischende Erde.

Die nervöse Erregung der letzten Stunden seit unserem Einfall auf den neuen Feldflugplatz ist einer beinahe feierlichen Hochstimmung und abgeklärten Ruhe gewichen. Oder empfand ich es nur allein so?
Der Startposten hebt die grünweiße Flagge. Ein zweites Mal. Meine Traumwelt ist jäh zerrissen. Die beiden Gashebel und der Steuerknüppel sind die brutale Wirklichkeit. Sie ist hier oben nüchterner als irgendwo sonst. — Nach sechs Stunden sind wir wieder zurück. Zwei Besatzungen fehlen. Sie werden nicht wiederkommen. Ich habe den Schlachtkreuzer ›Hood‹ mit einer Bombe getroffen. Eine Aufnahme bestätigt es.
Im Morgengrauen greift der Tommy unseren Flugplatz an. Ein Dynamitlager fliegt uns um die Ohren. Wir schlafen einen kurzen Dornröschenschlaf. Und mittags sind wir wieder unterwegs. Ziel: Narvik.«
Noch bevor die Engländer Narvik aufgegeben hatten, wurde das KG 30 in seine Ausgangsbasen nach Nordwestdeutschland zurückverlegt. »Am 9. Mai hatte ich durch eine Rundfunkmeldung erfahren, daß mir das Ritterkreuz verliehen worden war. Am nächsten Morgen um 3.30 Uhr sind wir wieder draußen. Die Nacht zum 10. Mai hat die Entscheidung gebracht. Alles kommt jetzt darauf an, wichtige Schlüsselstellungen in Holland und Belgien zu nehmen und zu halten, bis die in der gleichen Nacht über die Grenze marschierenden Truppen des Heeres nachgestoßen sind. Nur ein zeitlich genauer Ablauf der Kampfhandlungen kann die geplanten Handstreiche gelingen lassen.
Wir haben den Auftrag, Flakstellungen bei den Flugplätzen im Raume Rotterdam-Den Haag-Delft anzugreifen. Eine stockfinstere Nacht verschluckt alle Vorbereitungen. Nach langer Zeit werden wieder Bomben leichten Kalibers eingehängt. Unsere braven Männer vom technischen Personal arbeiten fieberhaft, während wir, die fliegenden Besatzungen, uns schnell noch ein paar Stunden Schlaf gönnen. Der Start ist für 4.30 Uhr befohlen.

Wir fliegen in den aufdämmernden Tag des 10. Mai. Vor mir sehe ich die Kette des Oberleutnants Beermann. Wir fliegen dicht aufgeschlossen. Die Auspuffflammen sind ein guter Anhaltspunkt für den Verbandsflug. Langsam steigen wir auf Angriffshöhe. Von Minute zu Minute wird es heller. Bodennebel liegt über den Emslandmooren und den Niederungen. Wir sind über Holland. Menz legt die Karte beiseite, nimmt einige Kontrollpeilungen und meint dazu: ›Wir sind auf Kurs.‹

Ich habe die Kurssteuerung eingeschaltet, und wir stärken uns mit einer Schachtel Keks. Links von mir hat die Staffel Noll langsam aufgeholt. Wir fliegen in gleicher Höhe. Wir passieren einige holländische Städte. Vereinzelt blitzt Flak auf. Aber sie liegt tief unter uns und wir beachten sie nicht. Wir haben unseren Kampfraum erreicht. Vor uns zerplatzen Salven von Flakwölkchen. Die schwere Flak erwartet uns. Noch können wir unser Ziel nicht erkennen, der Dunst behindert zu sehr die Sicht. Aber er ist auch unser Schutz, denn im gleichen Augenblick ruft mein Bordschütze: ›Links über uns feindlicher Jäger mit doppeltem Rumpf.‹

Ich kenne sie, diese holländischen Maschinen. In weitem Bogen biege ich nach rechts aus und tauche mit meinem Flugzeug im Dunst unter. Wir müssen uns vor unliebsamen Überraschungen schützen. Dann können wir englischen Lockheed-Zerstörern ausweichen. Vier Augenpaare bohren sich in den Dunst, und die Finger von Beobachter, Funker und Bordschützen liegen an den entsicherten Abzügen unserer Maschinengewehre. Ich sehe in die Gesichter meiner Besatzung. Es sind schon prächtige Kerle.

Wir haben Erdorientierung aufgenommen und müssen gleich am Ziel sein. Vor uns scheren die ersten Ketten seitlich aus, um gleichzeitig zum Angriff zu kommen. Ringsum blitzt unaufhörlich das Mündungsfeuer der Flakbatterien auf. Wir kennen es zur Genüge von der englischen Schiffsflak. Der Ruf des Funkers ›Jäger‹, reißt mich für einen Augenblick wieder von meinem Angriffsziel los. Aber schon höre ich die beruhigende Meldung: ›Eigene Jäger

Me 109, zwei Me 110.‹ Die deutschen Jäger und Zerstörer haben uns planmäßig über dem Ziel aufgenommen und bewachen über uns den Luftraum. Kein doppelrumpfiges Feindflugzeug, das von seinen Piloten großspurig ›Messerschmittfresser‹ genannt wurde, läßt sich mehr sehen.
Längst hat Menz alle Bombenziel- und Abwurfgeräte eingeschaltet. ›Alles klar‹, meldet er. Wir greifen an. Ich gebe meinen Kettenflugzeugen das verabredete Zeichen. Der gemeinsame Angriff wird über dem Ziel abgelöst durch Einzelangriffe der Flugzeugkommandanten, die sich jetzt einzeln eine günstige Angriffsposition suchen. Vor mir kippen bereits die ersten Maschinen zum Sturzangriff ab. Ich habe die genaue Lage unseres kleinen Zieles am Rande des Flugplatzes erkannt: Eine Flakstellung, die aus einem Gehöft heraus feuert. Sie hat eine beherrschende Stellung auf einer kleinen Anhöhe. Wir müssen sie treffen, wenn nicht der Einsatz unserer unmittelbar nachfolgenden Fallschirmjäger gefährdet werden soll. Am Südrand des Flugplatzes sehe ich bereits die ersten Bombeneinschläge.
Ich entschließe mich, in einer großen Kurve, von Westen kommend, aus geringer Höhe anzugreifen. In steilem Gleitflug fliege ich an und gehe dann zum Sturzflug über. Sekundenschnell kommt das Ziel auf mich zu. Das Gehöft wächst zusehends im Fadenkreuz meines Visiers. Unmerklich fast hat der linke Daumen auf den Bombenknopf am Steuerknüppel gedrückt. ›Bomben fallen‹, meldet mein Bordschütze, der unten in der Wanne der Flugzeugkanzel liegt, dann wieder in seiner trockenen Art, die durch nichts zu erschüttern ist: ›Bomben liegen im Ziel.‹
Im Abflug sehen wir, daß die Gebäude des Gehöftes wie Kartenhäuser zusammenfallen. Die Flak ist verstummt. Wir fliegen zurück. Kaum hatte ich gesagt: ›Jetzt gut auf Jäger aufpassen‹, da werden wir auch schon von einer Lockheed angegriffen. Thies, mein Bordfunker, hat sie rechtzeitig bemerkt. Wir schießen, was das Zeug halten will. Ich suche verzweifelt eine schützende Wolke.

Nichts! Die einzige Rettung: Die Kiste auf den Kopf stellen und hinunter zum Tiefflug! Da höre ich: ›Verdammter Dreck, habe Ladehemmung!‹ Aber schon hat Willem Braun, der hinter mir volle Trommeln zugereicht hat, sein Maschinengewehr oben durch das Glas gestoßen. Ich sehe mich schnell um. Der feindliche Zerstörer ist auf nächste Distanz herangekommen. Deutlich kann ich den Flugzeugführer und die Hoheitszeichen erkennen. Und wieder geht alles unter im Hämmern unserer beiden Maschinengewehre. Thies hat von neuem das Feuer eröffnet. Es gelingt, im Tiefflug zu entkommen. Der Zerstörer folgt uns nicht mehr. Eine Me 109 hat ihn gefaßt.
Zur selben Zeit sehen wir unsere Fallschirmjäger und Luftlandetruppen zum Angriff übergehen. Es ist auf den Glockenschlag die befohlene Angriffszeit.«
Baumbach, dem während der Einsätze im Westen auf dem Feldflughafen als einem der ersten Kampfflieger das Ritterkreuz überreicht worden war, wurde am 1. Juni Oberleutnant und Staffelkapitän. Der blonde, schlanke, hochgewachsene junge Offizier, ausgezeichnet mit dem Ritterkreuz, entsprach in seinem Erscheinungsbild ganz der Vorstellung der damaligen Zeit. So wurde Baumbach nach dem Kampf um Dünkirchen im Juni 1940 ausgesucht, als Repräsentant Deutschland für eine Auslandsmission zu vertreten, sie führte als Kurierreise über Moskau durch Rußland nach Tokio. Der Chef der japanischen Heeres- und Marinefliegertruppe, General Schibuta, verabschiedete Baumbach mit den Worten: »Ich und meine Offiziere werden jeden Tag für Sie und die deutsche Luftwaffe beten«, und überreichte ihm als Zeichen dieser guten Freundschaft sein eigenes Flugzeugführer-Abzeichen. Ende September kehrte Baumbach nach Berlin zurück. Die Reise und ihre Begegnungen ließen ihn die Enge des eigenen Raumes und die Begrenztheit seiner Mittel bewußt werden. Doch zum Nachdenken verblieb nicht viel Zeit. Die Kampfgeschwader erlitten in den harten Kämpfen der Schlacht um England schwere Verluste. Die Reich-

weite der deutschen Bomber hatten England des Insel-Charakters beraubt. Baumbach kehrte zum Geschwader zurück.
»Die Aufgaben, welche die Luftwaffe jetzt erfüllen soll, unterscheiden sich allerdings in einigen bedeutenden Punkten von denen, die sie in den bisherigen Feldzügen bei der Niederringung der Festlandsdegen Englands löste. Abschnürung der Insel von den überseeischen Zufuhren und Zerschmetterung der Zentren der britischen Wehrkraft sind die beiden Hauptziele für die Kampffliegertruppe. So führt unser Geschwader Blockadekrieg. Es ist für uns die Pause zwischen den Feldzügen, wo die Landfronten unbeweglich stehen. Wir haben mit unseren Kampfmaschinen Minen in die Flußmündung gestreut.«
Der Kampf wurde immer schwerer. Zwischen den Feldflugplätzen im Westen und England lag nun einmal Wasser. Die englischen Flieger waren ein zäher und tapferer Gegner. Die Verluste der friedensmäßig ausgebildeten Besatzungen wurden immer größer. Die Flugzeugtypen, ihre Zielgeräte und Angriffsmittel waren den Anforderungen nicht mehr gerecht. Der Soldat aber hatte zu gehorchen und zu fliegen. London als die Hauptstadt und der größte Handelsplatz war in den Nächten der Wintermonate 1940/41 immer wieder das Ziel. Wer dabei war, dem bleibt dieser schwere Einsatz unvergeßlich, dem hat sich das Bild des von Brand und Feuer lichtumfluteten U-Bogens der Themse im Herzen des britischen Weltreiches unauslöschlich eingeprägt. »Regenschwere Wolken hängen tief über dem Einsatzhafen Gilze-Ryn. Kein Stern ist am Himmel zu sehen, auch der Mond hat sich verkrochen. Leutnant Steputat, gebürtiger Ostpreuße, meint neben mir in seinem unverkennbaren Dialekt: ›Na, heute ist es mal wieder finster wie ein Mohrenarsch.‹ Ich wage nicht, irgendwelche Zweifel an diesem Vergleich zu äußern, denn Steputat flog schon vor Jahren beim Negus unter der heißen Sonne Äthiopiens und er wird so seine Erfahrungen haben.
Wir klettern in unsere Maschinen und dann läuft alles wieder ›wie

gestern‹. Die Kommandeursmaschine mit Ete Haß am Steuer rollt an meiner Boxe vorbei zum Start. Es sollte sein letzter sein. Mein erster Wart winkt mich mit seiner Blinklaterne ein, während die erste Maschine bereits vom Boden abhebt. Zwei Minuten später hingen auch wir wieder in der Luft.
Angriffsziel: London.
Bis zum Erreichen der englischen Küste gehen wir auf Höhe. Hagel und Schneeschauer wechseln miteinander ab. Dann liegt die Küste unter uns. Die Wolkendecke ist aufgerissen. Wir können Erdorientierung aufnehmen. Scheinwerfer greifen wie lange Gespensterfinger durch die dunkle Nacht geisternd nach uns. Je weiter wir fliegen, desto mehr werden es. Der Tommy ist auf der Hut. Über und unter uns stehen die Wattetupfen detonierender Flakgranaten. Plötzlich erfaßt uns grelles Scheinwerferlicht. Durch Ausweichbewegungen gelingt es zu entkommen. Immer enger wird der Kreis der Scheinwerfer und Flakstellungen. Ein Nachtjäger fliegt auf Gegenkurs in kürzester Entfernung an uns vorbei. Er erreicht uns nicht mehr.
Noch können wir London nicht erkennen. Wir haben nur direkte Sicht nach unten. Es ist uns bekannt, daß in derselben Nacht mehrere Kampfgeschwader über London sein werden. Wir sehen an der fieberhaften Abwehr und dem Suchen der Scheinwerfer im Verteidigungsgürtel um London, daß dort unten wieder einmal höchster Fliegeralarm herrscht. Menz hat als erster die Themse erkannt. Wie ein schmales silbriges Band windet sie sich da unten. Wir können wieder bis zu unserem Zielraum, der im Themsebogen liegt, ›franzen‹.
Plötzlich erkennen wir unter uns Einschläge und etwas weiter ostwärts große Brände. Unablässig erfolgt Bombenaufschlag auf Bombenaufschlag. An mehreren Stellen haben sich bereits mehrere Brände zu einem großen zusammenhängenden Feuerschein vereinigt. Dort unten muß die Hölle herrschen.
Wir sind über unserem Angriffsgebiet: Dockanlagen. Ein sauberes

Zielen ist nicht möglich, da wir kein genaues Zielgerät für die Nacht besitzen. Wir werfen unsere 1800-kg-Bombe ›über den Daumen‹ ab. Die Detonation folgt mit starkem Feuerschein, während wir auf Heimatkurs gehen. Wieder müssen wir durch den Sperrgürtel um London. Das Flakfeuer wird langsam ungemütlich.
Da, plötzlich ein Schlag! Der rechte Motor beginnt zu schütteln. Die ganze Maschine vibriert. Der rechte Motor steht. Wir hängen mitten über London. Zum Glück sind wir ziemlich hoch. Im Gleitflug biegen wir nach Osten ab. Ich habe eigentlich die Hoffnung aufgegeben, noch bis zum Festland zu kommen. Aber noch fliegen wir. Nach wenigen Minuten tauchen wir in die Wolken ein. Wir müssen blindfliegen und wissen nicht, wann wir aus den Wolken herauskommen werden. Minuten werden zu Ewigkeiten. Langsam geben wir unsere kostbare Höhe auf. Wenn wir viel Glück haben, schaffen wir es vielleicht doch. Und wir schafften es tatsächlich.
In wenigen hundert Metern kommen wir aus den Wolken heraus und erkennen die Küste. Wir sind über holländischem Gebiet, und es gelingt mir, die schwere Ju 88 mit einer Notlandung auf freiem Gelände hinzusetzen. Einige Bäume und unsere gute Ju müssen zwar dran glauben. Wir selbst sind auch etwas angekratzt, aber wir haben es doch geschafft. Zwei Stunden später liege ich in Breda im Krankenhaus, wo mich der holländische Chefarzt van Vonno zusammenflickt. Er und seine Söhne sind gegen die deutsche Besatzung eingestellt. Er macht aus seiner Ablehnung keinen Hehl. Er habe in Deutschland studiert, er verehre die deutschen Klassiker und Größen der deutschen Wissenschaft, er liebe die deutschen Berge und er schätze den einzelnen Deutschen — aber er sei Holländer. Jeden Nachmittag besucht mich seine junge hübsche Tochter Pitah mit einem Arm voll frischer Blumen, bis ich eines Tages in das Luftwaffenlazarett Wismar nach Deutschland geflogen werde. Später finde ich in meinem Mützenrand von zarter Hand geschrieben: ›Que Dieu te protège...‹«
Im Januar 1941 kehrte Baumbach zu seiner Staffel an die Front

zurück. Die Verminung der Themsemündung, des Wash sowie Angriffe in mondhellen Nächten gegen Schiffe wurden fortgesetzt. Aus der Schlacht um England wurde die Schlacht über den Weiten des Atlantik. Baumbach versenkte Schiff auf Schiff. In wenigen Monaten hatte er 200 000 BRT Schiffsraum versenkt. Dafür wurde er am 14. Juli als zweiter Kampfflieger und 20. Soldat der Wehrmacht mit dem Eichenlaub ausgezeichnet.
Schon im Frühjahr 1941, nach den ersten Luftangriffen auf Glasgow, war Baumbach zu einer Besprechung bei Göring in Den Haag befohlen worden. Er sollte dabei Vortrag über die Schiffsbekämpfung halten und »vor allem die Frage beantworten, weshalb wir noch immer keine Flugzeugträger versenkt hätten.« Der 25jährige Oberleutnant kam dabei mit führenden Persönlichkeiten wie Generalluftzeugmeister Ernst Udet und dem Chef des Generalstabes Hans Jeschonnek ins Gespräch. Diese Kontakte sollten für seine weitere Tätigkeit und für seinen Einfluß von entscheidender Bedeutung sein. Noch mehr als es sich der junge Eichenlaubträger im Juli 1941 erlauben konnte vor dem Reichsmarschall seine »ersten scharfen Angriffe gegen die bemooste Personalwirtschaft innerhalb der Kampfverbände« führen zu können. Vor Göring und seinem Generalstabschef Jeschonnek hielt er Vortrag über die notwendige Reorganisation der Kampffliegertruppe. Damit begann für den jungen Frontoffizier nach dem Kampf an der Front nun der Kampf um seine eigene Truppe gegen die Führung. »Im Namen der Front fordere ich, daß jeder Kommandeur einer fliegenden Kampfgruppe oder eines Geschwaders fähig sein müsse, in der Luft zu führen und nicht, wie bis dahin in der Regel üblich war, vom Schreibtisch aus.« Spontan stimmte Göring zu, »und am Schluß meiner ungewollt langen Rede beförderte er mich zum Hauptmann, eine von mir nicht beabsichtigte Reaktion«. Das war am 20. Juli, gleichzeitig wurde er Kommandeur der I. Gruppe im KG 30. Als Spezialist in der Schiffsbekämpfung wurde Baumbach im Frühjahr 1942 im Auftrag des Generalstabschefs zur Krim und

FW 200 C bereit zum Einsatz gegen Geleitzüge im Nordmeer.

Das Seitenleitwerk sagt mehr aus als das Bordbuch.

Ein Geleitzug ist im Atlantik gesichtet. Das erste Schiff explodiert mit einer riesigen Rauchsäule.

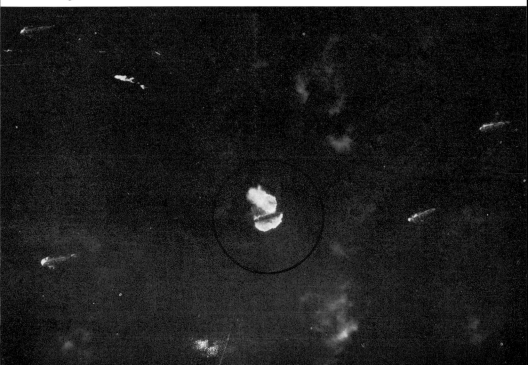

Letzter Punkt der Einsatzbesprechung: Uhrenvergleich...

Aufstellung zum Start (I./KG 100 auf dem Flugplatz Dnjepro-Süd II)

nach Nikolajew kommandiert, um mit den dort stationierten Kampfverbänden Schiffsangriffe in den Kaukasushäfen und in Sewastopol durchzuführen. Ähnliche Aufträge führten ihn in den nächsten Wochen wieder über den Atlantik und über den Mittelmeerraum. Wenige Tage vor dem Beginn des Entscheidungskampfes um Sewastopol wurde Baumbach im Juni von Jeschonnek persönlich wieder in die Krim geschickt. Im Nonstopflug kam er mit seiner Ju 88 von Italien quer über den Balkan nach Eupatoria. Im Hafen von Sewastopol, im Kaukasushafen Tuapse gelangen Baumbach weitere Schiffsversenkungen. Mit seiner Ju 88 stürzte er mit in den Endkampf um die Festung Sewastopol. Im August weilte Baumbach wieder in Norwegen. Die Amerikaner hatten mit ihren Geleitzügen nicht nur England versorgt, sondern nun auch die Sowjetunion über Murmansk und Archangelsk. Die Kampfgeschwader in Norwegen flogen zur Bekämpfung der stark gesicherten anglo-amerikanischen Geleitzüge im Nordatlantik.

»Heiß brannte die Augustsonne auf unseren Flugplatz Stavanger-Sola. Wir liegen mit der Staffel draußen am Fjord und baden. Die letzten Wochen hatten viel Arbeit, viele schwierige Einsätze, aber auch sehr schöne Erfolge gebracht. Unsere Besatzungen hatten wieder einmal rings um Schottland gezeigt, daß wir die feindlichen Geleitzüge an jeder Stelle der Insel fassen können. Weit draußen im Atlantik, bei den Hebriden und den Shetlands und vor der Ostküste Schottlands hatten unsere Besatzungen feindliche Schiffe versenkt. Nur waren unsere Kräfte viel zu schwach. Verbissen und erbittert werden alle Schiffsangriffe geflogen. Der Gegner ist auf der Hut und jeder Erfolg muß unter vollem Einsatz von Besatzung und Flugzeug schwer errungen werden. Aber es wird geschafft.

Wir haben heute seit langem Ruhe. Die Wetterberatung für den nächsten Tag lautet günstig für die Aufgabe, die ich mir gestellt habe. In den Fjorden der Faröer, weit oben im nördlichen Atlantik zwischen England und Island sind große Handelsschiffe gemeldet. Es wird wieder ein langer Tag werden.

Pünktlich auf die Minute ›schiebe ich die Pulle rein‹. Unsere Ju 88, mit der wir nun schon manches Mal über den Bach geschippert sind, ist heute buchstäblich bis zum Überlaufen vollgetankt. Schwere Bomben hängen unter den Tragflächen. Bald ist die norwegische Küste unseren Blicken entschwunden. Dicke Wolkentürme und regenschwere Gewitterwolken stehen am Westhimmel. Wir fliegen über den Wolken. Ab und zu können wir durch ein Wolkenloch die blaugrüne, schäumende Nordsee sehen. Es ist ein schwerer Nordwest aufgekommen. Haushoch türmen sich die Wellenberge unter uns. Unsere gute Ju schüttelt sich, als wolle sie den heranstürmenden Wind abweisen.
So fliegen wir Stunde um Stunde hinaus auf den weiten Atlantik, der heute unser Jagdgebiet sein wird. Wir sprechen in der Besatzung kaum ein Wort. So war es schon immer. Man könnte den Krieg fast vergessen. Das Fliegen hat uns wieder einmal in seinem Bann. Leutnant Menz, mein 21 Jahre ›alter‹ Beobachter navigiert. Auf diesen langen Seestrecken ist peinlichste Navigation unerläßlich. Wir vier, die Besatzung unserer Ju 88, fliegen nun schon den ganzen Krieg zusammen. Wir können uns aufeinander verlassen. Wir haben es gelernt, immer auf dem Sprung und immer angriffsbereit zu sein oder einem Angriff zu begegnen.
Die Motoren brummen gleichmäßig ihr Lied. Es ist für uns in diesem Krieg die beste Musik. Sie klingt uns immer im Ohr. Jede kleinste Unregelmäßigkeit würden wir sofort hören. Der erste Wart, der vor dem Start seinem Kommandanten das Flugzeug klarmeldet, trägt eine große, schwere Verantwortung. Er trägt aber auch einen wesentlichen Teil zum Gelingen jedes Feindfluges bei.
Wir fliegen jetzt dicht an der Obergrenze der Wolken. In wenigen Minuten müssen wir an den Faröer sein. Die Flugstrecken und Flugzeiten werden verglichen. Plötzlich tauchen weit vor uns am Horizont dunkle Schatten auf. Im ersten Augenblick haben wir sie für Flugzeuge gehalten, dann erkennen wir schnell große Umrisse. Die steilen, felsigen Bergspitzen der Faroer sehen über die Wolken

heraus. Wir sind am Ziel. Vorsichtig pirschen wir uns heran. Man ist nie vor Überraschungen sicher. Wir sind jetzt ganz nahe an die vielen kleinen Felsinseln der Faröer herangekommen. Die Wolken sind hier wie mit einem scharfen Messer abgeschnitten. Im strahlenden Sonnenschein liegen die Faröer vor uns. Wir holen weit nach Westen aus, um auf Angriffshöhe zu steigen. Rechts vor mir sehe ich den großen Lundefjord, an dem hinter einem Felsvorsprung das Städtchen Thornshavn liegt. Noch haben wir keine Schiffe entdeckt. Wir sehen in jeden kleinen Fjord, um ganz sicher zu gehen.

Ich mache kehrt und fliege in den Fjord von Thornshavn hinein. Noch hat sich unter uns nichts gerührt. Gleich hinter dem Knick muß Thornshavn liegen. Die Bomben- und Zielgeräte sind eingeschaltet. Wir brauchen nur zum Sturzangriff abzukippen. Gleichzeitig haben wir ›unser‹ Ziel entdeckt. Quer im Fjord, genau vor uns liegt ein riesiger Frachter vor Anker. Dahinter mehrere kleinere Fracht- und Handelsschiffe.

Wir greifen an. Wie ein Brett liegt die Maschine im Sturz. Wir *müssen* treffen. Sekundenschnell wächst das Schiff unter uns. Wir erkennen Einzelheiten auf dem Deck. Ich habe mein Ziel im Fadenkreuz des Visiers.

Bombenwurf! Unmerklich hat sich der Daumen bewegt und auf den kleinen roten Bombenknopf gedrückt. Während ich die Maschine abfange, höre ich durch die ›Eigenverständigung‹ die Stimme meines Bordschützen: ›Bomben fallen.‹ Wenige Sekunden später: ›Treffer backbord, erste Bombe zu kurz.‹ In einer steilen Kurve sehen wir uns die Wirkung unseres Angriffes an. Der Pott muß ordentlich was mitgekriegt haben. Dicke schwarze Rauchwolken quellen an der Bordwand und aus dem Deck heraus. Aber wir können nicht mehr an unserem Schiff bleiben. Wir müssen zurück. Wir haben noch einen langen Heimflug vor uns.

Ich sehe auf die Borduhr. Es ist Sonntagnachmittag 16.04 Uhr. Wir sehen am Hafen ausgebaute Flakstellungen. Aber kein Schuß fällt.

Die Geschützbedienungen sind offensichtlich beim Nachmittagsschlaf. In geringer Höhe drücken wir weg und jagen Trommel auf Trommel aus unseren schweren Bordwaffen in die Flakstellungen. Bald liegen die Faröer weit hinter uns. Wir sind auf dem Rückflug. Die Unterhaltung dreht sich natürlich um das angegriffene Schiff. Ob es wohl abgesoffen ist? Auf jeden Fall ist es schwer beschädigt. Damit hat unser Flug, der Angriff auf die Faröer, Erfolg gehabt. Durch Funk geben wir unsere Angriffsmeldung an die Bodenstelle: ›Habe angegriffen. 7000- bis 8000-Tonnen-Handelsschiff. Mit Erfolg.‹ Noch sind wir nicht zu Hause. Der Rückflug kann noch manche Überraschung bringen. Wir bleiben dicht an den Wolken, um sofort einzutauchen, sobald sich ein feindliches Flugzeug zeigen sollte. Rechts von uns erscheint schemenhaft die Nordspitze der Shetlands. Wir machen einen respektvollen Bogen.
Gespensterhaft verschwinden die Bergspitzen der Shetlands wieder im Dunst und Seenebel. Wir setzen neuen Kurs auf unseren Heimathafen ab. Mein alter Bordfunker, Heinrich Thies, mit dem ich schon vor dem Krieg flog, hat jetzt alle Hände voll zu tun. Die Funkertaste kommt nicht mehr zur Ruhe. Wir melden unsere Ankunft. Da tauchen die vertrauten Umrisse der norwegischen Küste auf. Wenige Minuten später fliegen wir unsere Platzrunde.
Draußen am Liegeplatz mache ich meine Gefechtsmeldung. Noch am selben Tage wird der morgige Einsatz besprochen. Wir wollen vor allem auch feststellen, was aus dem angegriffenen Schiff geworden ist. In aller Frühe starten zwei Maschinen zur bewaffneten Aufklärung gegen die Faröer. Wir haben Glück. Das Wetter, das dort oben immer sehr unbeständig ist, hat sich gehalten. Eine Besatzung meldet unser Schiff halb unter Wasser liegend, ausgebrannt mit starker Schlagseite. Aus den Trefferbildern wird einwandfrei festgestellt, daß es sich um ein Schiff von mindestens 10 000 BRT handelt. Auf dem Rückflug kann diese Besatzung noch einen angreifenden Blenheim-Zerstörer bei den Shetlands abschießen. Wir führen Blockadekrieg gegen England.«

Als Baumbach 300 000 BRT Schiffsraum versenkt hatte, wurden ihm am 18. August 1942 als erstem Kampfflieger und 16. Soldaten der Wehrmacht die Schwerter zum Eichenlaub verliehen. Seine Besatzung, die Oberfeldwebel Thies und Braun und Unteroffizier Beerwald erhielten gleichzeitig alle das Deutsche Kreuz in Gold. Baumbach wurde am 14. Oktober 1942 Major.

Im November 1942 bahnte sich an der Ostfront das Drama Stalingrad an, im Westen warfen die Amerikaner mit ihrer Invasion ihre materielle Überlegenheit auf den europäischen Kriegsschauplatz. Baumbach mußte mit seiner Gruppe von Nord-Finnland nach Comiso verlegen, von bitterer Kälte in die Mittagsglut Siziliens. Für zwei Tage hingen die Maschinen zwischen Himmel und Erde über 5000 km vom Nordkap zum Mittelmeer. 39 Ju 88 trafen ein. Zur gleichen Zeit verbreiterten riesige Geleitzüge der Alliierten im Schutze britischer Flotteneinheiten den Brückenkopf Algier. Die wenigen Kampfflugzeuge waren pausenlos im Einsatz. Täglich kamen neue Angriffsziele dazu. Aber es waren keine Flugzeuge vorhanden und die Bodenorganisation nicht vorbereitet. Baumbach schreibt: »Catania, Comiso, Trapani und Gerbini sind die Flugplätze auf Sizilien. Sardinien und Südfrankreich dienen als Absprungbasen. Die effektive Einsatzstärke der deutschen Bomberverbände in den Monaten November/Dezember beträgt 100 bis 200 Flugzeuge. Innerhalb von Wochen sinkt ihre Zahl auf kaum 50 frontklare Maschinen und Besatzungen ab. Bald liegen auf den Flugplätzen nur die Stäbe, die Rahmen der Verbände. Ohne Flugzeuge, ohne Besatzungen, und ohne Hoffnung.

Im Kommandostab des II. Fliegerkorps und der Luftflotte 2 bleiben die Fähnchen auf der Lagekarte gesteckt. Man operiert weiterhin mit Geschwadern und Kampfgruppen, die eben nur noch auf diesen Karten existieren, denn in Wirklichkeit haben die Geschwader weniger als zehn Besatzungen. Zur selben Zeit sind im ostwärtigen Mittelmeer, vorwiegend von Kreta, etwa zwanzig Flugzeuge des X. Fliegerkorps eingesetzt. Oft landeten die Maschinen buch-

stäblich mit dem letzten Tropfen Benzin in den Tanks, denn die Flüge gehen bis zur äußersten Grenze der Eindringtiefe.«
Besatzung um Besatzung kehrte vom Feindflug nicht mehr zurück. Baumbach wußte keinen Rat mehr. Mit dem Mut der Verzweiflung rang sich der Gruppenkommandeur den Entschluß ab, als letzte Möglichkeit unter Umgehung des Dienstwegs an den Chef des Generalstabs der Luftwaffe, Generaloberst Jeschonnek, zu schreiben. Er sollte wenigstens wissen, was hier los ist. Es war am 12. Dezember 1942. »Bis nach Mitternacht habe ich an der Schreibmaschine gesessen und meinen Bericht abgefaßt. Im Morgengrauen wird der Kurier ins Hauptquartier nach Ostpreußen starten.« Baumbach schrieb aus der bitteren Erfahrung, die er mit seiner Kampfgruppe in der Zeit vom 10. November bis 10. Dezember 1942 gemacht hatte. Ungeschminkt berichtete er die Wahrheit über die Mißstände in den Befehls- und Führungsverhältnissen, legte als Beweis auch noch erschütternde Auszüge aus Briefen von Frontkommandeuren bei und schloß: »Herr Generaloberst! Helfen Sie uns in unserer großen Not!«
Der Notschrei blieb nicht ohne Wirkung. Schon am nächsten Tag sprach der junge Major mit Jeschonnek und Feldmarschall Kesselring, der Kommandierende General wurde abgelöst, aber auch Baumbach durch Fernschreiben auf Befehl des Reichsmarschalls nach Berlin versetzt. Am Silvesterabend 1942 nahm er Abschied von seiner Gruppe. In Berlin wurde ihm als vordringlichste Aufgabe die Erprobung und der Einsatz der neuen ferngelenkten Bomben übertragen. Er erhielt eine Reihe weiterer verschiedener Missionen. Aber es änderte sich nichts.
Eine Erkrankung zwang ihn im August 1943 ins Lazarett. Am 18. August rief noch spät in der Nacht Jeschonnek bei ihm an, und am nächsten Morgen erfuhr Baumbach die ihn tief erschütternde Nachricht vom Freitod des Chefs des Generalstabs der Luftwaffe, der als der Vater der modernen Kampffliegerei galt. Baumbach schreibt: »Jeschonnek hatte in seinem letzten Willen bestimmt, daß

er kein Staatsbegräbnis wünsche. Er wolle wie ein einfacher Soldat am Insterburger See in Ostpreußen begraben werden, wo er in seinem Hauptquartier, in ›Robinson‹, über zwei Jahre gearbeitet hatte. Wie oft war ich dort mit ihm allein spazierengegangen oder hatte auf der Holzbank in dem kleinen Gärtchen am See gesessen, und er hatte mir sein schweres, verkrampftes Herz ausgeschüttet, mir, dem kaum Fünfundzwanzigjährigen, und er hatte mich oft mit seinem Vertrauen beschämt.«

Wenige Wochen später rief ihn Albert Speer, der Reichsminister für Rüstung und Kriegsproduktion zu einer Unterredung. Baumbach berichtete von all seinen gescheiterten Versuchen seit dem Jahre 1941, durch Aussprachen, Meldungen und Vorschläge eine Änderung herbeizuführen. Mit diesem Gespräch gewann er das Vertrauen von Albert Speer. Aus dieser Zeit schrieb Baumbach: »Von nun an pendelte ich nur zwischen Reichskanzlei — Speer — Himmler — Karinhall — Goebbels — Speer — Reichskanzlei hin und her. Außerdem war ich noch Truppenführer sämtlicher Reste der Kampffliegerverbände.« In einer Lagebesprechung im August 1944 äußerte Hitler, er habe eine Denkschrift eines bekannten Kampffliegers bekommen, und es seien ihm über viele Dinge die Augen geöffnet worden. Der Kampfflieger war Werner Baumbach. »Über den Sinn der Luftwaffe in diesem Kriege«, hieß meine Denkschrift. »Sie war in der krassesten Form abgefaßt. Als ich nach zwei Stunden den doppelten Sperrkreis des Führerbunkers verließ, wußte ich, daß eine Wendung nicht mehr möglich war. Hitler war auch bei dieser Meldung, wie bei allen Unterredungen, die ich mit ihm hatte, ruhig und hörte mir zu. Er schien meine Einwände einzusehen. Ein halbes Jahr später erinnerte er sich an meine Vorschläge. Dann war ich beinahe täglich in der Reichskanzlei. Zu spät.«

In der verzweifelten Lage des letzten Kriegsjahres rief Göring im Oktober 1944 etwa 30 Frontkommandeure zu einem parlamentarischen Kriegsrat in die Luftkriegsakademie nach Berlin-Gatow. Es wurde lebhaft diskutiert, aber keine Änderung erreicht. In der Geschichte des Zweiten Weltkrieges heißt dieses Treffen »Areopag«. Wie viele andere kam auch Baumbach wütend aus dieser Besprechung.

»Nach diesem letzten Versuch führte ich, nun unter bewußter Umgehung Görings, direkte Besprechungen mit dem Reichsminister für Rüstung und Kriegsproduktion, Albert Speer. Wir wollten in letzter Minute versuchen, mit den Resten der Kampfflieger einen schweren strategischen Luftangriff gegen die russischen Kraftwerke durchzuführen. Die Vorbereitungen dieses Unternehmens liefen unter dem Kennwort ›Eisenhammer‹. Da der militärische Zusammenbruch des Reiches in wenigen Monaten besiegelt schien, wollten wir durch ein derartiges Unternehmen noch versuchen, den Ausgang des Krieges so günstig wie irgend möglich zu beeinflussen, indem wir der nach Westen vorrollenden Russischen Dampfwalze ihren Nachschub an den Energiequellen abzuschneiden gedachten. Es erschien dann weiterhin möglich, die Sowjets aufzuhalten. Die Auswirkungen eines solchen Angriffes konnten frühestens nach drei bis vier Monaten an der Front spürbar werden. Das Unternehmen ›Eisenhammer‹ sollte von dem mir unterstellten Kampfgeschwader KG 200 durchgeführt werden, das zum letzten Sammelbecken aller Waffen und Sonderkampfmittel der Kampffliegertruppe geworden war. Dazu gehörten vor allem die ›Mistelflugzeuge‹, die den direkten Angriff auf die Kraftwerke fliegen sollten. Schon am 18. Januar 1942 hatten Peltz und ich diese Idee des Mistelflugzeuges, die von den Junkerswerken technisch fundiert war, erstmalig Göring vorgetragen. Leider damals ohne Erfolg. Es handelte sich dabei um eine unbemannte Ju 88 ›auf die ein Jagdflugzeug vom Typ Me 109 oder FW 190 gesetzt war‹. Dieses zusammengekuppelte Gespann, welches auch unter der Bezeichnung ›Beethoven‹ oder ›Vater und Sohn‹ bekannt war, wurde von einem in dem Jagdflugzeug sitzenden Piloten geflogen. Die Kabine der Ju 88 trug an Stelle der Besatzung vier Tonnen Sprengladung mit Hohllade-

wirkung. Sie hatte die größte Zerstörungswirkung aller bis dahin aus der Luft zum Einsatz gekommenen Sprengmittel. Der Angriff erfolgte im Gleitflug. Sobald der Pilot sein Ziel im Fadenkreuz des Visiers hatte, rastete er eine Kurssteuerung ein und kuppelte sein Jagdflugzeug in etwa 1000 m Entfernung vom Ziel ab. Während nun die Ju 88 mit laufenden Motoren ihren kursgesteuerten Angriff bis zum Auftreffen weiterflog, war der Pilot in seinem Jagdflugzeug infolge seiner zusätzlichen Gleitfluggeschwindigkeit der schnellste Mann am Platze. Sein eigenes Gefahrenrisiko war relativ gering. Beim Anflug konnte der Kraftstoff aus der Ju 88 enttankt werden, wodurch die Reichweite des Jagdflugzeuges erheblich erweitert wurde, da der gesamte Kraftstoff für den Rückflug zur Verfügung stand. Die Treffgenauigkeit dieses aus vorhandenen Flugzeugen montierbaren und doch neuartigen Angriffsmittels war gegen Punktziele etwa achtzig Prozent. Seine Wirkung war vernichtend. Technisches Unverständnis der Luftwaffenführung und kleinliche Eifersüchteleien gegen alle von Außenseitern herangetragenen Vorschläge verzögerten die Bereitstellung um Jahre. Das Unternehmen ›Eisenhammer‹ kam nicht mehr zur Durchführung, weil Ostpreußen, welches als Basis geplant war, zu schnell in russische Hände fiel. Im März 1945 waren weitere Mistelflugzeuge mit erhöhter Reichweite fertiggestellt worden, um aus dem Raum Berlin zu fliegen. Zu diesem Zeitpunkt wurde offensichtlich, daß die Anglo-Amerikaner Berlin und Ostdeutschland den Russen überlassen würden. Unter diesen Aspekten wäre es ein Wahnsinn gewesen, den Angriff noch durchzuführen. Hunderttausende deutscher Kriegsgefangene hätten wahrscheinlich die angerichteten Zerstörungen wieder aufbauen müssen. Daher setzten wir die letzten Mistelflugzeuge gegen die von den Russen gebauten Oderbrücken ein. Dort fand der letzte Einsatz der deutschen Kampffliegertruppe gemeinsam mit den Resten der Schlachtflieger statt.«
Noch einmal versuchte Baumbach — seit dem 5. Januar 1945 Oberst — mit einer offenen Kritik gegenüber dem Oberbefehls-

haber der Luftwaffe die Situation zu ändern. Am 19. Januar 1945 gab er seine persönliche Stellungnahme in einem Brief an den Reichsmarschall ab. Darin heißt es u. a.: »Ich habe seit meiner ersten Begegnung mit Ihnen und dem Generaloberst Jeschonnek im Sommer 1941 nie mit meiner Auffassung hinter dem Berge gehalten und das Konglomerat der Generalität und dieses sogenannten Generalstabes in roten Hosen mit offenem Visier zuletzt auf dem Aeropag in Gatow angegriffen... Ich bin mir der möglichen Folgen bewußt, da ich inzwischen mehrmals von Albrecht aus der Parteikanzlei des Führers gewarnt wurde. Ich habe mich ausschließlich als Sprecher der Kampfflieger gefühlt, die in diesem Kriege Einmaliges geleistet haben, die zum großen Teil nicht mehr unter uns sind und die von mir erwarten, daß ich rücksichtslos ihre Meinung vertrete. Es ist hiermit geschehen. Ich stehe zu jedem meiner Worte...« Und schließt: »Da ich nicht als eine Marionettenfigur herumlaufen kann, muß ich hiermit meinen Dienstgrad und meine Orden, die ich vor dem Feind erworben habe, zur Verfügung stellen.«

Man muß Baumbach bestätigen, daß für ihn wirklich Schillers »Männertrotz vor Königsthronen« das einzige und letzte Gebot der Stunde war. Er hätte sich die Mühe sparen können! Es erfolgte nichts. Noch am 5. März 1945 wurde Baumbach folgender Führerbefehl erteilt:

»An Oberbefehlshaber der Luftwaffe, Oberkommando der Luftwaffe, Generalstabschef des Heeres. Weitergeleitet an Oberstleutnant Baumbach, Kommodore Kampfgeschwader 200, am 5. März 1945.

1. Ich beauftrage den Obstlt. Baumbach, Kdre 200, mit Bekämpfung aller feindlichen Übergänge, einschließlich über Oder und Neiße.
2. Obstlt. Baumbach hat hierzu sämtliche geeigneten Kampfmit-

tel aller Wehrmachtsteile, der Rüstung und Wirtschaft zum Einsatz zu bringen und hinsichtlich der Durchführung aufeinander abzustimmen.

3. Er untersteht dem Oberbefehlshaber der Luftwaffe unmittelbar und wird eingesetzt im Bereich des Luftflottenkommandos 6.

4. Durchführungsbestimmungen seines Auftrages erläßt der Oberbefehlshaber der Luftwaffe im Einvernehmen mit dem Chef des Oberkommandos der Wehrmacht.

gez. Adolf Hitler«

Es war zu spät. Baumbach selbst berichtete bereits über diese letzten Einsätze der deutschen Kampffliegertruppe: »Am 2. Mai 1945 wurde auf dem Brandenburger Tor die Rote Fahne mit dem Sowjetstern gehißt. Der Ostfeldzug, der Krieg ohne Gnade, war zu Ende.« Baumbach war in den letzten Apriltagen noch in Hamburg, wurde am 30. April zu Großadmiral Dönitz nach Eutin berufen und geriet dort in britische Gefangenschaft. Mit einer Gruppe Ingenieure und Wissenschaftler wurde er nach England geflogen. Nach einem halben Jahr kehrte er wieder nach Deutschland zurück und wurde aus der Gefangenschaft entlassen. Er erlebte noch den Kriegsverbrecherprozeß in Nürnberg, stand dabei mit Albert Speer im regen Briefwechsel und verließ 1948 Deutschland, um in Argentinien einen fliegerischen Auftrag anzunehmen.

Dort stürzte er am 20. Oktober 1953 mit dem Hansapiloten Carlos Henrici bei einem Testflug mit einem Lancaster-Bomber über der La-Plata-Mündung tödlich ab. Die Nachricht erreichte die Familie in der Heimat am Grabe des Vaters, der am 18. Oktober verstorben war.

Ein eisiger Wind blies über den Hafen von Hamburg, als in der Mittagsstunde des 4. Februar 1954 Abordnungen deutscher Soldatenverbände ihren toten Kameraden in einer Gedenkfeier auf dem Oberdeck des argentinischen Motorschiffes »Yapeyu« empfingen. »Ich kann Ihnen unseren Freund, der für sein Vaterland alles

wagte, nur als einen Toten zurückgeben«, sagte der argentinische Kapitän. Die Offiziere der argentinischen Luftwaffe, die ihren toten Kameraden über den Ozean begleiteten, hielten ihre Mützen zum letzten Gruß in der Hand. Am 10. Februar wurde Oberst Werner Baumbach mit allen Ehren in seiner Heimatstadt Cloppenburg beigesetzt. Mehr als 30 000 Menschen säumten die Straßen, durch die sich ein kilometerlanger Trauerzug bewegte. Sechs Oldenburger Rappen zogen die Lafette mit dem Mahagonisarg, bedeckt mit der alten Reichskriegsflagge. Hunderte von Kränzen schmückten das Grab auf dem evangelischen Friedhof seines Heimatstädtchens, auf dem Baumbach einem frühen Wunsche gemäß beigesetzt sein wollte — nun schon an der Seite seines Vaters. Galland sagte: »Du aber bist nicht nur in die Geschichte, sondern in die Herzen von Millionen Deutschen eingegangen.« General Harlinghausen brachte »als alter Freund und Kriegskamerad« die letzten Grüße seines Generalfeldmarschalls Kesselring. »Möge Deine Persönlichkeit nie vergessen werden und ein leuchtendes Vorbild für Deutschlands kommende und einstige Fliegerei bleiben. Die Erde, in die Du gebettet wirst, werde Dir leicht. Deine Heimaterde umschließt Dich für immer.« Mitschüler und Lehrer, Generäle der Bundeswehr und viele Kameraden der alten Luftwaffe standen an seinem Grab — unter ihnen auch die Männer seiner Besatzung: Baerwald, Braun und Thieß.
Die Military Fabrication in Buenos Aires errichtete am Todestag aus einer geborgenen Luftschraube des abgestürzten Flugzeuges in dem »Instituto de Investigaones de las Puerzas Armalas« in Buenos Aires ein Ehrenmal, in Buenos Aires und im Fliegerhorst von Fürstenfeldbruck wurde eine Straße nach Werner Baumbach benannt. Der Luftsportverein Cloppenburg übernahm den Namen »Werner Baumbach«. Seine Frau, Hanna-Maria Baumbach, lebt in Scharbeutz an der Ostsee. Seine Söhne Wernher, Gerd und Manuel haben studiert.

DIETRICH PELTZ

Zu den bedeutendsten Persönlichkeiten der Kampffliegerwaffe gehört, international anerkannt, der erste General dieser Waffengattung aus der jungen Generation, jener Offiziersgeneration, die der Zweite Weltkrieg prägte: Dietrich Peltz. Mitten im Krieg nahm er aus der Fronterfahrung entscheidenden Einfluß auf die Gestaltung, Führungsart und Taktik der Kampffliegerei. Allein sein wohl einmaliger militärischer Aufstieg beweist seine Bedeutung und die Wichtigkeit seiner Erkenntnisse und Neuerungen. Zu Beginn des Zweiten Weltkrieges einer der vielen namenlosen, jungen Offiziere, am Ende der jüngste General der deutschen Wehrmacht, zu Beginn einer unter den Tausenden von unbekannten Flugzeugführern, mit 28 Jahren dann General seiner Waffengattung, mit 29 Jahren Kommandierender General, ausgezeichnet mit dem Ritterkreuz des Eisernen Kreuzes mit Eichenlaub und Schwertern.

Am 9. Juni 1914 in Gera/Thüringen geboren, besaß er bereits als 18jähriger den Privatflugzeugführerschein, ehe er 1933 an der Hermann-Lietz-Schule auf Spiekeroog sein Abitur ablegte. Da er, technisch von frühester Jugend an interessiert, Ingenieur werden wollte, arbeitete er in den Jahren 1933/34 als Praktikant bei Daimler-Benz in Stuttgart-Untertürkheim. Dort wurde er im April 1934 als Kradschütze zur 1. Kf 5 in Stuttgart-Cannstatt einberufen. Während des Besuches der Kriegsschule des Heeres in München kam 1935 seine Versetzung zum ersten Lehrgang der Luftwaffe an der Kriegsschule in Dresden. Der junge Fähnrich schloß 1936 auf der Flugzeugführerschule in Salzwedel seine fliegerische Ausbildung ab und wurde am 20. April 1936 als Leutnant zum Jagdgeschwader »Immelmann« nach Lübeck-Blankensee versetzt. Das Geschwader wurde kurz darauf in das Sturzkampfgeschwader I./162 umgewandelt. 1937 wurde Peltz Adjutant in der I. Gruppe, die nunmehr die Bezeichnung I./62 erhielt. Nach dem Anschluß Österreichs verlegte die Lübecker Gruppe nach Graz unter der Bezeichnung II./Stuka 2. 1939 wurde Oberleutnant Peltz Staffelkapitän der 1./Stuka 76, die in der Geschichte der Stukafliegerei als »Grazer Gruppe« bekannt wurde. 14 Tage vor Kriegsbeginn verlegte die Gruppe nach Schlesien und sollte von Cottbus aus ihr letztes großes Manöver über dem Truppenübungsplatz Neuhammer in Schlesien vor dem Obersten Befehlshaber der Wehrmacht, vor einem großen Teil der Generalität fliegen. Gruppenkommandeur Hauptmann Walter Sigel hielt Flugzeugführerbesprechung. Die Wettererkundung über dem Zielgebiet meldete in 2000 m Höhe eine Wolkenbank, 6/8 Bedeckung, darunter aber gute Bodensicht. Sigel ordnete die Reihenfolge des Sturzfluges an. Zuerst die Führungskette mit dem Kommandeur an der Spitze, dann die 2. und die 3. Staffel und die 1. Staffel diesmal am Ende. Eine Anordnung, die Schicksal wurde. In Formation näherte sich die Gruppe der Ju 87 B mit ihren Zementbomben dem Ziel in der Saganer Heide. Der Kommandeur stürzte, links sein Adjutant, rechts der Technische Offizier. Sie tauchten in die Waschküche der Wolken ein. Sie nahm und nahm kein Ende. Aus dem Nebel heraus tauchte schon die Erde auf. Der Kommandeur schrie verzweifelt in das Funkgerät: »Ziehen — ziehen — Bodennebel!« Verbissen zog er am Knüppel seines Sturzkampfbombers und konnte tatsächlich die Ju buchstäblich mit dem letzten Meter über der Erde in einer Waldschneise abfangen. 13 andere Besatzungen konnten es nicht mehr. 26 junge Flieger verloren an diesem »Schwarzen Tag von Neuhammer« ihr Leben. Die 1. Staffel unter Führung von Peltz konnte durch die Warnung im Funkgerät in den letzten Sekunden den verhängnisvollen Sturz

vermeiden. Sie blieb ohne Verluste. Die plötzliche Wetterverschlechterung mußte in den letzten Minuten eingetreten sein...
Mit der gleichen Staffel flog Peltz im Polenfeldzug. Der erste Angriff im Morgengrauen jenes 1. September 1939 galt dem Marktplatz der Stadt Wielun, voll von Truppen und Fahrzeugen. Eine unglaubliche Spannung lag vor dem ersten Feindflug. Bald wich diese Erregung der Härte des Alltags. Am Nachmittag des ersten Tages flog die Gruppe einen zweiten Einsatz gegen ein Dorf voller Truppen im Warthebogen. Der nächste Angriff galt dem Bahnhof von Kamiona, schwierig wegen der großen Entfernung des Angriffszieles. Der Volltreffer zeitigte einen strategischen Erfolg, war doch damit eine der wenigen Rückzugswege ausgeschaltet worden. In der Begründung der späteren Ritterkreuzverleihung an Peltz heißt es: »In Polen zerstörte er Bahnknotenpunkte, daraus ergaben sich verheerende Folgen für die polnische Südarmee. Ihm ist auch die nachhaltige Zerstörung einer für den polnischen Nachschub äußerst wichtige Eisenbahnstrecke zuzuschreiben.« Hart war der Einsatz um den Kessel von Kutno. Die Staffel flog bis zu vier Einsätze am Tage — das bedeutete mindestens sechs Flugstunden. Von Tschenstochau aus flog Peltz mit seiner Staffel den ersten Angriff gegen Warschau. Gegen schweres Flakfeuer gehörte dieser Flug zu den schwierigsten Einsätzen, aber auch zu den bedeutendsten Erfolgen. Hier konnte nur genaues Zielen im Sturzangriff helfen, da der Brückenkopf zerstört werden sollte, die Brücke aber für den weiteren Vormarsch der eigenen Truppen unzerstört bleiben mußte. Peltz flog im Polenfeldzug 45 Einsätze und kehrte mit dem EK II und I zurück.
Die Zeit des Sitzkrieges nützte Peltz zur ständigen Vervollkommnung seiner Staffel für weitere Einsatzaufgaben. Am 10. Mai 1940, dem Beginn des Feldzuges im Westen, hatte Peltz und seine Staffel im ersten Einsatz den Flug von Fieseler-Störchen zu sichern, die Infanterie hinter der belgischen Linie absetzten. Die Stukas mußten dabei Flak und schwere Waffen ausschalten. Die nächsten Bomben

galten den Bunkern von Neufchatel, den Truppenansammlungen auf der Straße Bouillon nach Sedan. Erstmals hatten dabei die Stukas im Westen Jägerangriffe abzuwehren. Ein französischer Jäger wurde abgeschossen, die übrigen drehten ab. Zwei Stukas der eigenen Staffel waren von den Jagdangriffen nahezu durchlöchert, erreichten aber die eigenen Linien. Peltz selbst holte mit dem Storch einen schwer verletzten Unteroffizier hinter den Linien heraus, der in diesem Luftkampf den französischen Jäger abgeschossen hatte.

Immer wieder hatten die Stukas auf dem Marsch nach Abbeville Entlastungsangriffe zu fliegen, immer wieder feindliche Panzeransammlungen zu vernichten, vor allem jene, die für die schmale Sichel des Rommelschen Vorstoßes in der Flanke von tödlicher Gefahr waren. Bei einem dieser Angriffe führte Peltz nach Ausfall der Kommandeurmaschine seine Einheit und die Stabsrotte erfolgreich zum befohlenen Ziel. Als es gegen Schiffe im Hafen von Calais ging, machten auch die Stukas die erste Bekanntschaft mit den Spitfires. Einer seiner Flugzeugführer rief Peltz zu: »Spitfire hinter ›Anna‹« — es war die Bezeichnung für die Ju 87 von Peltz. Sofort stürzte Peltz, fuhr plötzlich die Sturzflugbremsen aus und prompt raste der Tommy an ihm vorbei. Aus dieser Zeit steht in der späteren Ritterkreuzverleihung: »Vor Dünkirchen versenkte dieser bewährte Offizier einen vollbeladenen Transporter, außerdem gelang ihm die Unterbrechung einer Eisenbahnstrecke, die für den Feind einen erheblichen Verlust bedeutete. Auch die Vernichtung eines Transport- und Munitionszuges ist sein Werk.« Achtmal stürzte Peltz gegen Ziele im Hafen von Dünkirchen. Dann ging es gegen die kleinen Schiffe der flüchtenden Engländer. Es waren Punktziele von kleinstem Ausmaß. Weitere Angriffe galten britischen Geleitzügen, die versuchten, durch den Kanal zu kommen. Diese Flüge über längere Seestrecken waren ungemütlich — ein Stuka hat schließlich nur einen Motor. Im Morgengrauen des 5. Juni flog auch Peltz mit seiner Staffel nach Süden über die Somme in die Schlacht um Frankreich. Mit der Verhandlung im Wald von Compiègne

Die Waffe der Kampfflieger — die Bombe.

Bomben mittleren und schweren Kalibers auf dem Flugplatz Catania in Sizilien (im Hintergrund der Ätna) im Kampf um den Mittelmeerraum.

Eine 1000 kg-Bombe.

»Der kleine Max«, die schwerste und größte Bombe der deutschen Luftwaffe im Zweiten Weltkrieg — 2500 kg.

Die Kampfgruppe I./KG 100 entwickelte im Kampf gegen die Brücken aus Holz um Kertsch und auf der Krim eine Spezialbombe mit zwei Fässern zu je 200 l aneinandergeschweißt, Kopf und Schwanz von der BM 1000, Zündung durch seitlich angebrachte Brandbomben. Auch Ritterkreuzträger Oberleutnant Metzig erzielte mit dieser Bombe besondere Erfolge.

Minenabwurf mit Fallschirm.

Blick durch das Zielgerät Lotfe, mit dem eine wesentlich bessere Zielgenauigkeit erreicht wurde.

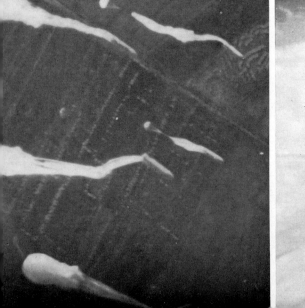
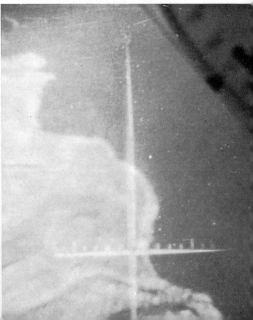

war der Frankreichfeldzug zu Ende. Peltz hatte weitere 57 Einsätze geflogen. Über Polen und Frankreich war die 1./Stuka 2 102mal über dem Feind — und das ist das Erstaunliche und beweist die ungewöhnlichen Führungstalente des jungen Staffelkapitäns — ohne einen einzigen Verlust!

Nach dem Frankreichfeldzug wurde Peltz zur Umschulung auf die Ju 88 nach Greifswald kommandiert und im August 1940 dem Geschwaderstab 77 zugeteilt. Das KG 77 lag im Raume Reims/Laon und hatte um diese Zeit die schweren Tagesangriffe nach England geflogen. Seine ersten Englandeinsätze gingen gegen London. Bei schlechtester Wetterlage kehrte er im Blindflug zurück. Als er glaubte, die französische Küste unter sich zu haben, stieß er durch, um Erdsicht zu bekommen und wurde prompt von deutscher Flak mit wildem Geschieße begrüßt. Peltz war wütend, hängte sich nach der Landung ans Telefon, um dem Kommandeur der Flak »Bescheid« zu sagen. »Nicht aufregen, was Sie anscheinend nicht erkannt haben, war die Bristol Blenheim, die hinter Ihnen saß und es offenbar auf Sie abgesehen hatte. Die haben aber meine Kanoniere recht nahe hinter Ihnen abgeschossen!« Peltz schwor, nie wieder über die Flak zu schimpfen.

Im Kampf gegen die britischen Jäger über den Wolken hatte Peltz ein neues taktisches Verfahren entwickelt. Sobald sich die Spitfires näherten, tauchte er in die Waschküche ein, flog eine zeitlang Kurs zurück, um dann wieder aus den Wolken zu stoßen. Seine Männer nannten diese Taktik die Engländer abzuschütteln »Walfischjagd«. Damals flog Peltz mit Oberfeldwebel Rauscher als Beobachter und Bombenschütze, der wegen Tapferkeit zum Leutnant befördert wurde, Oberfeldwebel Schönherr als Funker (später als Flugzeugführer gefallen) und Feldwebel Klaar als MG-Schütze. Wieder einmal war Peltz bei schlechtestem Wetter zu einem Einzelangriff gestartet. Über England aber, lange vor dem Ziel, riß die Wolkendecke auf. Die klare Sicht war nicht gerade das richtige für einen Einzelgänger über der britischen Insel. Peltz folgte einer zur Lan-

dung ansetzenden Maschine, fand so einen britischen Flugplatz, auf dem reger Flugbetrieb im Gange war. Kaltblütig schaltete er sich in die Platzrunde ein. An der Tankstelle erkannte er viele Flugzeuge der Reihe nach aufgestellt. Da sehr viele Flugzeuge in der Luft waren, konnte die britische Flak nicht schießen — und 1500 kg Bomben rauschten in die Tiefe. Aus der Halle quoll ein Rauchpilz empor und in der Flugzeugreihe gab es Explosion auf Explosion. Dann aber weg. Mit Vollgas aus dieser »ungesunden« Gegend. Peltz gehörte zu jenen Sonderbesatzungen, die Einzelaufträge ausführten, vor allem bei schlechter Wetterlage, in niedrigster Höhe aus den Wolken stürzten, Bahnhöfe, Flugplätze und Industrieanlagen bombardierten. Über die Englandeinsätze stand später in der Begründung zum Ritterkreuz: »Nachdem Oberleutnant Peltz wegen seiner besonderen Fähigkeiten als Sturzfluglehrer zu einem Geschwader kommandiert war, hat er bei äußerst schwieriger Wetterlage im englischen Luftraum zwei Störangriffe und einen Sonderauftrag mit großem Erfolg durchgeführt. Hierbei gelang ihm u. a. ein wirkungsvoller Angriff auf einen Flugplatz mit dreimaligem Anflug aus niedrigster Höhe.«
Dann kamen die Nachteinsätze. Sie stellten an die Besatzungen hohe Anforderungen. Darüber hinaus fehlte die Kampfgemeinschaft des Verbandes. Mitten in diesen Einsätzen erreichte Peltz am 14. Oktober der Befehl, sich da und da zu melden. Im Gefechtsstand des Reichsmarschalls wurde ihm mit Major Kleß, Kommandeur einer Kampfgruppe, und dem damaligen Jagdflieger-As, Hauptmann Wick, für seinen Einsatz während der Feldzüge gegen Polen, Frankreich und in der Schlacht um England das Ritterkreuz verliehen.
Ununterbrochen ging der Einsatz weiter. Wieder einmal brachte des Fliegers größter Feind höchste Gefahr — die Vereisung. Die Motoren arbeiteten unregelmäßig. Jeder Flieger hat ein geschärftes Ohr gegen Geräusche, die nicht zu den normalen Fluggeräuschen gehören, noch dazu bei Nacht. Der Schneesturm peitschte um die

Ju 88. Vollgas, der rechte Motor stotterte und blieb stehen. Dann begann auch der linke zu spucken. Sie versuchten alles — die Motore schwiegen. Eine Notlandung bei dem Schneesturm ausgeschlossen, blieb nur der Fallschirm. Bei dem ständigen Bemühen stoben plötzlich Funken aus dem linken Motor, er fing an zu stottern, zu laufen. Dann auch der rechte. In dieser Notlage raste die Ju durch ein Sperrgebiet. Gottlob traf das tolle Flakfeuer nicht. Mit der letzten Anstrengung erreichte die Besatzung den Heimathafen. Schweißtriefend meinte der Funker: »An diesem Flug war alles dran.« Aber schon beim nächsten Einsatz war die Besatzung wieder dabei, diesmal mit Kommodore Oberst Raithel an Bord. Es ging nach Cheffield. Raithel flog nur mit Peltz. Im März 1941 wurde Peltz Gruppenkommandeur der II./KG 77.

Nach 70 Einsätzen gegen England verlegte Peltz im Spätsommer 1941 mit seiner Gruppe nach Ostpreußen. Mit Beginn des Rußlandfeldzuges flog die Gruppe zur Unterstützung des Heeres im Nordabschnitt. Der operative Einsatz galt der Bahnlinie Moskau—Leningrad, vor allem den Bahnhöfen. Auch hier entwickelte Peltz eine ungewöhnliche Umsicht und eine erstaunliche Treffsicherheit. Mit wirkungsvollen Punktzielangriffen erzielte Peltz mit wenigen Maschinen größere Erfolge als starke Verbände in der herkömmlichen Angriffsart. Mit der gleichen Taktik griff Peltz Kanäle und Schleusenanlagen im Nordabschnitt der Ostfront an. Durch seine Treffgenauigkeit fielen die Anlagen oft wochenlang aus. Der Nachschubverkehr zu Wasser und auf den Eisenbahnen wurde nachhaltig gestört. Nach diesen Erfolgen wurde die Führung auf den jungen Gruppenkommandeur aufmerksam.

Die friedensmäßig ausgebildete Offiziersgeneration war größtenteils als Staffelkapitäne vom Feindflug nicht mehr zurückgekehrt. Die Verlustquote der Kampfflieger stieg von Monat zu Monat. Eine Unruhe bemächtigte sich vor allem der erfolgreichsten jungen Offiziere. Hauptmann Peltz sprach in aller Offenheit über diese Fronterfahrung mit dem Kommandierenden General, sprach über eine dringend notwendige Änderung, über personelle Veränderungen und vor allem über einen neuen taktischen Einsatz. Diese Offenheit führte dazu, daß Peltz Ende Oktober 1941 aus dem Fronteinsatz herausgezogen wurde. Seine bisherigen Erfolge wurden am 31. Dezember 1941 mit der Verleihung des 46. Eichenlaubes der deutschen Wehrmacht gewürdigt.

Die Vorträge und Stellungnahmen junger Offiziere, vor allem bei der Gelegenheit der Überreichung höherer Auszeichnungen, führten noch Ende 1941 zur Gründung einer Verbandsführerschule für Kampfflieger in Foggia. Kein Geringerer als Werner Baumbach schreibt über diese Situation: »..., deren Leitung Peltz übertragen wurde, der einer der begabtesten jungen Kampfflieger war. Göring übertrug Peltz unerhörte Vollmachten. Niemand konnte in Zukunft Kommandeur eines fliegenden Verbandes werden, der nicht zuvor diese Schule mit Erfolg durchlaufen hatte. Auch die ›Alten‹ mußten sich dort einer Überprüfung unterziehen. Die Spreu sonderte sich sehr schnell vom Weizen. Bald wurden diese Lehrgänge das Sammelbecken einer jungen Führungsschicht, aber auch einer starken Opposition gegen alles, was nicht Front hieß.« Peltz übernahm die Schule als Major. Diese Kommandeurlehrgänge hatten vor allem das Ziel, einen Erfahrungsaustausch innerhalb der Frontverbände herbeizuführen, sowie Staffelkapitäne und Gruppenkommandeure auszubilden. Da vor Errichtung der Schule ein Geschwader durchschnittlich in neun Monaten 100 % seines fliegenden Personals verlor, setzte Peltz alles daran, durch diese Verbandsführerschule den Mangel an Führernachwuchs zu beheben und eine einheitliche fliegerische und taktische Ausrichtung der Verbandsführer aller Kampfverbände zu erzielen. Auf der Verbandsführerschule wurden alle Arten der Angriffsmethoden geübt, Horizontal-, Sturz-, Tag- und Nachtangriff, die Nachtjagd sowie Schnellkampfverfahren. Dazu kamen alle neuesten Erkenntnisse in der Waffen-, Bomben- und Navigationslehre. Für Punktziele brauchte man die richtigen Bomben und Waffen, mußte das Stürzen gelernt sein, Instrumente entwickelt werden, um das Flugzeug in der Beharrung halten zu können. Es galt Erfahrungsgut der Front mit dem Wissen der Industrie zu verarbeiten, technische und führungsmäßige Zusammenhänge erkennen zu lernen.

Die jungen Kommandeure hatten durch ihre ständigen Interventionen gesiegt. Sie hatten in diesem Generationsproblem bewiesen, daß die fachliche Qualität für die Führung einer neuen Waffe nur in der Truppe erfolgen konnte und nicht allein durch Kenntnisse der Douhetschen Gedankengänge zu ersetzen war. Die Verbandsführerschule war eine rein persönliche Leistung. Peltz wurde durch seine ausgeglichene Reife trotz seiner Jugend überall anerkannt.

Aus der Verbandsführerschule, die noch im Sommer 1942 von Foggia nach Tours in Frankreich verlegt wurde, entwickelte sich ein Spezialverband, die I./KG 66. Sie wurde unter Führung von Peltz aufgestellt, in allererster Linie zur Bekämpfung gepanzerter Schiffsziele mit Raketenbomben. Die Gruppe verlegte im Oktober 1942 nach Nordnorwegen zum Einsatz gegen die Geleitzüge von den Vereinigten Staaten nach Murmansk. Schon drei Wochen später wurde die Verlegung der Gruppe nach Sardinien notwendig zur Bekämpfung der amerikanischen Invasionsflotte im Mittelmeer. In einer Beurteilung des LP-Amtes über den Luftwaffeneinsatz im Mittelmeer heißt es: »Die strategischen Bomberkräfte werden dem 29jährigen Peltz unterstellt, einem tüchtigen, in der Sturzkampffliegerwaffe vollbewährten Offizier. Er trägt größte Begabungen in sich. Als ›Bomberführer‹ setzt er seine Kampfverbände gegen den alliierten Transportverkehr und die Ausladungen ein. Die starke feindliche Abwehr zwingt bald ausschließlich zu Nachteinsätzen.« Nach diesem erneuten Einsatz wurde Peltz Ende 1942 Oberstleutnant.

Die neuen taktischen Erkenntnisse und der ständige Fortschritt in der Technik brachten auch in der Kampffliegertruppe zu dieser Zeit schwerwiegende Probleme zwischen der Offiziersgeneration aus dem Ersten Weltkrieg und der nun in drei harten Kriegsjahren gereiften und bewährten jungen Offiziersgeneration. Dieses Problem sah Baumbach so: »Im taktischen Rahmen führten die Leutnante und Hauptleute als Flugzeugkommandanten und Staffelkapitäne. Ihre Mentalität, ihr Lebensstil, ihre militärischen Formen, ihre jugendliche Ausdrucksweise und ihr, die Mannschaft mitreißender, persönlicher Schwung stachen so kraß von dem Kommißton, dem Hackenklappen, dem an Äußerlichkeiten hängenden Drill der ihnen vorgesetzten, reaktivierten und aufgebügelten Veteranen ab, daß mit zunehmender Kriegsdauer eine unüberbrückbare Kluft die Fliegertruppe in zwei Lager teilte. Dabei standen im Lager der Jugend die ›Majore beim Stabe‹. Das waren die Kriegsveteranen, die auch in ihrem Zivilberuf der Fliegerei aus Idealismus treu geblieben waren und sich ein jugendliches Herz bewahrt hatten. Was wären wir ohne sie gewesen, die nun als Reserveoffiziere den fliegenden Verbänden als ›Mädchen für alles‹ zur Seite standen.« Dieses Generationenproblem führte 1942/43 zu einem Wechsel der Kommandeurs- und Kommodoresstellungen an der Front, aber auch zu einer Reorganisation der Inspektionen der Jagd- und Kampfflieger. Gleichzeitig wurden diese Inspektionen in Dienststellen der Waffengenerale umgewandelt. Erster General der Kampfflieger aus der jungen Generation wurde nach den älteren Offizieren Kurt Pflugbeil, Schultheiß und Dipl.-Ing. Johannes Fink, Oberst i. G. Dietrich Peltz. Anfang Januar 1943 fand in Berlin eine Besprechung des Inspekteurs der Jagdflieger, Generalmajor Galland und des Inspekteurs der Kampfflieger, Oberst Peltz, mit elf Kommodores statt, um Wege aus der aussichtslos scheinenden Situation zu suchen. Besondere Beachtung fand die ungewöhnlich hohe Verlustzahl an Einheitenführer. Peltz suchte nach Maßnahmen, um das weitere Absinken der Effektivstärke zu verhindern. Die IV. Gruppe eines Geschwaders sollte nunmehr die frontmäßige Ausbildungsgruppe werden, die für die Feindflüge nur noch mit Genehmigung des Oberbefehlshabers der Luftwaffe eingesetzt werden durfte. Das in Transportverbänden enthaltene gute und erfahrene Personal sollte in die Kampfgruppen einfließen, während dort junge Besatzungen nachgeschoben werden konnten. Am 23. Juli 1943 wurden Oberst Peltz als 31. Soldaten der Wehrmacht die Schwerter verliehen und von Hitler persönlich überreicht.

Die Ereignisse überschlugen sich. Die Katastrophe von Hamburg vom 24. auf 25. Juli 1943 zeigte in ihren Folgen die Gegensätzlichkeit in den Auffassungen der Führung erschreckend auf. Viele verlangten bei der Verteidigung der deutschen Städte eine Konzentrierung der Luftrüstung auf die Abwehr. Hitler aber forderte Vergeltung. Göring rief in den ersten Augusttagen 1943 seine engsten Mitarbeiter zu einer wichtigen Besprechung in die »Wolfsschanze« nach Ostpreußen. Als Endergebnis dieser Sitzung ernannte Göring Oberst Peltz zum »Angriffsführer England«. Peltz versuchte noch einmal alle Kräfte der Kampffliegerei zu mobilisieren. Dem Stab »Angriffsführer England« wurden in der Luftflotte 3 unterstellt: KG 2, KG 6, II./KG 40, I. und II./SKG 10 und die Fernaufklärerstaffel 1./123. Die Verbände wurden im IX. Fliegerkorps zusammengefaßt und Oberst Peltz unterstellt, der damit zugleich General der Kampfflieger und Kommandierender General des IX. Fliegerkorps war. In dieser Dienststellung wurde Peltz im Oktober 1943 zum Generalmajor befördert und war damit der jüngste General der deutschen Wehrmacht.

Auch Galland bestätigt: »Der ›Angriffsführer England‹ ging mit Energie an seine Aufgabe heran. Mit neuen Verfahren und neuen Flugzeugen (Ju 188 und He 177) vermochte er später die Angriffe gegen England neu zu beleben. Trotzdem erlangte die neue Offensive nie strategische Bedeutung. Sie konnte es nicht, weil alle Voraussetzungen dafür fehlten. Zwar wurde in verschiedenen englischen Zielen neuerlich einiger Schaden angerichtet. Aber die eigenen Verluste waren zu groß und wurden schließlich untragbar.«

»Die materielle, die technische und die personelle Überlegenheit der Anglo-Amerikaner«, schreibt Werner Baumbach, »mußte jeden

Versuch einer rationellen und wirksamen Kampfführung zum Scheitern bringen.«

Am 10. Oktober 1944 wurden zur Verstärkung der Tagjagd folgende Kampfverbände des IX. Fliegerkorps in Jagdverbände überführt: KG 6, KG 27, KG 30 und KG 55. Während der Ardennenoffensive am Neujahrstag 1945 übernahm Peltz auch das II. Jagdfliegerkorps und schließlich am 1. März 1945 die gesamte Führung der Reichsverteidigung. Kurz und der Situation der Zeit gerecht war sein Tagesbefehl: »Wir wollen zueinander Vertrauen fassen und unsere Pflicht tun!« Das Ende des Krieges erlebte Peltz in Treuenbrietzen als Kommandierender General des I. Fliegerkorps.

Wie viele seiner Jahrgangskameraden mußte sich auch Dietrich Peltz im Zivilleben durchsetzen. Er war mehrere Jahre bei Krupp in Essen und Rheinhausen, wechselte 1963 zur Firma Telefunken, wurde Chef des Werkes in Konstanz und hat als 60jähriger noch das gleiche Hobby wie als 18jähriger Abiturient — die Sportfliegerei.

JOACHIM HELBIG

Kaum ein Kampfflieger war so bekannt, daß er selbst von Churchill mit Namen genannt wurde, daß die Briten immer dann von den »Helbig-Flyers« berichteten, wenn im Mittelmeerraum ein besonders geglückter Angriff gegen britische Stellungen oder Schiffseinheiten geflogen worden war — selbst dann, wenn es die »Helbig-Flyers« nicht immer gewesen sind.
An ihrer Spitze stand Staffelkapitän, Gruppenkommandeur, schließlich Geschwaderkommodore Joachim Helbig — vom Leutnant bis zum Oberst, vom Beobachter über Flugzeugführer bis zum Kommodore im gleichen Geschwader: eine wohl einmalige militärische Laufbahn. Es war das älteste, im Frieden oft bevorzugte und herausgestellte Geschwader, das 1935 in Greifswald und Neubrandenburg aufgestellte Lehrgeschwader 1, in dem der spätere Generalstabschef Jeschonnek als erster Kommodore die Grundzüge der modernen Kampffliegerei entwickelte und erprobte. Als einziges deutsches Kampfgeschwader stand das LG 1 nur gegen die Westalliierten, mit Schwerpunkt Mittelmeerraum, im Einsatz. Helbig führte dieses ruhmreiche Geschwader länger als jeder andere Kommodore, nahezu zwei Jahre und dabei in den schlimmsten Zeiten von 1943 bis Kriegsende.
Ein Novum — Jochen Helbig, wie ihn seine Freunde seit der Schulzeit nannten, kam ganz gegen seinen Willen zur Fliegerei. Seine militärische Heimat war nach dem Abitur im März 1935 bis Ende 1936 die bespannte und berittene Artillerie, das Artillerie-

regiment 4 in Dresden. Kein Wunder, war doch Joachim Helbig, geboren am 10. September 1915 in Börln, Kreis Oschatz in Sachsen, als Sohn eines Landwirts von frühester Jugend an mit Pferden aufgewachsen. Aber der Soldat tut seine Pflicht. So wurde Helbig im Herbst 1936 nach der Heereskriegsschule auf die Kampffliegerschule Lechfeld zur Ausbildung als Beobachter versetzt. Als Kampfbeobachter kam er im April 1937 zur III. Gruppe des Kampfgeschwaders 152 nach Schwerin. Eine weitere einmalige Besonderheit: Dank der Freundschaft mit den hervorragenden Flugzeugführern, den Oberleutnanten Fritz Sohler und Gerhard Schröder, erlebte Helbig in diesem Verband, der 1938 in II./Lehrgeschwader 1 umbenannt wurde, eine für die damalige Zeit nahezu verbotene »schwarze Flugzeugführerausbildung«. Ohne einen Lehrgang auf einer Flugzeugführerschule besucht zu haben, erlebte der Beobachter eine friedensmäßige Flugzeugführerausbildung bis zum C 2-Schein und bis zum Blindflug II. Dieser Ausbildungsweg findet kaum eine Parallele in der damaligen Kampffliegerei.

Gegen Polen wurde Helbig als Beobachter in einem Kampfflieger-Aufklärer eingesetzt, kehrte am dritten Tage im Tiefflug zurück, nachdem er im Luftkampf einen polnischen Heeresaufklärer abgeschossen hatte. Aber schon am nächsten Tage war für ihn der Polenfeldzug beendet — nach einem leichten Motorradunfall. Im Oktober flog der junge Oberleutnant als Beobachter in der He 111 — ohne Erfolg — einige Einsätze gegen die britische Home Fleet.

Die große Wende in seiner militärischen Laufbahn und als Flieger brachte die Umschulung und Umrüstung seiner Gruppe im Februar 1940 auf den neuen Flugzeugtyp Ju 88. In Norwegen und gegen Narvik war Helbig bereits als Flugzeugführer aber immer noch auf He 111 eingesetzt. Die Flüge nach Narvik erfolgten von Aalborg aus, auf dem Rückflug mit Landung in Drontheim-Vernes, einem Truppenübungsplatz der norwegischen Armee. Helbig führte u. a. einen Angriff in mehreren Tiefanflügen durch, wobei der Bordmechaniker schwer verwundet und der linke Motor durch

einen Flaktreffer zerschossen wurde. Unter Aufbietung seines ganzen fliegerischen Könnens flog er die He 111 in zweieinhalb Stunden zurück. Bei der Landung ging der Heinkel-Bomber auf einer provisorischen, mit Holz ausgelegten Rollstrecke zu Bruch. Norwegische Kriegsgefangene nützten die Aufregung bei diesem Landevorgang zur Flucht. Helbig erhielt erhebliche Vorwürfe, ein Kriegsgerichtsverfahren wurde angedroht. Aber da kam der 10. Mai 1940, die Verlegung nach dem Westen, dem auch das angestrebte Verfahren zum Opfer fiel. Typisch für Helbig war neben den Flügen auf der He 111 über Norwegen sein beim Kommandeur und Kommodore ertrotzter erster Kriegseinsatz mit der einzigen Ju 88 der II. Gruppe in Schleswig auf Schiffsziele im Seegebiet südwestlich von Drontheim am 21. April 1940. Die freie Einzeljagd auf englische Transporter verlief ergebnislos. Helbig mußte nach achteinhalb Stunden Flugzeit in Aalborg zwischenlanden und meldete sich telefonisch vom Einsatz zurück. Der Kommandeur verpaßte ihm am Telefon einen gehörigen Anpfiff. Er befahl sofortigen Rückflug. Es war inzwischen 22 Uhr. An die nunmehr erforderliche Nachtlandung, eine der allerersten für eine Ju 88 zu der damaligen Erprobungszeit, hatte der Kommandeur in seiner Erregung zu spät gedacht. Helbig war bereits wieder gestartet. In Schleswig aber wurden inzwischen Feuerwehr, Krankenwagen, Kommandeur und Kommodore alarmiert, auf dem Flugplatz herrschte höchste Aufregung und anschließend — größte Erleichterung. Helbig gelang bei voller Dunkelheit, bei schlechtestem Wetter und Sturm eine einwandfreie Landung. Der Bann war gebrochen — Helbig war endgültig als »Pilot« anerkannt.
Gegen Holland, Belgien und Frankreich flog Helbig nunmehr mit der Ju 88 als Staffelkapitän der 4./LG 1. Nach dem Frankreichfeldzug wurde er vorzeitig Hauptmann, fortan von seinen Kameraden nur noch »Hauptmann (Captain) Fit« genannt.
Wie viele andere hatten dann auch er und seine Besatzung die Hölle von Dünkirchen erlebt. Bei einem Sturzangriff auf einen

leichten Kreuzer vor Dünkirchen und dem anschließenden Luftkampf mit drei Spitfire, »erwischte« es auch den jungen Staffelführer. Im Tiefstflug über See konnte er die drei Spitfire abschütteln, trotz schwerster Beschädigung des Flugzeuges kehrte die Besatzung ohne Bruchlandung, aber mit blutverschmierter Kanzel, nach Düsseldorf zurück. Der Beobachter verband Helbig während des Fluges. Der nächste Einsatz — die bekannte Groß-Demonstration gegen Paris am 3. Juni — fiel für ihn aus. Verbotenerweise startete er doch am übernächsten Tag und flog mit seiner Staffel einen Einsatz gegen zwei Loire-Brücken südlich Orleans. Nach dem Sturzangriff stürzte der über die Brücke fahrende Munitionszug in die Loire. Die Wirkung dieses Angriffes konnte Helbig und seine Besatzung noch sechs Wochen später persönlich feststellen, als der Flugplatz von Orleans ihre Ausgangsbasis für die Schlacht um England geworden war.

Der 13. August 1940, der »Adlertag«, der eigentliche Beginn der Schlacht um England, bleibt Joachim Helbig und seiner Besatzung unvergeßlich. Es war ein Tag der Tragik für die 4./LG 1 — für Helbig selbst ein Tag unwahrscheinlichsten Glücks im Sinne des Glückes für den Soldaten, der auf wohl einmalige Weise noch einmal davongekommen ist. Die II. Gruppe flog gegen den Marineflughafen Worthy Down, nordöstlich Southampton, seine Staffel mit neun Besatzungen am Ende der Gruppenkolonne. Das war die gefährdetste Position. Sie wurde — wie im Angriff auf Kampffliegerverbände üblich — als erste von hinten angegriffen. Etwa 80 englische Jagdflugzeuge stürzten sich auf die neun Ju 88. Die Staffel wurde bis auf die Kapitänsbesatzung völlig aufgerieben. Die größte Zahl der Besatzungen mit 32 Mann fliegenden Personals gelangte nach Fallschirmabsprung oder Notlandung in britische Gefangenschaft. Helbigs geliebte »L 1 + AM« wurde erneut von Spitfires gejagt. Sein Bordfunker war, wie damals vor Dünkirchen, hellwach. Eine Spitfire war zu nahe an das Kampfflugzeug herangekommen. Schlund schoß sie ab. Er meldete jeden Angriff genau

nach Richtung und Entfernung. So konnte Helbig weitere Angriffe in letzter Sekunde durch Steilkurven abwehren. Die Ju 88 war übersät von Einschüssen. Der linke Motor zerschossen. Fliegerschütze und Bordfunker verwundet, die Trommeln leergeschossen. Im Einmotorenflug war endlich der Kanal erreicht. Schon glaubte sich die Besatzung gerettet. Abermals stieß ein britischer Jäger herab. Wieder übermittelte Schlund die genaue Position des Jägers. So gut es nur ging, flog Helbig Abwehrbewegungen. Helbig kannte in seinen Erzählungen keinen Superlativ. Von diesem Einsatz aber spricht er, er sei »übelst« gewesen. Mit pochendem Herzen sah die Besatzung den britischen Jäger näher kommen. Mit jeder Sekunde mußte der Fangschuß erfolgen. Doch der Feuerstoß erfolgte nicht. Der Brite setzte sich fast im Verbandsflug dicht neben die Ju 88, schaute interessiert in den lahmgeschossenen Vogel. So flogen die Spitfire und die Ju 88 fast 30 km Bord an Bord bis die Kanalküste von Frankreich auftauchte. Dann legte der Brite die Hand grüßend an die Mütze, »wackelte« und drehte nach England ab. War er der »letzte Kavalier im Luftkampf«, da er merkte, die Besatzung habe keine Munition mehr — oder hatte auch er sich in den erbitterten Luftkämpfen verschossen? Nach schier unendlichen eineinhalb Stunden landete Helbig in Orleans — als einziger seiner Staffel ... Unverzüglich ging der Staffelkapitän daran, sich aus jungen Besatzungen eine neue Staffel auszubilden. Helbig sah seinen Ehrgeiz darin, zu allen Zeiten des Krieges und auf allen Kriegsschauplätzen seine reiche Erfahrung den jungen Piloten, den neuen Besatzungen selbst immer wieder zu übermitteln. Von dieser Einstellung und durch diese Ausbildung sind die geringen Verluste in zahlreichen Einsätzen der von ihm geführten Verbände zu erklären.
Die Großeinsätze gegen England bei Nacht begannen am 6. September. Helbig erkannte sehr bald, daß die größten Erfolge durch einzelne Zerstörungseinsätze auf Spezialziele in der britischen Industrie und auf Verkehrsknotenpunkte zu erzielen sind. Schriftlich mußten die ausgesuchten Besatzungen gemeldet werden. Zeit und

Art des Angriffs wurde ihnen überlassen, je nach Wetterlage, ganz gleich ob bei Tag oder Nacht. So flog Helbig bis November 1940 nicht weniger als 80 Einsätze gegen England. Luftbilder bestätigen, daß er dabei das Schleusentor Eastam des Manchester Canals, bei einem weiteren Angriff die Zentrale des Ausbildungsflugplatzes Penrose südlich Liverpool im Sturzangriff erheblich zerteppert hatte. Bei einem Tagesangriff auf das Luftschraubenwerk Worrington bei Liverpool war Hauptmann Heinz Cramer, der bekannte Fünfkämpfer, als Hauptmann und Gruppenkommandeur der II./LG 1, abgeschossen worden. Helbig griff in der Abenddämmerung das gleiche Ziel an und mit der Explosion des Kesselhauses fiel das Werk geraume Zeit aus. Als Helbig nach dem Sturzangriff über der Küste der Irischen See abfing, hingen bereits Jäger an seinem Leitwerk. In die aufkommende Dunkelheit über das Meer vermochten sie nicht mehr zu folgen. Helbig kehrte mit seiner Besatzung wohlbehalten nach Orleans zurück. Am 24. Oktober 1940 wurde ihm nach diesen Erfolgen auf 75 Feindflügen das Ritterkreuz verliehen. In der Begründung wurde auf seine Einsätze in Polen und Norwegen hingewiesen, auf die Flüge seiner Staffel im Westfeldzug, die vornehmlich mit den Namen Ostende, Boulogne, Dünkirchen und Le Havre verbunden waren. Neben den Punktzielen in England hatte sich Helbig durch die Versenkung von 22 000 BRT und die Beschädigung von 11 000 BRT feindlichen Handelsschiffsraum hervorgetan. Bevor Helbig zum Empfang beim Kommandierenden General abfuhr, meldete er sich beim Geschwaderkommodore. Der aber pfiff ihn gehörig an, da er seine alte, weiche, zurechtgeknautschte Fliegermütze trug. Seit Polen hatte er keine andere getragen. Er mußte mit neuer vorschriftsmäßiger Mütze zum Kommandierenden. Nachher aber — und welcher Flieger war nicht ein bißchen abergläubig — trug er wieder die alte Mütze.
Zwischen Weihnachten und Neujahr 1940 verlegte die II./LG 1 von Orleans nach Sizilien. Mit diesem Flug über die Alpen begann

der jahrelange Einsatz des Lehrgeschwaders im Mittelmeerraum. Noch im Januar erfolgten die ersten Feindflüge gegen Geleitzüge im östlichen Mittelmeer, gegen den Flugzeugträger »Illustrious«, und die Luftunterstützung der Italiener bei deren Rückzugsgefechten in Libyen. Einen Angriff auf Tobruk in der Abenddämmerung überstand die Besatzung Helbig nur unter Aufbietung ihres ganzen Könnens und ihrer reichen Erfahrung. Wieder einmal war im Sturzflug ein Motor von der Flak zerschossen worden. Es begann der vor allem bei der Ju 88 so äußerst schwierige Einmotorenflug. Benghasi war bereits gefallen. Der nächste Flugplatz lag bei Tripolis. Helbig erreichte ihn nach vier Stunden Einmotorenflug. In der ersten Schlacht um Malta vom Januar bis Mai 1941 stürzte sich die 4./LG 1 immer wieder auf den Hafen und die Flugplätze dieser Felsenfestung. Dazwischen mußten Langstreckenflüge in das östliche Mittelmeer durchgeführt werden. In der Karfreitagnacht 1941 ging es bei schwachem Mondschein gegen Schiffe im Hafen von Piräus. Im Sturzflug versenkte Helbig einen Truppentransporter von 10 000 BRT. Über der Bucht Salamis erfaßten ihn die langen Finger der Scheinwerfer. Kaum im Kegel dieser Flakbatterien, erfolgte schon der erste Feuerstoß eines feindlichen Nachtjägers. Nach dem Sturzflug konnte Helbig durch »Blindkunstflugbewegungen« in niedrigster Flughöhe mit der Ju 88 dem Scheinwerferdom entwischen. Mit Vollgas wollte er die gefährliche Ecke hinter sich bringen, denn unten lag der Flugplatz Eleusis, dicht belegt mit den zweimotorigen britischen Nachtjägern Beaufighter. Den aufmerksamen Augen seines Bordfunkers Schlund war der zweite Angriff nicht entgangen. Den Aufschlagbrand des feindlichen Jägers erkannten alle Besatzungen der Staffel, die sich bereits auf dem Rückflug befanden. Es war der zweite Abschuß des Bordfunkers, nachdem Oberfeldwebel Schlund bereits in der Schlacht um England am 13. August 1940 eine Spitfire abgeschossen hatte. Helbig hatte sich durch die Abwehr verspätet. In Catania waren inzwischen alle anderen Besatzungen gelandet. Auf dem Gruppengefechtsstand herrschte niedergedrückte Stimmung, nahm man doch allgemein an, der Aufschlagbrand am Ziel sei die Ju von Hauptmann Helbig gewesen. Die Wiedersehensfreude in der Nacht war dann um so herzlicher. Im Juni 1941 führte Helbig gegen Haifa seinen 150. Einsatz durch.

Wenige Wochen später griffen Helbig und seine Besatzungen britische Panzer südlich Benghasi an. Über der Wüste kam es zum Luftkampf. Wieder siegte die bewährte besonnene Art von Oberfeldwebel Schlund. Nach dem Abschuß des britischen Jägers ließen die anderen von der Verfolgung über das Meer ab. Auf dem Heimatplatz aber malte der Wart, der immer einsatzbereite Behm aus Berlin, den vierten Strich auf das Leitwerk der »L 1 + AM«.

Anfang Mai 1941 hat die Gruppe nach Eleusis bei Athen verlegt, galt es doch, vom 20. bis 29. Mai den Kampf um Kreta zu unterstützen. Einsätze nach Tobruk, an den Suezkanal, über Haifa in den folgenden Sommermonaten wechselten ab mit Schiffsbekämpfungen im Mittelmeer. In den ersten Septembertagen kam ein überraschender Gruppenappell. Die Staffeln standen ausgerichtet vor ihren Flugzeugen. Der Kommandierende General kam und sprach über die Erfolge der Besatzungen. Dann rief er Oberfeldwebel Schlund vor die Front. Als erstem Bordfunker der Luftwaffe überreichte er ihm das Ritterkreuz. Franz Schlund, geboren am 10. August 1913 in Leinen bei Heidelberg, begann seine fliegerische Laufbahn mit dem Bau von Flugmodellen. Dann arbeitete er in der Segelflug-Werkstatt von Heidelberg und wollte schulen. Aber da wurde er im April 1935 in die Funkerschule Mannheim einberufen. Er blieb beim Militär, vervollständigte sich in Ausbildungslehrgängen für Bordfunker, absolvierte die Ausbildung zum Fliegerschützen. In Polen flog er in einem He 111-Geschwader, über Norwegen in einem Transportverband. Im Einsatz der Luftlandetruppen über Holland war seine Arbeit in einer Führungsmaschine bei schlechtestem Wetter von entscheidender Bedeutung. Am 18. Mai 1941 kam Schlund in die Besatzung von Hauptmann Helbig, hatte

Bomben ...

... auf Nachschub-
straßen (Bomben
daneben, um Nachschub
zu stören, die Straße
aber für den eigenen
Vormarsch zu erhalten).

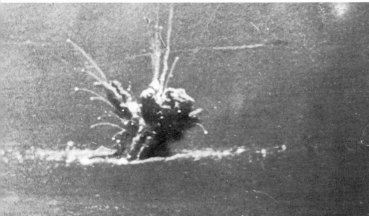

... auf Geleitzug.
Ein Munitionsschiff
explodiert.

... auf Festung und
Hafen Sewastopol.

... auf den Flugplatz
Serajewo.

... auf den Eisenbahnverkehr im Feindesgebiet (ein Munitions- oder Treibstoffzug explodiert bereits).

... auf einen Flugplatz.

... auf die Industrieanlagen von Nowgorod.

... auf Truppenansammlungen am Ufer des Dnjepr.

bis zur Ritterkreuzverleihung am 30. August 1941 über 200 Einsätze geflogen, 13 Jagdangriffe erfolgreich abgewehrt, drei Luftsiege errungen, mit MG-Abwehr und durch seinen Funkverkehr entscheidend zu den erfolgreichen Einsätzen von Hauptmann Helbig beigetragen. Kein Wunder, daß der »Chef« der erste war, der Schlund beglückwünschte.

Im November 1941 übernahm Helbig als Nachfolger von Hauptmann Kuno Hoffmann die I./LG 1. Nach 210 Feindflügen wurde dem jungen Gruppenkommandeur am 16. Januar 1942 als 64. Soldaten der Wehrmacht das Eichenlaub zum Ritterkreuz verliehen. Durch die vielen stundenlangen Flüge über dem Mittelmeer und der Wüste Afrikas waren im Flugbuch bereits 290 Einsätze bestätigt, galten doch seit dem immer stärker werdenden Luftseekrieg Einsätze von über vier Stunden berechtigterweise als zwei Feindflüge. Nach der Eroberung von Kreta rückten die feindlichen Objekte im östlichen Mittelmeer in den Wirkungsbereich der deutschen Luftwaffe, vor allem der Suezkanal, die Flugplätze entlang dieser wichtigen Nachschubstrecke und die Städte Suez, Port Said und Alexandria. Die Langstreckenflüge, vor allem über das Meer, stellten an die Besatzungen des LG 1 große Erfahrungen in der Navigation. Sie führten größtenteils bis zur Grenze der Reichweite der Ju 88 und noch dazu meist über See. So bildete die navigatorische Grundlage für alle Flüge die Koppelnavigation. Sie mußte sorgfältig vorbereitet und genau durchgeführt werden, um sowohl das Ziel wie auf dem Rückflug den Heimathafen zu erreichen. Als wertvolle Unterstützung kam die Funkeigenpeilung zur Anwendung, wurde aber durch die besonderen im Mittelmeerraum und über Nordafrika gegebenen meteorologischen Verhältnisse bei Nacht oft in erheblichem Maße verfälscht.

Am 11. Mai 1942 flogen fünf Ju 88 der I./LG 1 wie so oft am Vormittag bewaffnete Seeaufklärung fächerförmig über dem östlichen Mittelmeer. Plötzlich Erregung an Bord. Auf der Höhe zwischen Tobruk und Kreta machten sie einen britischen Zerstörerverband aus. Es waren »Jervis«, »Kipling«, »Jackal« und »Lively«, britische Zerstörer neuester Bauart und Ausführung, die — wie später bekannt wurde — unter Captain A. L. Poland von Alexandria ausgelaufen waren und fraglos Malta zum Ziel hatten. Sofort erhielt das LG 1 Einsatzbefehl. Die I. Gruppe lag in Irakleion auf Kreta in erhöhter Bereitschaft, der Geschwaderstab und die II. Gruppe in Eleusis bei Athen in normaler dreistündiger Bereitschaftsstufe. Die I. Gruppe griff in der ersten Welle mit 15 Flugzeugen gegen 14 Uhr ohne Treffererfolg an. Sehr geschickt waren die aus allen Flakgeschützen schießenden Zerstörer Abwehrbewegungen gefahren. Hauptmann Helbig selbst war nach dem Alarm sofort von einer Besprechung beim X. Fliegerkorps in Kifissia bei Athen von Eleusis nach Irakleion geflogen. Die zweite Welle, 22 Flugzeuge der II. Gruppe, unter Führung von Major Gerhard Kollewe war gegen 18 Uhr ebenfalls ergebnislos verlaufen. Zur gleichen Zeit startete Hauptmann Helbig mit sieben Flugzeugen seiner I. Gruppe in Irakleion. Er hatte die besten Besatzungen der Gruppe ausgesucht, darunter so erfolgreiche Flugzeugführer wie Oberleutnant Iro Ilk (Anfang 1945 als Major und Eichenlaubträger bei der »Wilden Sau« über Arnheim gefallen), Oberleutnant Backhaus, Ritterkreuzträger Leutnant Gerhard Brenner, »Fähnlein« genannt und Oberfeldwebel Otto Leupert (später als Ritterkreuzträger über Belgien gefallen). Bald hingen sie wieder über den britischen Kriegsschiffen, die von Beaufighter-Jägern schützend umkreist wurden. Aus der sinkenden Sonne stürzten sich die Ju 88 auf die schnell fahrenden Zerstörer, waren diese doch durch die beiden vorhergehenden Angriffe mehr als gewarnt. In fünf bis zehn Minuten waren drei der modernsten, schwersten, britischen Zerstörer trotz schwierigster Windverhältnisse und der geschickten Abwehrmanöver des Verbandes nach Bombentreffern gesunken. Helbig versenkte mit vier Bomben den Flagg-Zerstörer. Vier Monate später erhielt Helbig von einer deutschen U-Boot-Besatzung, die sich an diesem 11. Mai im erweiterten Zielraum des Zerstörerverbandes

befand, einen Rettungsring der »Kipling« überreicht. Er bekam einen Ehrenplatz im Gefechtsstand über der Mittelmeerkarte. Der Erfolg vom 11. Mai ging als Sondermeldung in den Abendnachrichten des gleichen Tages über den deutschen Rundfunk, wurde im OKW-Bericht gewürdigt und der Kairoer Nachrichtensender brachte in seiner Durchsage die Versenkungsbestätigung und zum ersten Mal den Ausdruck »Helbig-Flyers«, von da an bei vielen Luftangriffen im Mittelmeerraum ein geflügeltes Wort.
Was Flak und Jäger seit der Schlacht um England nicht erreicht hatten, sollte nunmehr britischen Spezialeinheiten gelingen. Nach Dieppe in Nordfrankreich hatte die Luftflotte 2 in Rom durch Agententätigkeit von weiteren britischen Vorhaben gegen deutsche Flugzeugstützpunkte im östlichen Mittelmeer Kenntnis erhalten. Geschickterweise waren diese Einsätze gegen Flugzeugstützpunkte zeitlich gekoppelt mit der Durchführung von Versorgungsgeleitzügen von Ägypten nach Malta. Helbig verlegte zur Bekämpfung dieser Geleitzüge nach Irakleion auf Kreta und dazwischen nach Derna an der afrikanischen Küste, um pausenlos einsatzbereit zu sein. Schon in der ersten Nacht in Derna wurde einer dieser englischen Kommandotrupps, die auf Zerstörung der Flugzeuge am Boden durch Sprengsätze angesetzt waren, von der deutschen Wache rechtzeitig abgefangen. Die beiden Einsätze der I./LG 1 am folgenden Tage verliefen planmäßig. Nach Auswertung dieser Flüge begaben sich die Besatzungen der Gruppe in Irakleion gegen 23 Uhr zur dringend notwendigen Nachtruhe. Gewitzigt, gab Helbig den Wachen — sie waren gleichfalls seit Tagen überbeansprucht — besondere Anweisungen. Kurz nach Mitternacht griffen überraschend vier bis sechs britische Bomber den Flugplatz an. Die 8,8-cm-Flak eröffnete das Abwehrfeuer. Nach etwa fünf bis zehn Minuten vernahmen die Wache und die Offiziere des am Flugplatzrand gelegenen Geschwadergefechtsstandes mehrere kleine Detonationen. Sie glaubten, es handele sich um kleine Bomben mit Zeitzündern. Schnell war der Irrtum aufgeklärt. An 16 Flugzeugen der I./LG 1,

abgestellt in Splitter-Boxen, wurden erhebliche Beschädigungen an der Verbundstelle zwischen Tragfläche und Rumpf festgestellt. Das Sonderkommando der Engländer hatte Erfolg gehabt. Hitler war wütend, ordnete sofort eine Kriegsgerichtsuntersuchung an. Der Generalkriegsrichter der Luftwaffe traf mit einer Ju 52 in Kreta ein. Wieder einmal hieß es »den Letzten beißen die Hunde«. Das war der Kommandeur. Obwohl Helbig bereits im Februar auf die unzureichenden Sicherheitsvorkehrungen hingewiesen hatte, endete der ganze Vorfall unbefriedigend. Die Kriegsrichter erkrankten an dem für Kreta typischen Fieber. Der Festungskommandant und der Festungsdivisionär mußten ihre Uniform gegen Zivil eintauschen. Das Verfahren gegen Helbig wurde nie eröffnet, aber Kesselring grollte ihm bis Kriegsende. Nach etwa zehn Tagen faßten Heeresstreifen in den Bergen drei Gaullisten und einen griechischen Dolmetscher, die das Kommando durchgeführt hatten. Sie kamen vor ein Kriegsgericht. Dem Führer des Kommandos aber, einem englischen Major, gelang die Flucht von der Südküste Kretas in einem Schlauchboot in ein bereitstehendes englisches U-Boot nach Ägypten. Über die genauen Hintergründe erfuhr Helbig dann Genaueres im Herbst 1971 anläßlich eines Urlaubsbesuches bei seinen damaligen Wirtsleuten, Rechtsanwalt Michaeltakis. Die Schwierigkeiten und Sühnemaßnahmen oder Folgen des Kommandotruppeinsatzes jener Zeit wirkten nicht mehr nach. Das Wiedersehen fand in freundschaftlicher Atmosphäre statt. Seitdem lebten die Kontakte mit Helbig wieder auf. Übrigens war der Kommandotrupp von Besatzungen, die vom Feindflug zurückgekehrt waren und sich auf dem Wege vom Liegeplatz zum Gefechtsstand befanden, in der Dunkelheit als Personen in deutscher Tropenuniform gesehen worden. Die Besatzungen hielten sie verständlicherweise für Personal der Feldwerftabteilung, da es in den Zelten als Unterkünfte in jenen Sommernächten unerträglich heiß war. In kürzester Zeit hat Helbig wie damals in der Schlacht um England eine neue Gruppe, diesmal nur mit Ersatzflugzeugen, aufgestellt.

Die Frühjahrs- und Sommermonate 1942 verlangten den letzten Einsatz. Träger der immer härter werdenden Auseinandersetzungen waren die Kampfflieger, die unter fast tropischen Bedingungen in schwersten Tag- und Nachteinsätzen bis zur äußersten Reichweite ihrer Kampfflugzeuge Übermenschliches leisteten. Als Tobruk verteidigt wurde, fiel Besatzung um Besatzung aus. Helbig blieb im Einsatz. Zehn Nächte hintereinander flog er jeweils von Kreta aus zweimal über das Meer, vier bis fünf Stunden, vollbeladen mit Bomben, mit dem höchstzulässigen Startgewicht von 14,5 Tonnen.

Die britische Festung Malta wurde nach pausenlosen Angriffen in der ersten Jahreshälfte 1942 erneut von jeglicher Versorgung aus der Luft und über See abgeschnitten. Die Kampfflieger sicherten die Seetransporte auf der Brücke von Italien nach Afrika durch Überwachung des Seeraumes gegen feindliche U-Boote. Sie störten immer wieder den Nachschub durch den Suezkanal und aus den Häfen von Ägypten. Helbig verlor in diesen schweren Zeiten nicht die Nerven. Seine Ruhe und Einsatzbereitschaft übertrugen sich auf die anderen Besatzungen. Mit seinen pechschwarzen Haaren, den lebhaften Augen stand er bei den Einsatzbesprechungen vor ihnen und behandelte die schwierigsten Probleme so, als seien sie eben keine Probleme. Eine Einsatzbesprechung vor einem Angriff vor Alexandria verlief eben so: »Rennstrecke Alex (wie Alexandria von den Kampffliegern genannt wurde). Kein Problem. Wind wie gestern, Wolken keine, Flak wie vorgestern, und Nachtjäger werden auch da sein, gehen Sie auf 1000 m Höhe ran und Sturz wie gestern. Nach dem Abfangen kurven Sie so und so aus der Flak heraus. Also auch kein Problem. Uhrzeit vergleichen — alles klar!«

Als im Juli ein britischer Flotteneinsatz im westlichen Mittelmeer mit Flugzeugträgern und etwa 40 Kriegsschiffen die Entlastung für Malta bringen sollte, griffen die deutschen Kampffliegerverbände, darunter auch das Lehrgeschwader von Sardinien aus an. Im rollenden Einsatz in zwei Tagen und drei Nächten versenkten sie aus dem Konvoi von 24 Handels-Versorgungsschiffen nicht weniger als 22. Damit hatten die Kampfflieger in diesen Sommermonaten 1942 ihre Hauptaufgaben erfüllt: Störung der kürzesten Seeverbindung England—Ägypten, Sicherung der nach Afrika gehenden Seetransporte gegen Angriffe durch Luft- und Seestreitkräfte. Sie standen jetzt bereit für die große Rommel-Offensive in den Monaten Mai bis Juli 1942 in Richtung auf El Alamein als »fliegende Feuerwehr«. Es war der letzte große Vormarsch. Unendlich schwer war es, gegen immer stärker werdende feindliche Luftangriffe wirksame Erfolge zu erzielen. Mahnend und ergreifend mehrten sich die Meldungen »Vom Feindflug nicht zurückgekehrt...« Während der Kämpfe im Mittelmeerraum, in denen zeitweise sieben Geschwader eingesetzt waren, blieb die Elite der Luftwaffe vor dem Feind. Ein Beispiel für viele: Eine Besatzung Ju 88, die von Kreta aus gestartet war, um im östlichen Mittelmeer einen stark geschützten feindlichen Geleitzug im Sturzflug aus 5000 m Höhe anzugreifen, mußte nach erfolgreichem Angriff das Flugzeug nach schwerem Beschuß notwassern. Drei Nächte und zwei Tage hielt sich die Besatzung verbissen im Schlauchboot. Ihre Kameraden hatten aus der Luft ständig Fühlung gehalten und Notproviant abgeworfen. Eine Bergung durch Seenotflugzeuge war wegen des hohen Seegangs nicht möglich. Am dritten Morgen schwamm das Schlauchboot unbemannt auf den Wellen. Ob durch die Folgen von erlittenen Verwundungen oder durch allgemeine Erschöpfung die Besatzung den Seemannstod fand, mag kein Mensch, damals wie heute, zu klären. Die Besatzung »Fähnlein« des Ritterkreuzträgers Leutnant Brenner, Flugzeugführer in der I./LG 1, hat sich im schweren Sturzkampfeinsatz mehr als 150mal auf einer Gesamtflugstrecke von über sechsmal Erdumfang erfolgreich und fair dem Gegner gestellt. Das Mittelmeer gab sie, gleich vielen anderen Kameraden, nicht wieder frei.

Nach der erfolgreichen Unterstützung der Rommel-Offensive im Sommer 1942, nach der Versenkung von 182 000 BRT westalliierten Schiffsraums im Mittelmeerraum, wurde nach 330 Feindflügen Hauptmann Joachim Helbig am 28. September 1942 als zweiter Kampfflieger, als 20. Soldat der Wehrmacht, mit den Schwertern zum Eichenlaub ausgezeichnet. Im November flog seine Gruppe gegen die amerikanisch-englische Landungsflotte vor der algerischen Küste. Helbig, inzwischen Major, traf vor Bone einen 10 000 BRT großen Munitionsdampfer, der nach einer gewaltigen Explosion in wenigen Minuten versank.

Der weitere Einsatz war kaum mehr vertretbar. Das II. Fliegerkorps verlor allein in der Zeit vom 6. November bis 25. Dezember 1942 beim Angriff auf die Landungsflotte 201 Besatzungen. Im Oktober 1942 hat Helbig Einsatzverbot erhalten. Man wollte seine reiche taktische Erfahrung für die Ausbildung erhalten. Er wurde im Januar 1943 als Inspizient zum General der Kampfflieger berufen. Nach dieser Dienststellung wurde er im März 1943 mit der Wahrnehmung der Geschäfte des Generals der Kampfflieger (JN 2) beauftragt und vorzeitig zum Oberstleutnant befördert. Nachdem der fronterfahrene junge Offizier nunmehr die Stabsarbeit im Zweiten Weltkrieg erlebte, erging es ihm bald wie Baumbach, wie Peltz, wie vielen anderen hervorragenden Offizieren der jungen Generation. Es gab im Oberkommando der Luftwaffe mit den dort tätigen älteren durchaus profilierten höheren Offizieren, ja selbst mit den Feldmarschällen von Richthofen und Kesselring Meinungsverschiedenheiten in Einsatzbelangen und Personalproblemen. Sie führten zu unerfreulichen Auseinandersetzungen. Helbig bat um erneute Verwendung an der Front. Nach vielen Schwierigkeiten kam er im August 1943 wieder in den Mittelmeerraum, wieder zum Lehrgeschwader 1, diesmal als Kommodore. Er sollte das Geschwader führen, so lange wie kein Kommodore vor ihm. Mehrfach wurden Helbig noch andere Verbände unterstellt, so kämpfte er mit dem LG 1 und dem KG 76 als ›Gefechtsverband Helbig‹ im westlichen Mittelmeer gegen die Alliierten. Zum kämpfenden Einsatz kam ein unerträglicher Nervenkrieg. Die Suche nach einer militärischen Lösung der unmöglich gewordenen Situation brachte in den Stäben immer mehr Nervosität. Helbig mußte dies noch mehrfach verspüren. Notwendig werdende Verlegungen sollten spätestens »gestern« vollzogen sein. So auch bei der Bekämpfung des amerikanischen Brückenkopfes Nettuno/Anzio südwestlich von Rom am 22. Februar 1944, als Helbig mit seinem Geschwader bei einer mehr als kritischen Wetterlage von Griechenland nach Italien verlegen sollte. Helbig war hart im Einsatz, aber er stellte sich immer wieder schützend vor die Männer seiner Verbände. Bei dieser Wetterlage war die Verlegung eines größeren Verbandes mit teils ganz jungen und unerfahrenen Besatzungen unmöglich. Das galt auch für das wertvolle Spitzen-Bodenpersonal, das mit Ju 52 oder der alten italienischen Savoia folgen sollte. Er verschob die Verlegung um 16 Stunden. Er selbst aber flog allein mit seiner Besatzung, seinem I a, seinem Technischen Offizier und dem Stabsschreiber, also mit sieben Mann, in seiner Ju 88 sofort im Blindflug durch die Waschküche zum neuen Einsatzplatz voraus. Die Richtigkeit seines eigenmächtigen Handelns stellte sich sehr bald heraus. Im Abwehrkampf in Italien erlebte Helbig eine schmerzliche Stunde in seinem Fliegerleben. Bei einem Bombenangriff amerikanischer Viermotoriger auf den Flugplatz Pordenone in der Po-Ebene wurde auch seine Ju 88 »L 1 + AM« vernichtend getroffen. Über drei Jahre, über 1000 Stunden, davon allein über 950 gegen den Feind, hatte Joachim Helbig sie geflogen. Es war die einzige Ju 88, die 1000 Flugstunden überstand. Nur er saß hinter ihrem Steuer, niemals ein anderer. »Sie war nur eine Maschine und doch für ihren Piloten, seine getreue Besatzung und ihren untröstlichen 1. Wart ein lebendes Etwas geworden, das sich in diesem Augenblick mit den Resten der Führerkabine und des mit vier Abschußstrichen — zwei Tagjäger, ein Nachtjäger, ein Aufklärer — gekennzeichneten Seitenleitwerkes von ihren fünf Getreuen für immer verabschiedete«, trauert Helbig wehmütig dieser Stunde nach. Am 13. Mai 1944 wurde Helbigs Name nach erfolgreichen

Einsätzen gegen alliierte Flugplätze auf Korsika zum zweiten Male im OKW-Bericht hervorgehoben.

Erneute Schwierigkeiten hatte er zu Beginn der Invasion am 6. Juni 1944, als das Lehrgeschwader nach einem Nachteinsatz auf Nettuno von Italien sofort nach Belgien beordert wurde. Über Südfrankreich lag ein ausgedehntes Tief. Eine Verlegung am Tage über Frankreich wäre auf Grund der außergewöhnlichen feindlichen Jagdfliegertätigkeit am Invasionstag Selbstmord gewesen. Helbig verschob die Verlegung, flog selbst aber — wiederum verantwortungsbewußt — ohne Nachtruhe in den ersten Morgenstunden dem Verband voraus allein nach Belgien. Sofort sollte ihm (auf Vorschlag der Luftflotte 2) ein Verfahren anhängig gemacht werden. Nachdem die Verlegung nach Auflösung des Tiefs über Südfrankreich und der Riviera mit Landung in der Abenddämmerung in Belgien nach vierzehnstündiger Verschiebung ohne jeden Verlust erfolgt war, wurde das bereits eingeleitete Verfahren eingestellt. Im Kampf gegen die Invasion im Westen wurde Helbig Oberst. Am 10. September 1944 erhielt er den Auftrag, mit seinem Geschwader, einer Stukagruppe und einer Aufklärungsstaffel, erneut einen Gefechtsverband mit Befehlsstand bei Köln zur Unterstützung des Heeres an der Reichsgrenze aufzustellen. Es blieb bei den Vorarbeiten. Helbig geriet beim ersten Besuch der Stukagruppe auf dem Flugplatz Vogelsang in der Eifel mit seinem Pkw in einen Tieffliegerangriff, der für ihn mit einer dritten Verwundung einen längeren Lazarettaufenthalt notwendig machte (der Gefechtsverband wurde dann von Oberstleutnant Halensleben, Kommodore des KG 2, übernommen, der im Januar 1945 das gleiche Schicksal erlebte — leider mit tödlichem Ausgang).

Wenige Wochen vor Kriegsende führte Helbig zum dritten Mal einen Gefechtsverband mit dem LG 1 und KG 200. Der Gefechtsstand lag in Schwerin/Zippendorf — dort, wo er einmal als Soldat begonnen hatte. In einer Besprechung bei der Fliegerdivision unter General Fürst Reuß am 30. April 1945 erfuhr er von einem geplanten Fieseler-Storch-Einflug nach Berlin-Wannsee, um dort wichtige Persönlichkeiten der Reichsregierung herauszufliegen. Sofort übernahm Helbig ohne höheren Befehl die Einsatzleitung, verschob den Start auf die Zeit nach Mitternacht, da ab 23 Uhr mit Mondschein zu rechnen war. Er selbst startete gegen Mitternacht. Zwei Stunden kreuzten dann neun Fieseler-Störche über Berlin-Wannsee. Wohl erkannten sie mitunter die Königsallee, aber eine Landung durch das russische Flakfeuer, über den in russischer Hand befindlichen Bahnhof Wannsee und durch die weitverbreiteten Schwelbrände hindurch war unmöglich geworden. Helbig flog in den Morgenstunden nach Schwerin zurück und am nächsten Tag unter schwierigsten Umständen mit dem gleichen Fieseler-Storch zu seinem LG 1 nach Schleswig. 350 Feindflüge hatte er in diesem Verband geflogen. Viele von ihnen führten über fünf, sechs und mehr Stunden. Daher sind 480 Einsätze in seinem Flugbuch verzeichnet.

Noch am 4. Mai mußte er als Kurier zu höheren Stäben in die Tschechoslowakei fliegen. In den Abendstunden des 8. Mai — am Tage der Kapitulation — setzte sich Helbig weisungsgemäß im Tiefstflug nach Westen ab und geriet später in amerikanische Gefangenschaft. Er kam ins Sennelager. Dort aber floh er am 9. Juni, hielt sich in Westdeutschland verborgen, bis die Welt wieder »normal« war. Helbig bewährte sich auch im Frieden, baute sich und seiner Familie in schweren Jahren eine neue Existenz auf. Seit Jahren ist er Geschäftsführer einer Brauerei in Berlin.

HERMANN HOGEBACK

Unter den Tausenden von Kampffliegern, die im Zweiten Weltkrieg im Einsatz standen, gab es nur eine einzige Besatzung, bei der alle vier Mann das Ritterkreuz trugen. Es war die Besatzung von Schwerterträger Hermann Hogeback. Hermann Hogeback, Typ des Draufgängers, stieg auf Grund seiner Leistungen im Zweiten Weltkrieg vom Flugzeugführer über den Staffelkapitän und Gruppenkommandeur bis zum Geschwaderkommodore auf, vom Leutnant bis zum Oberstleutnant, am Ende des Krieges als einer der ganz wenigen Kampfflieger ausgezeichnet mit den Schwertern zum Eichenlaub. Hart gegen sich selbst, immer im Einsatz, blieb Hogeback Vorbild seiner Männer in über 500 Feindflügen an allen Fronten des Zweiten Weltkrieges. Im jahrelangen gemeinsamen Einsatz, in Hunderten von Feindflügen, war diese Besatzung, so verschiedenartig auch Stammeszugehörigkeit, Herkunft und Werdegang der vier Männer waren, zu einer Einheit zusammengeschweißt, auf die sich der Kommandant blind verlassen konnte, die aber auch für die Führung ein Begriff geworden war: der Münsteraner Hermann Hogeback als Flugzeugführer, der Badener Willi Dipberger als Beobachter, der Franke Willi Lehnert als Bordfunker und der Brandenburger Günter Glasner als Bordschütze.
Hermann Hogeback, geboren am 25. August 1914 in Idar-Oberstein, lebte vom Sommer 1921 an in Münster. Er stammte aus einer Beamtenfamilie, sein Vater war Steuerinspektor, er aber wollte in einen anderen Beruf. Was lockte 1934 mehr als die Wehrmacht.

Hermann Hogeback trat am 1. Juli 1934 nach dem Abitur in die 9. Kompanie des Infanterieregiments 15 in Kassel ein. Ein Jahr später wechselte er, wie viele seiner Jahrgangskameraden, zur Luftwaffe, erhielt seine Ausbildung als Flugzeugführer und kam zur III. Gruppe des Lehrgeschwaders 1. In diesem bewährten Geschwader erfuhr Hogeback den letzten truppenmäßigen Schliff. Dann sammelte er seine ersten Kriegserfahrungen bei der Legion Condor in Spanien. Man setzte ihm gleich hart zu. Schon beim ersten Einsatz am 13. September 1938 schoß rotspanische Flak seine He 111 in Brand. Ein Motor fiel aus. Mit langer Rauchfahne quälte er die Maschine zurück, nur das eine Ziel vor Augen, die eigenen Linien erreichen. Zwischen den Fronten aber mußte er landen. Starkes Feuer von beiden Seiten vereitelte sowohl die Rettung wie auf der anderen Seite die Gefangenschaft. In der Nacht holten einige treue Marokkaner die Besatzung und den schwer verwundeten Leutnant Hogeback heraus und brachten sie in Sicherheit. Zwei Monate Lazarettzeit folgten. Dann aber war Hogeback wieder dabei. Über 100mal flog er noch über Spanien. Mit dem Goldenen Spanienkreuz mit Schwertern kehrte er nach Deutschland zurück.

Im Zweiten Weltkrieg flog Hogeback als Kampfflieger in der III./LG 1 über Polen, im Westen, in der Schlacht um England, 1940 allein 28mal gegen London, und über Jugoslawien. Dann wurde die Gruppe als eine der wenigen Kampffliegerverbände nach Afrika verlegt. Die Einsätze wechselten, einmal über der Weite der Wüste an der afrikanischen Front, einmal über der Weite des Meeres. Dieses einsame Fliegen über See verlangte Können und Nerven. Die härtesten Einsätze blieben die Schiffsziele, das Stürzen in die abwehrtobende Flak. Vor Sizilien versenkte Hogeback einen Frachter von 10 000 BRT. Er wurde Oberleutnant und Staffelkapitän der Neunten. Wieder einmal war Hogebacks Ju 88 von der feindlichen Abwehr so durchlöchert, daß er sie mit Mühe noch über die eigenen Linien brachte und mit Bauchlandung im Sand der

Wüste aufsetzte. So hatte die Besatzung beim Rückzug in Afrika keine Maschine mehr. Da hörten sie, daß in der Wüste, dicht hinter der eigenen Front, eine beschädigte Ju 88 läge. Ersatzteile fehlten, sie sollte gesprengt werden. Die vier Mann holten sie heraus, machten sie klar und flogen mit klappernden Motoren von Afrika über Kreta nach Griechenland zu ihrer Staffel zurück.

Wie sooft flog er an einem Julitag 1941 Seeaufklärung auf der Höhe von Sollum über dem Mittelmeer. 150 km waren sie vom Land entfernt, hatten gerade einige britische Schiffe ausgemacht und die Erkundungen durch Funk an die Bodenstelle weitergegeben. Sie drehten ein zum Heimflug nach Derna. »Achtung, Jäger unter uns!« tönte es auf einmal durch die Eigenverständigung. Glasner, der Bordschütze, hatte sie entdeckt. Sofort waren alle hellwach. Richtig, da flogen sie ... zwei ... vier ... acht ..., zwölf britische Jäger zogen auf gleichem Kurs wie die Ju 88 über das Mittelmeer. Und weit und breit keine »Wolke vom Dienst«, in der man hätte Rettung suchen können. An ein Ausweichen war nicht mehr zu denken. Die Tommies hatten sich bereits in Angriffsposition begeben. Sie teilten sich in zwei Schwärme und setzten sich hinter das deutsche Flugzeug. Es war nicht das erstemal, daß feindliche Jäger hinter der Ju 88 her waren, wenn sie auch nie in solchen Zahlen gekommen waren. Hogeback holte das Letzte an Fahrt aus der Ju heraus, flog Abwehrbewegungen, daß in der Maschine alles kunterbunt durcheinanderfiel. Aber all dies half nichts. Von allen Seiten flogen die Tommies das einsame Flugzeug an, Leuchtspurgarbe um Leuchtspurgarbe zischte an der Kanzel vorbei. Doch die ständigen Abwehrbewegungen ließen die Tommies ihr Ziel nicht genau erfassen. Willi Lehnert, der Funker, hatte schon lange sein Funkgerät abgeschaltet und lag hinter dem MG bereit. Ohne jede Aufregung dirigierte der Franke durch die Eigenverständigung den Kurs des Flugzeuges, meldete seinem Kommandanten jeden neuen Anflug, und sooft ein Tommy in Reichweite seines MG kam, erwiderte er das feindliche Feuer, bis eine Brouster

etwa 50 m von der Ju entfernt hochzog. Mitten hinein schoß Lehnert. Plötzlich quoll dicker Rauch aus der feindlichen Maschine und über die Fläche ging sie in die Tiefe. Die übrigen Tommies zogen ab. Im Tiefflug versuchte Hogeback die Küste und den Horst zu erreichen. Aber da waren die Brouster wieder. Wieder begann eine heftige Kurbelei, wieder fegten die Leuchtspurgarben vorbei. Funker und Bordschütze schossen Trommel um Trommel leer, um sich der Gegner zu erwehren. Über eine halbe Stunde tobte schon der Kampf, die Ju hatte zahllose Treffer. Erneut zog eine Brouster über das Leitwerk. Aus der Kurve heraus schoß Feldwebel Lehnert ein paar Feuerstöße entgegen. Die englische Maschine trudelte, stürzte ab und schlug brennend auf. Jetzt drehten die anderen endgültig ab. Überglücklich erreichte die Besatzung den Heimathorst. 12 : 1! In diesem ungleichen Kampf zwei Abschüsse — das war eine wohl einmalige Rettung eines Kampfflugzeuges.
Im August 1941 griff Hogeback mit seiner Staffel in der Panzerschlacht bei Sollum entscheidend in den Erdkampf ein. Immer wieder griffen die Ju 88 im Tiefflug Truppen- und Panzerbereitstellungen so erfolgreich an, daß die Panzerschlacht zugunsten der deutschen Truppe entschieden wurde. Ziel dieses Kampfes war für Hogeback das Grenzfort Cappuzzo, in dem englische Panzerverbände in Bereitstellung lagen. Hogeback berichtet: »Nach meinem Tiefangriff wurde abgehört, daß die Engländer den Befehl gaben, den Angriff sofort abzubrechen.« Auch im Kampf um Tobruk stürzte sich Hogeback immer wieder mit seiner Ju 88 auf die Hafenanlagen und Panzerbereitstellungen. Nach diesen Erfolgen, nach 163 Feindflügen, wurde Hauptmann Hogeback am 8. September 1941 in Afrika mit dem Ritterkreuz ausgezeichnet. Noch einmal flog er am 16. November einen Angriff von entscheidender Wirkung auf die Truppenansammlungen bei der Oase Giarabub.
Danach flog seine Gruppe im Osten. Sie kämpfte an allen Brennpunkten der Ostfront, von Leningrad bis Kertsch, vor allem aber im Kampf um die Halbinsel Krim und die Festung Sewastopol.

Im Juli 1942 wurde Hogeback Kommandeur seiner Gruppe, der Gruppe, in der er als Flugzeugführer begonnen hatte. Im September verlegte die Gruppe nach Nordfrankreich und wurde im November 1942 in Creil zur III. Gruppe des neuaufgestellten KG 6. Gleichzeitig wurde die Gruppe mit Ju 88 S ausgestattet, die in großer Höhe 600 km/h erreichte und zehn Bomben zu je 50 kg tragen konnte. Wieder flog Hogeback gegen England. Es war jetzt noch schwieriger als in der Schlacht um England. Die britische Abwehr war zahlenmäßig wesentlich stärker, technisch entscheidend besser geworden. Man durfte den Kurs nicht einmal länger als zwei Minuten einhalten, wollte man überleben. Am 20. Februar 1943 wurde Hauptmann Hogeback nach 416 Feindflügen als 192. Soldat der Wehrmacht mit dem Eichenlaub ausgezeichnet, im März zum Major befördert und am 12. August 1943 übernahm er als Oberstleutnant das KG 6. Er wurde Geschwaderkommodore als Nachfolger von Oberst Walter Storp. Wieder flogen sie einen Winter lang gegen die britische Insel, bei Schneesturm und Vereisung über das Meer, Bombenfahren durch Flak und gegen Nachtjäger, durch den Kreis der Scheinwerferbündel und den Sicherungsring der Ballonsperren. Die Londonflüge jener Wintermonate waren die letzte und härteste Schule des Kampffliegers, immer wieder erprobt am Taktikbrett, über Plänen und Modellen. Nie vorher gab es im Zweiten Weltkrieg eine so harte Schule der Taktik, einer Taktik, die systematisch bis in die Feinheiten von Metern und Sekunden geplant wurde. Um das Taktikbrett herum standen im dunklen Raum die Besatzungen der Kampfflugzeuge. Über dem Plan der feindlichen Städte hingen an feinen Drähten die Leuchtkugeln, die Kaskadenmarken, die von den Beleuchtern »gesetzt« wurden. Bodenmarkierungen in verschiedenen Farben ausgerollt, redeten ihre nur dem Angreifer verständliche Sprache. Und dann wieder der Einsatz. Kommodore Hogeback startete als Letzter. Allein, abgesetzt von den anderen, nahm er Kurs gegen London. Über dem Ziel beobachtete er zur X-Zeit den Angriff der übrigen Maschinen.

So war er ständig um die Ausbildung seiner Besatzungen bemüht. Zu den vielen Voraussetzungen, die Hogeback für diesen ständigen Einsatz mitbrachte, gehörte auch seine erstaunliche Kondition. Er war ein hervorragender Sportler. So siegte der Kommandeur in einem Gruppensportfest im Mai 1943 im Besatzungsfünfkampf und im Kugelstoßen, wurde 2. Sieger im Fünfkampf und im Weitsprung und stürmte halblinks in der siegreichen Handballmannschaft des Stabsschwarmes.

Typisch für ihn, wie er mit seiner Besatzung lebte. Man brauchte ihn nur von der Unterkunft auf der Fahrt zum Flugplatz zu beobachten. Vier Mann in Fliegerkombi und Pelzstiefeln im Wagen, am Steuer der Kommodore. Neben ihm Jule, der Fahrer, solange schon bei Hogeback, wie seine Besatzung. Hinten, zu dritt nebeneinander, Beobachter, Funker und Schütze. Fahren war schon immer seine Leidenschaft. Fahren und fliegen. Eine Wegkreuzung voraus. Trocken von hinten der Schütze: »Rechts, Straße frei!« Und von der anderen Seite des Wagens der Beobachter: »Links — Straße frei!« Der Kommodore drehte nicht den Kopf. Die Kreuzung — und durch. Eine Besatzung fuhr Auto, nicht einer. Nicht ein Mann flog, eine Besatzung.

Den Silvestertag 1943 hat die Besatzung besonders gefeiert, erhielt doch an diesem Tage Oberfeldwebel Glasner als erster Bordschütze der Luftwaffe das Ritterkreuz. Der Kommodore selbst legte ihm die hohe Auszeichnung vor angetretenem Verband an. Glasner, geboren am 26. August 1917 in Drehnow, flog am längsten mit Hogeback. Seit Jahresbeginn 1940 war er bei jedem Einsatz dabei. Er hatte keine Abschüsse, war selbst nie Mittelpunkt, aber der Mann aus der Wanne, der bisher unbekannte Vierte im Kampfflugzeug, mußte in diesen 410 Feindflügen sehr oft zum Maschinengewehr greifen und Hogeback konnte sich auf das gute Auge von Glasner immer verlassen. Jeder Einsatz hing von so viel Kleinigkeiten ab. Aber diese Kleinigkeiten, die nüchterne Abstimmung aufeinander, waren die Ursache ihrer Erfolge. Erneute Freude gab es am

Die Gegner des Kampffliegers.

Eine der wenigen Aufnahmen, die es aus dem Zweiten Weltkrieg vom Abschuß eines Jägers durch ein Kampfflugzeug gibt. Im Dezember 1940 gelang einem Verband von Do 17 bei einem Angriff über Südengland der Abschuß einer Spitfire, die schwer getroffen abdreht.

Eine zerberstende Flak-Granate in der Nähe einer He 111. Das so friedlich erscheinende Wölkchen war von tödlicher Gefahr für alle Kampfflieger.

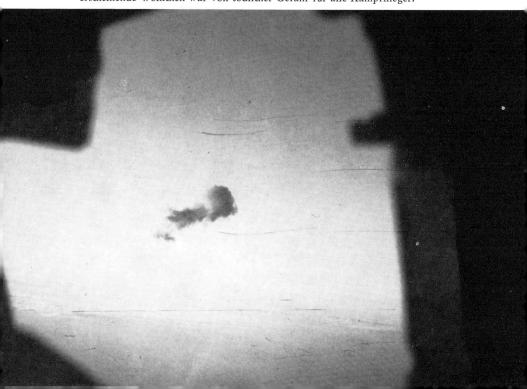

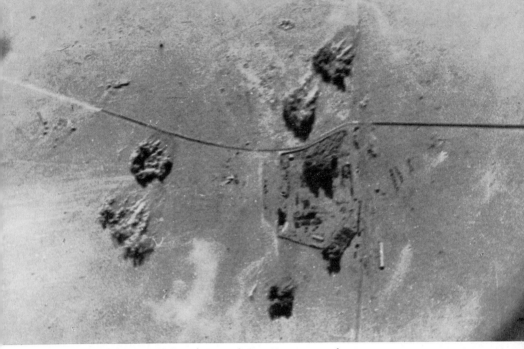

Durch diesen Angriff der I./LG 1 auf eine Panzeransammlung beim Fort Bir Hacheim am 2. Juli 1942 wurde der britische Angriff auf die Rommel-Armee in Nordafrika nachhaltig gestört.

Ein Beispiel für viele: Angriff auf einen Flugplatz südostwärts von Orel durch die II./KG 4 unter Führung von Kapitän der 6. Staffel, Oberleutnant Siegfried Röthke. Deutlich sind die zahlreichen zerstörten Flugzeuge (teilweise durch die Lupe vergrößert) erkennbar.

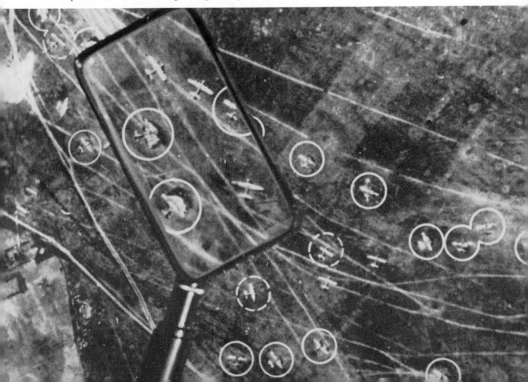

5. April 1944: Das dritte Ritterkreuz für die Besatzung. Diesmal bekam es Bordfunker Oberfeldwebel Willi Lehnert nach über 300 Einsätzen, die er seit März 1941 in der Besatzung von Kommodore Hogeback mitgeflogen war. Geboren am 9. März 1916 in Nürnberg, war Lehnert von Beruf Schreiner, bevor er 1937 in die Luftwaffe eintrat. 1938 kam er auf die Luftnachrichtenschule, 1939 zur großen Kampffliegerschule, flog im März 1941 seinen ersten Feindflug im Mittelmeer von Sizilien aus, trug durch seine unzählbare Summe von selbstverständlicher Pflicht und steter Tapferkeit zum Erfolg der Besatzung bei. Sein Funkgerät beherrschte er meisterhaft. Nicht weniger das MG. Unvergeßlich jener Julitag 1941, als er mit dem Abschuß von zwei britischen Jägern über dem Mittelmeer und über Afrika der Besatzung das Leben rettete.
Am 19. April 1944 fuhr Hogeback zum Gefechtsstand der III. Gruppe, zur Gruppe mit den drei silbernen Schwänen auf blauem Grund. Die Besatzungen der »Schwäne« kehrten vom 10 000. Einsatz zurück. Hogeback, jetzt Kommodore, einst Flugzeugführer, dann Staffelkapitän und Kommandeur dieser Gruppe, erinnerte in seiner Ansprache an all die Kriegsschauplätze, auf denen die Gruppe in fast fünf Kriegsjahren gekämpft hatte.
Im Sommer 1944 sollte das Geschwader auf Ju 188 umschulen. Zu Beginn der Invasion im Juli 1944 hatte die I. Gruppe bereits umgerüstet, die III. Gruppe befand sich in Ahlhorn zur Umrüstung. Teilweise wurden die Besatzungen sogar auf Me 109 und FW 190 umgeschult. Anfang des Jahres 1945 gab es im Geschwaderstab, in der Besatzung des Kommodore, noch einmal unter zeitbedingten Verhältnissen ein kleines Fest. Willi Dipberger, der Beobachter in der Besatzung, bekam nun ebenfalls das Ritterkreuz. Damit war die Ju 88-Besatzung des Geschwaderkommodore Hogeback die einzige Besatzung der Kampffliegerei, die nur aus Ritterkreuzträgern bestand. Willi Dipberger, am 30. Mai 1918 in Ziegelhausen bei Heidelberg geboren, flog mit Hogeback über Afrikas Wüste, über der russischen Steppe, über der Weite des Meeres und in der Flak-

hölle von England. Auf 337 Einsätzen half er zum Erfolg dieser Besatzung. Überall beherrschte er Knemeyer, Karte und Kompaß, setzte sicher seine Kurse zum Ziel und zum Heimathafen ab. Am 9. Januar 1945 wurde ihm als Fahnenjunker-Oberfeldwebel das Ritterkreuz verliehen.

Im Februar verlegte die III. Gruppe noch nach Prag, um dort unter Hauptmann Bausner auf Me 262 umzuschulen — ohne einen einzigen Bruch. Als eines der wenigen Kampfgeschwader blieb das KG 6 im Westen bis Kriegsende im Einsatz. Unter größten Schwierigkeiten flog Hogeback noch im April 1945 seine letzten Einsätze. Für diesen Kampf in schier aussichtsloser Lage wurde der Kommodore des Geschwaders, Oberstleutnant Hogeback, noch in den letzten Apriltagen 1945 mit den Schwertern zum Eichenlaub ausgezeichnet. Dann war auch für ihn der Krieg zu Ende. In seiner Heimat Münster wurde ihm sein zweites Hobby, die Liebe zum Auto, zum Beruf.

MARTIN HARLINGHAUSEN

Erster Eichenlaubträger der Kampfflieger wurde am 30. Januar 1941 Oberstleutnant i. G. Martin Harlinghausen, dem diese hohe Auszeichnung als 8. Soldaten der Wehrmacht verliehen wurde. Harlinghausen war zu diesem Zeitpunkt bereits 39 Jahre alt. Er war in der Geschichte der deutschen Militärfliegerei einer der ganz wenigen, die in diesem Alter noch die seelische Kraft besaßen, solche Angriffe durchzustehen. Mit dem Schneid eines Jungen griff Harlinghausen, der jeden Einsatz taktisch durchdachte und vorbereitete und dabei alle technischen Möglichkeiten berücksichtigte, die Besonderheiten der einzelnen Flugzeugtypen ausnützte, immer wieder Punktziele an. Er gehörte zu den erfolgreichsten Kampffliegern im Seeluftkrieg, entwickelte dabei eigene Methoden und gab ihm von allen Führungspersönlichkeiten wohl die meisten und entscheidenden Impulse. Gerade diese Einzelangriffe verlangen neben dem persönlichen Einsatz taktische Erfahrung und technische Kenntnisse, fordern in besonderem Maße charakterliche Kräfte, um die stundenlange Einsamkeit bei höchster Anspannung auf dem Flug über den Meeren ertragen zu können. Bei der Erfüllung dieser Aufgaben zeigen sich die menschlichen Schwächen und Probleme des Alters besonders deutlich. Harlinghausen bewahrte sich die Kraft der Jugend, bei ihm paarten sich Intelligenz und Tapferkeit. Zudem erlebte Harlinghausen als einer der wenigen Männer des Zweiten Weltkrieges die gesamte taktische und technische Entwicklung der modernen Luftwaffe, sah ihre Einsatzmöglichkeiten für und von

den beiden Seiten aus, für die er lange und friedensmäßig ausgebildet worden war, sowohl als Seeoffizier wie als Flugzeugführer. Gerade in der Zusammenarbeit Luftwaffe und Marine — für die es kein Vorbild gab — bewährte sich Harlinghausen immer wieder, wagte er doch oft gegen die Auffassung des anderen Truppenteils und die Meinung von Vorgesetzten Schlüsselfragen anzugehen, zu diskutieren und zu erproben. Er gehörte zu jenen Generalstabsoffizieren, die die von der Führung für notwendig gehaltenen Aufträge selbst erflogen. Harlinghausen war hart im Einsatz und gegen sich selbst, geprägt vom Erlebnis des ununterbrochenen jahrelangen Einsatzes in der friedensmäßigen Ausbildung und der kriegsmäßigen Entwicklung und Erprobung. Er verlangte aber von seinen Männern nicht mehr, als er selbst täglich bereit war im Einsatz vorzufliegen und vorzuleben. Aus der reichen Erfahrung der Front kamen bei ihm die Erkenntnisse für die Führung. Beide Wissensbereiche waren die Voraussetzung für die Reife des Urteils.
Martin Harlinghausen, geboren am 17. Januar 1902 zu Rheda/Westfalen als Sohn eines Fabrikanten, wollte Marineoffizier werden. Nach dem Abitur 1922 und einem Semester Jura-Studium an der Universität Göttingen, trat er am 1. April 1923 in die Kriegsmarine als Seekadett ein. Nach einer langen friedensmäßigen Ausbildung erfüllte sich sein Jugendwunsch 1927 mit der Beförderung zum Leutnant zur See. 1929 wurde der 27jährige zum Oberleutnant zur See befördert. In seiner Offizierszeit war Harlinghausen 1927 ein halbes Jahr Schnellbootkommandant in der I. Schnellbootsflottille, dann dreieinhalb Jahre Wachoffizier in der I. Torpedobootsflottille, die er abschloß mit der Qualifikation zum Torpedoboots-Kommandanten.
1931 gehörte Harlinghausen zu den ausgesuchten Seeoffizieren, die in Warnemünde für die Ausbildung zum Flugzeugführer und Beobachter vorgesehen waren. Seit 1926 bildete das Marinekommando Warnemünde dort jährlich sechs bis zehn Offiziere als Flugzeugführer und Beobachter unter dem Decknamen »Funkversuchs-

Kommando« Warnemünde aus. Das Kommando stand unter Führung von Korvettenkapitän Hans Geisler, später Korvettenkapitän Jochen Coeler und lag mit der Deutschen Verkehrsfliegerschule auf dem Flugplatz Warnemünde. In den gleichen Jahren suchte sich das Heer hervorragend qualifizierte Offiziere für die Ausbildung zum Flugzeugführer in Braunschweig und in der Sowjetunion aus. Diese beiden kleinen, aber sehr gut und langfristig ausgebildeten Gruppen bildeten 1933 den Stamm, auf dem sich der neue Wehrmachtsteil der Luftwaffe aufbauen konnte. Harlinghausen war die See also vom Standpunkt des Seemannes und des Fliegers militärisch und taktisch wohlvertraut, als er am 1. Oktober 1933 als einer der ersten Offiziere zur noch getarnten Luftwaffe versetzt wurde. Dort führte er bis zum 30. September 1934 als Staffelkapitän die 1. Seestaffel. Nach seiner Beförderung zum Hauptmann wurde er am 1. Oktober 1934 in das Reichsluftfahrtministerium berufen. Als Gruppenleiter in der 3. Abteilung, der Ausbildungsabteilung des Generalstabes der Luftwaffe, bearbeitete er alle Fragen für die fliegerische Ausbildung und Schulung für die Luftwaffe. Gleichzeitig erhielt Harlinghausen im RLM eine sogenannte Fernausbildung bei der Luftkriegsakademie Gatow. Im Oktober 1937 führte Harlinghausen als Staffelkapitän die 3./506 in Dievenow, eine Mehrzweckstaffel mit Fernaufklärern, Bomben- und Torpedoflugzeugen, ehe er im Dezember 1937 als Kommandeur die AS 88, die Seeflieger der Legion Condor, von Hauptmann Hans Hefele auf Mallorca übernahm.
Hier galt es, die Theorien im Seeluftkrieg praktisch zu erproben: Angriffsmethoden, Bewaffnung, Tiefangriffe, Nachtflug. Mit Bomben belegten Harlinghausen und seine Staffel Land-, Hafen- und Schiffsziele an der spanischen Ostküste, vor allem im Hafen von Barcelona. In Spanien wurde Harlinghausen der taktische Lehrmeister im Krieg aus der Luft auf Seeziele. Dort hatte er auch seine ersten Erfolge im sogenannten »Steckrübenverfahren«, das er mit der beschußempfindlichen He 59 vor allem in den Dämmerungs-

und Nachtangriffen erprobte. Nach einjährigem Einsatz gab Harlinghausen, seit dem 1. August 1938 Major, im Dezember 1938 die AS 88 ab und absolvierte bis März 1939 auf der Luftkriegsakademie in Gatow seinen Generalstabs-Abschlußlehrgang. Bis Kriegsausbruch war Harlinghausen I a beim Luftflottenkommando 2 in Braunschweig.

Dann begann die Zeit, in der Harlinghausen seine Erfahrung als Seeoffizier wie als Kommandeur der AS 88 voll zur Entfaltung bringen konnte. Er wurde Chef des Generalstabes des neuaufgestellten X. Fliegerkorps in Hamburg, eines Korps, das eigens zur Bekämpfung von Seezielen geschaffen und dem Oberbefehlshaber der Luftwaffe unmittelbar unterstellt wurde. Um seinen Aufgaben gerecht zu werden, erhielt das Korps mit Generalleutnant Hans Geisler als Kommandierendem General, einem früheren Seeoffizier, ebenso kam Major Harlinghausen als Chef des Stabes von der Marine. In seiner nachträglichen Betrachtung ist Harlinghausen der Meinung, daß die für den Kriegsverlauf so notwendige »Zusammenarbeit Luftwaffe — Marine ausgesprochen schlecht war«. »Das Verhältnis Luftwaffe — Marine«, so schreibt Harlinghausen, »war beeinflußt von einer endlosen Reihe von Mißhelligkeiten, ausgehend von grundsätzlich verschiedenen Standpunkten, über deren Berechtigung und Wert man eben verschiedener Meinung sein kann. Derartige tiefgehende Unstimmigkeiten waren kein spezifisch deutsches Phänomen, sondern gehörten und gehören wohl noch überall als zwangsläufige Folge zu den Führungsproblemen beim Aufkommen eines dritten Wehrmachtsteiles. Ihre Überwindung erfordert praktische Erfahrung, deren geistige Verarbeitung und vor allem — Zeit. Und die fehlte uns. Wir haben alle Fragen der Zusammenarbeit in nur sechs Jahren eines hektischen Aufbaues klären wollen — besser: müssen — und sind auch in dieser Hinsicht unfertig in den Krieg gegangen, Marine sowohl wie Luftwaffe. Die Marine war daher genötigt, auf eine Unterstützung der Seekriegführung durch Teile der operativen Luftwaffe zu drängen.

Dem kam die Luftwaffe im Herbst 1939 durch die Aufstellung des
X. Fliegerkorps nach.«

Die beiden Kampfgeschwader des Korps, KG 26 und KG 30, führten im Winter 1939/40 Einsätze gegen britische Seeziele in der Nordsee durch, da der Einsatz gegen Hafenziele, Rüstungs- und Versorgungsanlagen sowie gegen Flugplätze auf der Insel zu diesem Zeitpunkt von der obersten Führung streng verboten waren. Daneben mußten die Kampfgeschwader auch als Schutz der eigenen Seestreitkräfte gegen überlegene feindliche Seestreitkräfte in der Nordsee bereit sein. Um diese vielseitigen Aufgaben lösen zu können, sollte das Korps über 500 Bomber erhalten. Auf Grund der Kriegsereignisse kam diese geplante Ausstattung nie zustande.

Harlinghausen setzte sich in seiner Stellung als Chef des Stabes dieses Korps sofort für den Einsatz von Torpedos ein. Mit einer unterlegenen Marine konnte man England nicht bekämpfen. Nach der Überzeugung von Harlinghausen bestand die einzige Möglichkeit in einer starken Luftflotte. Da keine Bombe nach dem Willen der Führung auf England fallen sollte, versprach sich Harlinghausen vom Einsatz der Torpedos gegen Schiffe den größten Erfolg, da die vor der englischen Küste und in den Häfen vor Anker liegenden britischen See-Einheiten mit Torpedos besonders leicht anzugreifen gewesen wären, zumal die torpedotragenden Flugzeuge bei der Eigenart dieses Angriffes außerhalb der Reichweite der Festlandflak gelegen wären. Harlinghausen war fest davon überzeugt, daß man mit der Konzentration der Kräfte im Torpedoeinsatz die Blockade brechen und England selbst entscheidend treffen konnte. Im November 1940 wurde — für ihn unverständlich — seine Vorlage endgültig abgelehnt, obwohl 200 Torpedos bei der Marine vorhanden waren. Anfang 1940 wurde auf Befehl Hitlers sogar der weitere Bau von Torpedos eingestellt. Als die Führung später auf diesen Gedanken zurückkam, war die englische Flotte längst von Torpedoschutznetzen umgeben.

Harlinghausen erbat sich darauf die Erlaubnis, von Ütersen aus

Seeziele außerhalb der englischen Dreimeilenzone angreifen zu können. Als Generalstäbler vertrat er den Standpunkt, wer führen wolle, müsse auch selbst fliegen, Verbindung halten mit der kämpfenden Truppe. Für ihn war die Führungskette des X. Fliegerkorps die taktische Erprobungskette, um den Verbänden die Angriffsmethode zu zeigen. Er tat dies vor allem in Einzelangriffen, wobei Robert Kowalewski meistens sein Flugzeugführer war. Zuerst flog Harlinghausen wieder Längsschiffsangriffe, dann aber — wenn auch viel gefährlicher, aber erfolgreicher — quer gegen die Breitseite, bekannt als das »Steckrübenverfahren«. Das Schätzen der Entfernung bei der hohen Geschwindigkeit im Tiefflug war die größte Schwierigkeit dieser Angriffstaktik. Ein Verschätzen um nur 50 m — und die Bomben gingen daneben, der Angriff war umsonst. Harlinghausen hat das von ihm bereits bei der Legion Condor entwickelte und in den ersten Kriegsmonaten gegen England mit Erfolg angewandte Angriffsverfahren als Richtlinie für die Verbände herausgegeben. Mit der He 111 mußte in einer Entfernung zwischen 240 und 250 m vor dem Schiff die Bomben mit einer Verzögerung von fünf bis acht Sekunden geworfen werden. Dann trafen sie das Ziel, das vom Flugzeugführer in Masthöhe überflogen wurde. Von Ütersen und später von Stavanger aus versenkte Harlinghausen mit dieser Methode Schiff auf Schiff. Gleich beim ersten Einsatz im Norwegenfeldzug versenkte Harlinghausen mit Kowalewski einen britischen Transporter. Beim zweiten Angriff im Westfjord, als die britische Flotte in Richtung Narvik lief, schoß die Besatzung ein englisches Flugboot ab. Beim Angriff auf den Dampfer »Sirius« flog die Besatzung so dicht über das Schiff, daß die He 111 den Flaggenknopf der Mastspitze mitnahm. Kowalewski bewahrt ihn noch heute als eines der wohl eigenartigsten und seltensten Souvenirs des Zweiten Weltkriegs auf.
Dem X. Fliegerkorps wurden starke Kampfverbände, Jäger, Aufklärer und Transporter zugeführt, um in Zusammenarbeit mit der Marinegruppe West und der Armeegruppe Falkenhorst die Beset-

zung Dänemarks und Norwegens durchzuführen. In Norwegen wurde Harlinghausen am 14. April 1940 zum Fliegerführer Drontheim ernannt und hatte die Aufgabe, die englischen Anlandungen in Andalsnes und Namsos zu bekämpfen und schließlich seine Einheiten gegen die Landung bei Narvik einzusetzen. Mit dem Bau einer Startbahn bei Drontheim schuf Harlinghausen die Voraussetzungen hierfür, vor allem für die Versorgung des 650 km entfernt gelegenen Narvik.

Als er mit dem 20. Dampfer mehr als 100 000 BRT versenkt hatte, wurde Harlinghausen am 4. Mai 1940 als einer der ersten Kampfflieger mit dem Ritterkreuz ausgezeichnet. Ende Juni 1940 kehrte Harlinghausen zum X. Fliegerkorps zurück, das bis November 1940 zur Bekämpfung von Land- und Seezielen an der englischen Ostküste im Kampfraum Kanal bis Norwegen eingesetzt war. Da das X. Fliegerkorps die meisten Verbände zum Einsatz im Westfeldzug und anschließend gegen England abgeben mußte, hatte es den Sinn seiner eigentlichen Aufgabe verloren. Das X. Fliegerkorps mußte im Dezember 1940 in den Mittelmeerraum verlegt werden und kam nie wieder zum Einsatz gegen England. Der Stab unter General der Flieger Hans Ferdinand Geisler belegte das Hotel Domenico in Taormina auf Sizilien. Der Auftrag lautete: Sperrung des mittleren Mittelmeeres (Meerenge Sizilien—Tunis) für die Durchfahrt des englischen Geleitzugverkehrs von Gibraltar nach Alexandria, dabei gleichzeitig Sperrung des Nachschubes für Malta; Unterbindung des Nachschubverkehrs für die Wavell-Armee durch den Suezkanal; Luftunterstützung der italienischen Armee in Afrika, um den Vormarsch der Engländer weitmöglichst aufzuhalten, damit Tripolis für die vorgesehene Anlandung des deutschen Afrikakorps gehalten würde; Sicherung der später einsetzenden Transporte für die Rommel-Divisionen von Neapel nach Tripolis. Die schwierigste Aufgabe unter den zahlreichen Einsätzen der Verbände war der Angriff auf den Nachschubverkehr für die britische Wavell-Armee im Suezkanal, da die Entfernung einfach mit den

Reichweiten der damals vorhandenen Kampfflugzeuge nicht zu bewältigen war. Harlinghausen berichtet über diese in der Kriegsgeschichte wohl einmaligen Flüge: »Nachdem es uns am 10. oder 11. Januar 1941 gelungen war, mit etwa 40 Stukas der I./Stuka 1 und der II./Stuka 2 unter Begleitschutz des ZG 26 einen englischen Gibraltar-Geleitzug in der Enge von Sizilien zu fassen, zwei Kreuzer und mehrere Transporter zu versenken, einen Flugzeugträger schwer, mehrere Schlachtschiffe leicht zu beschädigen, schien uns die erste Aufgabe, wenn auch mit unzureichenden Kräften und nicht vernichtendem Erfolg, für den Anfang gelöst; die weiteren Geleitzüge hofften wir mit stärkeren Kräften zu fassen, was nicht mehr möglich war, da weitere Geleitzüge bis Sommer 1941 nicht mehr kamen.
Die zweite Aufgabe, Unterbindung des Nachschubverkehrs durch den Suezkanal, sollte ursprünglich von der Basis Rhodos angefaßt werden. Ich schickte einen Offizier meines Stabes zur Untersuchung der Absprungmöglichkeiten nach Rhodos, der jedoch mit dem Ergebnis wiederkam, daß auf Rhodos kein Brennstoff vorhanden sei, so daß uns die Versorgung Rhodos zunächst zufiel, die aber erst im Laufe des Februar 1941 gelang. Die Engländer hatten inzwischen Tobruk besetzt, so daß uns als einzige Absprungbasis noch für etwa eine Woche Benghasi zur Verfügung stand. Die Italiener hatten bereits mit den Räumungsmaßnahmen von Benghasi begonnen, als wir durch Agentenmeldungen erfuhren, daß in Richtung Suezkanal ein Geleitzug durch die Meerenge von Aden nach Norden fuhr. Wir rechneten uns das Eintreffen des Geleites in Suez aus und wollten die Schiffe im Kanal, und zwar an der einzigen Stelle mit Felsenufer — angreifen, damit der Kanal für einige Wochen verstopft würde. Da die Entfernung von Benghasi nach Suez etwa 1100 km betrug und damit etwas außerhalb der Reichweite unserer He 111-Flugzeuge lag, wollte ich den Angriff selbst führen, weil ich glaubte, in der Durchführung derartig weitreichender Unternehmungen über besonders gute navigatorische Erfahrungen zu verfügen. Er-

schwerend kam hinzu, daß in Benghasi keinerlei Wetterdienst oder sonstige bodenorganisatorische Vorbereitungen vorhanden waren. Eine Ju 52 war alles. Sie mußte uns mit Funkstelle und Peileinrichtung die Bodenfunkstelle ersetzen.

Am 17. Januar 1941 verlegte ich mit etwa 12 bis 15 He 111 der II./KG 26 von Comiso nach Benghasi. Dort starteten drei Kampfflugzeuge zur Aufklärung nach dem Geleitzug. Eine dieser He 111 erkannte den Geleitzug auf der Reede von Suez, so daß mit dem Einlaufen des Geleites während der kommenden Nacht zu rechnen war. Zwei der Flugzeuge rammten sich bei der Landung in Benghasi, so daß für den Angriff nur noch acht Flugzeuge zur Verfügung standen. In der Einsatzbesprechung wurde auf jede Einzelheit aufmerksam gemacht: Sparflug, günstigste Motordrehzahl und Propellereinstellung. Wir starteten in der Abenddämmerung mit Zusatztank und je 2000 kg Bomben. Um den Geleitzug nicht zu verpassen, setzte ich die Hälfte der Flugzeuge so an, daß sie im Abstand von etwa 10 Minuten von Port Said nach Suez den Kanal auf der westlichen Seite im Tiefflug entlangfliegen sollten, während ich mit der anderen Hälfte den umgekehrten Weg von Suez nach Port Said auf der Ostseite des Kanals entlangflog. Keines dieser Flugzeuge fand den Geleitzug, sie warfen ihre Bomben auf Ausweichziele in Hafen- und Kanalanlagen. Ich selbst sah einige Schiffe auf der Reede von Suez liegen, die aber nach der gemeldeten Stärke nicht den Geleitzug umfassen konnten; ich flog dann den Kanal bis Port Said herauf und fand den Geleitzug nicht. Darauf kehrte ich nochmal um und sah nun die Schiffe des Geleitzuges weit auseinandergezogen im Großen Bittersee vor Anker liegend. Da ich auf dem Rückflug mit der Hälfte meiner Bomben eine Fähre südlich von Port Said versenkt hatte, griff ich mit meiner letzten Bombe einen Dampfer des Geleits im Bittersee an, traf aber daneben. Selbst wenn dieser Dampfer hier versenkt worden wäre, hätte es keine Sperrung des Kanals ergeben; somit blieb dieser Angriff ohne Erfolg. Leider kam von den acht Flugzeugen nur eines unbeschädigt nach Benghasi, während drei Besatzungen durch den einsetzenden Weststurm jenseits der englischen Linie notlanden mußten und in Gefangenschaft gerieten. Ich selbst mußte 270 km südostwärts Benghasi in der Wüste notlanden und wurde nach drei Tagen gefunden.«

Was war geschehen? Für den Rückflug sagten die Meteorologen einen Westwind von 60 km/h voraus. Er mußte aber mit der einbrechenden Nacht erheblich aufgefrischt und mit etwa 160 km/h den Fliegern genau auf der Nase gestanden haben. Die Peilung der Funk-Ju von Benghasi sprang bis zu 60 Grad. Kowalewski, im X. Fliegerkorps der Flugzeugführer von Harlinghausen, war bereits weit über 10 Stunden in der Luft. Die Benzinuhr stand nahezu auf Null. Mit jeder Minute mußte der Sprit zu Ende gehen. Hauptmann Kowalewski setzte mitten in der Nacht nach 11½ Stunden Flugzeit die He 111 mit einer glatten Bauchlandung irgendwo in die Wüste. Sie wußten nicht, wo sie waren. Die vier Besatzungsmitglieder steckten die He 111 in Brand und versuchten, Benghasi im Fußmarsch zu erreichen. Sie kannten nur ein Ziel — nach Norden zur Küste, nach Nordwesten wieder zur eigenen Frontlinie zu stoßen. In Wahrheit waren sie 270 km südostwärts von Benghasi gelandet. Am nächsten Tage entdeckte ein Suchflugzeug der Gruppe die ausgebrannte He 111 in der Wüste. Von der Besatzung keine Spur. Die Flugzeuge der Gruppe suchten das ganze Gebiet zwischen Wrack und Benghasi ab. Am vierten Tag entdeckte einer die vier Wüstenwanderer. Er landete in der weiten Sandebene und rettete die Erschöpften. Es war Oberleutnant Werner Kaupisch, der als einziger der acht angreifenden Flugzeuge von dem Einsatz gegen den Suezkanal nach Benghasi zurückgekehrt war. Der erste Flug im Zweiten Weltkrieg gegen den Suezkanal war Harlinghausens letzter Einsatz im Mittelmeerraum. Der Verbleib des Geleitzuges beschäftigte ihn noch immer. »Da es unwahrscheinlich erschien, daß der Geleitzug im Großen Bittersee ohne zwingende Gründe vor Anker ging«, vermutete Harlinghausen, »daß dem Engländer unser Angriff über den Abwehrdienst zur Kenntnis kam. Dies um so mehr, als wir auf dem Hinflug einen Funkspruch auffingen, der etwa lautete: ›Angriff abbrechen, Unterschrift Harlinghausen.‹ Ich gab aus der Luft sofort Gegenbefehl und forschte später in Benghasi nach, ob unsere Bodenfunkstelle diesen Funkspruch abgesetzt hatte. Das war nicht der Fall. General Martini hat diesen Vorgang später untersucht und festgestellt, daß eine deutsche Funkstelle auf Sizilien den Spruch abgesetzt hatte. Die Gründe waren beim X. Fliegerkorps nicht zu klären. Ob daher meine Vermutung richtig war, daß der Engländer von dem Angriff Kenntnis hatte und deshalb den Geleitzug aus dem Kanal zog, kann nur von der Gegenseite aus geklärt werden.«

Wenige Tage später konnte Rhodos mit Brennstoff versorgt werden. Von dort startete mehrfach die 2. Staffel des KG 4 unter Oberleutnant Hermann Kühl und hat die Angriffe mit Minen fortgesetzt. Bei einem der nächsten Geleitzüge konnten sie den Erfolg verbuchen, zwei große Dampfer mitten im Kanal zu versenken und damit die wichtige Nachschubstrecke zwei bis drei Wochen zu sperren. Angriffe gegen Alexandria flogen Harlinghausen und seine Verbände noch nicht, da Harlinghausen die Bekämpfung des Nachschubverkehrs für die vormarschierende Wavell-Armee vordringlich erschien, während in Alexandria nur die Seestreitkräfte lagen. Harlinghausen, am 1. Januar 1941 zum Oberstleutnant befördert, wurde Ende Januar als Fliegerführer nach Nordafrika geschickt, um die vorrückenden Engländer auf der Küstenstraße an der Großen Syrte mit Stukas, Jägern und Zerstörern aufzuhalten, bis Rommel mit seinen beiden Divisionen eingetroffen war. In Afrika erfuhr dann auch Harlinghausen am 30. Januar 1941, daß ihm als 8. Soldaten der Wehrmacht und als erstem Kampfflieger das Eichenlaub nach der Versenkung von 26 Schiffen mit 127 000 BRT verliehen worden war. Anfang März wurde Harlinghausen aus Afrika abberufen. Man brauchte seine Erfahrung gegen England. Er sollte Fliegerführer am Atlantik mit neu zugeführten Verbänden werden. Auf dieser Rückreise erlebte Harlinghausen ein hochinteressantes politisches Zwischenspiel: »Auf der Reise nach Berlin sollte ich über Berchtesgaden fahren, um mich bei Hitler zu melden. Dabei lud er mich zum Kaffee ein, woran auch Keitel, Ribbentrop und einer der Adjutanten teilnahmen. Ich wollte bei dem Gespräch gern in Erfahrung bringen, ob Hitler noch an den ›Seelöwen‹ dachte, obwohl ja der geeignete Zeitpunkt überschritten war. Hitler winkte aber ab: ›Nein, nein, das wollen wir lassen. Aber sagen Sie mir, wie es in Afrika aussieht.‹ Ich berichtete ihm, daß sich die Engländer durch unsere laufenden Luftangriffe bei El-Agheila eingegraben hätten, um wohl zunächst den Nachschub und Verstärkung nachzuziehen. Die 5. leichte Mot. Division sei inzwischen in Afrika eingetroffen und habe sich mit ihrer A. A. (mot) dem Gegner gegenübergelegt. Die Panzerdivision sei ebenfalls in Tripolis eingetroffen; ich hätte General Rommel auf meinem Gefechtsstand in Syrte gesprochen, sei aber überrascht gewesen, daß Rommel nur mit zwei Divisionen nach Afrika käme. Das sei zu wenig, um mit den zum größten Teil demoralisierten Italienern die Wavell-Armee zu schlagen. Wenn Rommel zwei mot-Divisionen und drei Panzer-Divisionen bekäme und warte, bis der nötige Nachschub über das Mittelmeer gebracht worden sei, dann würde er wahrscheinlich in einem großen Schlage die Wavell-Armee vernichten und bis zum Suez-Kanal durchstoßen. Noch hätten wir mit dem X. Fliegerkorps die Luftherrschaft über dem mittleren Mittelmeer, so daß wir alle Transporte herüberbringen könnten. Malta sei von uns so niedergehalten, daß es unsere Transporte nicht entscheidend beeinflussen könne. Aber man wisse nicht, wie lange es dauere, denn der Engländer könne noch viele Hilfskräfte aus Australien, Südafrika, Indien und den Randgebieten des Indischen Ozeans heranziehen und uns dann die Luftherrschaft über dem Mittelmeer und Nordafrika wieder nehmen. Nächst dem englischen Mutterland hielt ich aber das Mittelmeer und im Mittelmeer wieder den Besitz von Ägypten mit dem Suez-Kanal für kriegsent-

scheidende Positionen des Gegners. Wenn Rommel Ägypten und den Suez-Kanal erobere, sei das Mittelmeer ein für allemal für den Gegner ausgeschaltet. Die Völker in Nordafrika, besonders aber Ägypten, Syrien und der Irak würden uns politisch wie militärisch als Bundesgenossen zufallen, wenn wir am Suez-Kanal ständen, vielleicht sogar die Türkei, die darauf wartete.
Hitler hörte sich das alles sehr interessiert an und ermunterte mich zum Weiterreden, während Ribbentrop mit einem Zettel in der Hand sehr unruhig daneben saß und schließlich Hitler bat, er müsse eben eine sehr wichtige Meldung vorlegen. Hitler winkte ab und meinte: ›Nachher, Ribbentrop, wenn Harlinghausen fort ist.‹ Auch einen zweiten Anlauf Ribbentrops schob Hitler in gleicher Weise auf. Beim dritten Versuch Ribbentrops sagte Hitler schließlich etwas ärgerlich: ›Na, dann sagen Sie es schon.‹ Darauf Ribbentrop: ›Mein Führer, in Lissabon hat eine Besprechung führender englischer Politiker und Militärs stattgefunden, an der auch einer teilnahm, der von vornherein ein Gegner des Krieges gegen Deutschland war. Er hat meinen Gesandten wissen lassen, daß man in dieser Besprechung einhellig der Überzeugung war, daß England den Krieg gegen Deutschland verloren habe, und daß sich diese Erkenntnis bald in handgreiflichen Angeboten, d. h. in einem Friedensangebot ausdrücken würde.‹ Danach stand Ribbentrop theatralisch auf, hob die rechte Hand zum Gruß und sagte: ›Mein Führer, ich gratuliere Ihnen. Den Krieg gegen England haben Sie bereits gewonnen.‹
Für mich war die Besprechung bald beendet. Ich fuhr tief bedrückt nach Berlin, um in meine neue Aufgabe eingewiesen zu werden, und konnte es nicht fassen, daß der Außenminister des Großdeutschen Reiches eine solch leichtfertige Lagebeurteilung abgab, die doch nur einem Wunschdenken entspringen konnte, während ich gerade dem Führer etwa eine Stunde lang berichtet hatte, was man im Mittelmeer tun könne, um England zum Frieden zu bringen, wenn man schon nicht den Sprung nach England wagen wollte.

Immer wiederholte sich mein Gedanke: ›Hoffentlich glaubt Hitler nicht, was Ribbentrop ihm da gesagt hat. Sonst könnte Hitler Entschlüsse fassen, die katastrophale Folgen haben können.‹
Wenige Wochen darauf erfuhr ich in Paris bei der Luftflotte 3 von dem Abzug der Luftflotte 2 aus dem Einsatz gegen England in das Reich und von den Vorbereitungen zum Unternehmen ›Barbarossa‹. Da wußte ich, daß Hitler nur allzu gern glaubte, was ihm Ribbentrop gesagt hatte, und daß England nun Nebenkriegsschauplatz würde.«
In der Schlacht im Atlantik fehlte den U-Booten an der Jahreswende 1940/41 eine erfolgversprechende Aufklärung durch Flugzeuge. Diese Situation zu ändern war der Grund für die Einrichtung der neuen Dienststelle des »Fliegerführer Atlantik« im März 1941. Der im Seekrieg erfahrene Oberstleutnant Harlinghausen war als erster Fliegerführer am Atlantik ausgesucht worden. Sein Gefechtsstand in der Nähe von Lorient lag nicht weit vom Marinekommando. Hauptaufgabe blieb die Aufklärung für den Befehlshaber der U-Boote. Dazu kam die Bekämpfung des Schiffsverkehrs in der Reichweite der Kampfflugzeuge von der Irischen See über den Kanal bis zur Ostküste Englands. Für die Fernaufklärung stand Harlinghausen die 3. (F)/123 in Lannion in der Bretagne mit ihren Ju 88 zur Verfügung, für die Kampfeinsätze drei Küstenfliegergruppen und vor allem das gesamte KG 40 mit den Condors der I. Gruppe in Bordeaux, den Do 217 in der II. Gruppe in Holland und den He 111 der III. Gruppe, ebenfalls in Bordeaux. Nach anfänglichen Erfolgen in der Schiffsbekämpfung wurden die Verluste an Flugzeugen immer größer. England hatte seine Schiffe ganz auf Abwehr eingestellt. Das noch zu Beginn des Krieges von Harlinghausen angewandte und für den Nachwuchs geschulte »Steckrübenverfahren« war nicht mehr durchzuführen. Harlinghausen selbst mußte diese Methode als Fliegerführer Atlantik im Juni 1941 absetzen. Im Meer um England wurde der Kampf immer unerbittlicher. Die Verluste der Kampfverbände im Einsatz gegen

Leutnant Baumbach erhält im Mai 1940 auf einem Feldflugplatz im Westen das Ritterkreuz.

Werner Baumbach mit seiner Besatzung Baerwald, Braun und Thies, alle Träger des Deutschen Kreuzes in Gold.

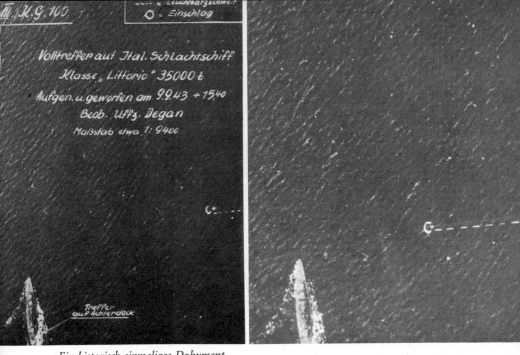

Ein historisch einmaliges Dokument.

Versenkung des italienischen Schlachtschiffes »Roma«, 35 000 BRT, am
9. September 1943 durch zwei Treffer mit FX um 15.30 und 15.46 Uhr westlich
von Korsika (siehe Seite 276).

Die Versenkung der »Roma« war einer der größten Erfolge der fernlenkbaren
Flugkörper. FX, »Fritz X« genannt, war eine manuell, nach dem Zieldeckungsverfahren durch den Bombenschützen nachsteuerbare geflügelte Fallbombe
von etwa 1500 kg. Die Nachsteuerung erfolgte durch elektronisch betätigte
Flatterruder (Spoiler), die in dem am hinteren Ende der Bombe befindlichen

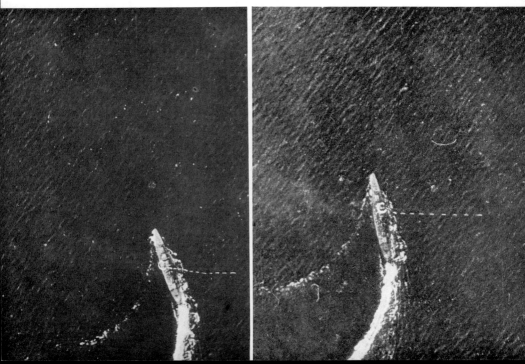

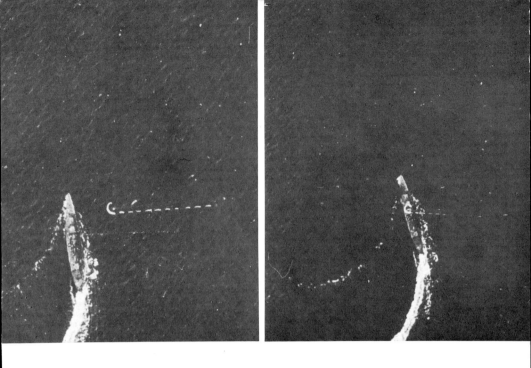

Leitwerk eingebaut waren, einschließlich Heckleuchte, während am Bombenkörper ein Kreuzflügelpaar angebracht war. Drei Besatzungen führten den Angriff durch. Nach den amtlichen Unterlagen erfolgte die endgültige Versenkung des Schiffes durch den zweiten Treffer. Der Bombenschütze war Unteroffizier Degan von der III./KG 100, der kurze Zeit später von einem Feindflug nicht mehr zurückkehrte. Deutlich sieht man auf dem Reihenbild die Abwehrbewegung des Schlachtschiffes, ebenso den Flugkörper mit seinem Leuchtsatzschweif und schließlich den entscheidenden Einschlag mitschiffs des Schlachtschiffes.

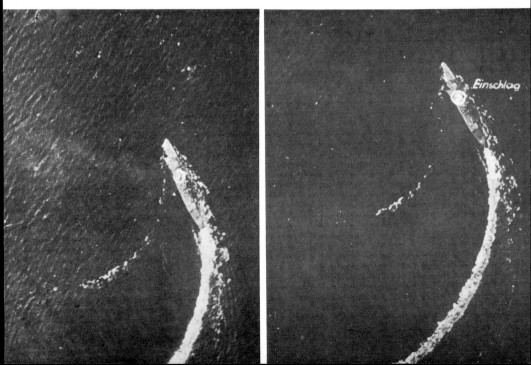

Harlinghausen als General-
leutnant der Bundeswehr und
Kommandierender General der
Luftwaffengruppe Nord 1960.

Harlinghausen führte als Major
und Chef des Generalstabes
des X. Fliegerkorps am
17. Januar 1941 den ersten
Angriff auf den Suezkanal
durch. Das Bild zeigt ihn auf
dem Kriegsschauplatz in Afrika
mit dem Ritterkreuzträger
Hauptmann Hans Wieting.

England waren zu groß gewesen, als daß man noch neue Verbände hätte aufstellen können. Die wenigen, noch kampfkräftigen Einheiten mußten immer wieder in neuen Schwerpunkten zusammengefaßt werden, weil die Decke überall zu kurz war. Wie oft trieben Besatzungen im Schlauchboot, in einer Nußschale in den Wellen des Meeres, nur mit sich allein, fast verhungert und verdurstet, erstarrt vor Kälte, über sich die Unendlichkeit des Himmels, und um sich die Unendlichkeit des Meeres. Manche wurden gerettet, viele gab das Meer nicht mehr frei. Nur eine Episode in der Härte des Alltags im Kriegsjahr 1941, entscheidend über das Leben von vier Menschen, eines der vielen Schicksale im Einsatz der Luftwaffe.

Gegen Geleitzüge in der Nähe von Gibraltar konnten die Fw 200 im Sommer 1941 noch einige Erfolge erzielen. Dann aber galt ihre Hauptaufgabe der Fernaufklärung für die U-Boote, die sie mehr als einmal an Geleitzüge heranführen konnten. Vor der Ostküste Amerikas fanden ab Januar 1942 die U-Boote ein neues Schlachtfeld. Zur gleichen Zeit verdichteten sich die Meldungen von beabsichtigten Geleitzügen auf Nordkurs von den Vereinigten Staaten nach Rußland. Die I. Gruppe des KG 40 flog von Bordeaux aus zur Aufklärung gegen diese Geleitzüge. Als diese häufig auf eine noch nördlichere Route auswichen, mußten die Flugzeuge des KG 40 zur Ausnutzung ihrer größten Reichweite für die Rückkehr den Flug nach Norwegen wählen. Nach einem Tag Pause kehrten sie nach Bordeaux zurück, um so ständig Aufklärung gegen die Geleitzüge zu fliegen — Auftakt eines neuen schweren Kampffeldes. Die Aufgabe des Fliegerführer Atlantik war durch den Verlauf des Krieges nahezu unlösbar geworden.

In diese Zeit fiel auch Harlinghausens letzter Einsatz. Im November hatte er auf einem seiner vielen Einzelgänge in der Irischen See einen größeren Transporter entdeckt. Die 2-cm-Kanone des starkbewaffneten Schiffes deckte die im Tiefflug angreifende He 111 mächtig ein. Von zahlreichen Treffern durchlöchert war die He 111 nach dem Angriff kaum mehr flugfähig: die Höhen- und Seiten-

steuerzüge waren durchschossen. Nur durch geschickte Trimmung war es Oberfeldwebel Ducha, Flugzeugführer von Harlinghausen in seiner Zeit als Fliegerführer Atlantik, möglich, die He 111 noch einigermaßen zu halten. In 300 m Höhe zog der waidwund geschossene Vogel in der hellen Nacht an der englischen Küste entlang über die Berge von Wales und Cornwall in das Niemandsland Kanal. Als die Schatten der französischen Küste sichtbar wurden, vermochte Ducha beim besten Willen die He 111 nicht mehr zu halten. In der Bucht von Vannes an der bretonischen Küste setzte er die He 111 auf den Grund der seichten Küste. Es war mehr ein gesteuerter Absturz als eine Notlandung. Der Aufprall erfolgte mit einer solchen Wucht, daß die Anschnallgurte durchrissen. Französische Fischer retteten die Besatzung aus dem novemberkalten Meer. Eine schwere Gehirnerschütterung und eine Gehirnblutung beendeten in dieser Novembernacht 1941 den fliegerischen Einsatz von Harlinghausen. Drei Monate lang lag Oberstleutnant Harlinghausen im Lazarett, zu lange, um seine Führungsaufgabe als Fliegerführer Atlantik noch wahrnehmen zu können. Im Februar 1942 wurde Generalleutnant Ulrich Keßler sein Nachfolger.
Für Harlinghausen aber hatte die Luftwaffenführung ein neues Kommando. Wenn auch viel zu spät, griff sie jetzt im Frühjahr 1942 seinen Vorschlag aus den ersten Kriegstagen auf und ernannte Harlinghausen in Berlin zum Bevollmächtigten für die Lufttorpedowaffe. In Grosetto errichtete Harlinghausen die erste Torpedoschule und stellte im Sommer 1942 das erste Torpedogeschwader auf, das zur Bekämpfung der Nordmeer-Geleitzüge mit Torpedos eingesetzt wurde. In dieser neuen Dienststellung wurde Harlinghausen am 1. Juli 1942 zum Oberst befördert.
Mitten aus der Schlacht im Nordmeer holte man Harlinghausen wieder in den Mittelmeerraum. »Mit einem schwachen Regiment Fallschirmer«, schreibt Kesselring in seiner Lebenserinnerung »Soldat bis zum letzten Tag«, »und meinem Stabsbataillon unter Siche-

rung von Jagdfliegern und Stukas begann die militärische Besetzung Tunesiens, die am 9. November 1942 von Oberst Harlinghausen diplomatisch vorbereitet wurde.« Als Fliegerführer Tunesien im Range eines Divisionskommandeurs hatte Harlinghausen nunmehr die Aufgabe, die Brückenköpfe Tunis und Biserta mit Fliegerverbänden und dem Luftwaffenregiment Göring zu sichern, bis Heeresverbände eintreffen konnten. In Afrika war Harlinghausen am 1. Dezember 1942 Generalmajor geworden. Ende Januar 1943 übernahm er als Kommandierender General das II. Fliegerkorps im Mittelmeer, im gleichen Kriegsgebiet, in dem vor über zwei Jahren das X. Fliegerkorps eingesetzt war. Man stellte ihm die Aufgabe, Seeziele im Mittelmeer, Hafen- und Landziele in Tripolis, Tunis und Algerien zu bekämpfen. Was aber hatte er übernommen? Die Luftwaffe hatte sich im pausenlosen Einsatz im Mittelmeerraum verzehrt, war fast restlos aufgerieben worden. Von fünf Kampfgeschwadern, das wären weit über 500 Bomber gewesen, blieben nur 45 einsatzbereite Besatzungen. Das Torpedogeschwader hatte statt 200 nur 14 einsatzklare Flugzeuge. Dazu kam ein Schlachtgeschwader, das abgekämpft, von der Ostfront zur Auffrischung herausgezogen, und damit nicht einsatzbereit war. Nachtangriffe gegen Panzerdurchbrüche in Afrika brachten nur Verluste ohne Erfolg. Sie waren ein sinnloses Opfer, das gefordert wurde. Als Harlinghausen dies meldete, wurde ihm lakonisch mitgeteilt, er habe Befehle durchzuführen und nicht seine Meinung durchzusetzen. Harlinghausen aber stellte sich vor seine Verbände und antwortete: »Aber ich bitte, meine Berichte weiterzugeben. Wie soll die Führung in Winniza am Bug wissen, wie es im Mittelmeer aussieht, wenn wir es nicht sagen. Ich fühle mich dazu verpflichtet.« Diese schweren Auseinandersetzungen mit der Luftwaffenführung im Mittelmeer und Berlin führten am 18. Juni 1943 zu seiner Ablösung. Das ganze Jahr über blieb der in Ungnade gefallene General ohne Kommando. 1944 sollte er als Personal-Sparkommissar der Luftwaffe in Italien eine neue Bodenorganisation

aufbauen. Im September 1944 holte man ihn als Kommandierenden General des Luftgaues Wiesbaden praktisch als letzten Mann der Luftverteidigung in die Heimat. Am 1. Dezember 1944 zum Generalleutnant befördert, übernahm Harlinghausen noch in den letzten Kriegstagen das Luftwaffenkommando West. Erst Ende September 1947 kehrte Martin Harlinghausen aus amerikanischer und englischer Kriegsgefangenschaft zurück.
Zehn Jahre später trat Generalleutnant Martin Harlinghausen am 1. August 1957 in die Bundeswehr ein und baute vom 1. Oktober 1957 bis 31. Dezember 1961 als Kommandierender General der Luftwaffengruppe Nord in Münster die neue Luftwaffe mit auf. Dann ging er in Pension und lebt seitdem in seiner Heimat Gütersloh, wobei er sich noch immer — wie könnte es anders sein — lebhaft mit den Problemen beschäftigt, die sein ganzes Leben geprägt haben. Aus seinen Worten spricht die Last der Verantwortung eines Generals: »Wer im Kriege an verantwortlicher Stelle stand, wurde von schweren Sorgen bedrückt, als er die immer größere Ausweitung des Krieges durch die oberste politische Führung und die damit verbundene immer stärkere Auszehrung unserer Kräfte sah, die trotz aller Erfolge und großen Siegen in einer Katastrophe enden mußte. Jeder, der daran beteiligt war, hat sicher nach besten Kräften versucht, das Reich vor der restlosen Zerstörung zu bewahren.«

DR. ERNST KÜHL

Eine der vielseitigsten und damit interessantesten Persönlichkeiten der deutschen Luftwaffe im Zweiten Weltkrieg war Dr. Ernst Kühl aus Münster, ein Mann von großen Geistesgaben und ausgeprägtem Charakter. Dr. Kühl war der einzige Reservist, der ein Geschwader führte, der bis zum Kommodore und Fliegerführer aufstieg. Dabei war er der weitaus älteste Geschwaderkommodore, der seinen Verband mit bewundernswertem jugendlichen Schwung führte. Dr. Kühl kehrte als 57jähriger nach 315 Feindflügen als Oberst der Reserve und Träger des Eichenlaubs zum Ritterkreuz des Eisernen Kreuzes aus dem Kriege zurück.
Er hatte bereits ein reiches berufliches Leben hinter sich, als er mit 44 Jahren in Münster den Pilotenschein erwarb und damit die Voraussetzung für seinen zweiten Beruf als Fliegeroffizier schuf, wie er selbst mit berechtigtem Stolz in Freundeskreisen immer wieder sagte.
»Geprägt von seiner ostpreußischen Heimat bliebst Du auch als Westfale ein überzeugter Preuße«, würdigte General Martin Harlinghausen seinen Freund bei der Trauerfeier auf dem Waldfriedhof Münster/Lauheide am 11. Februar 1972. Dr. Kühl war Preuße im edelsten Sinn. Er liebte seine Heimat. Als pflichtbewußter Beamter diente er nicht nur, sondern war stets bestrebt, in allen Aufgabenbereichen neue Impulse zu setzen. Er war Verwaltungsjurist mit vielen konstruktiven Gedanken. Als Landesrat war er nacheinander Wirtschafts-, Finanz- und Kulturdezernent der Provinzial-

verwaltung, heute Landschaftsverband Westfalen-Lippe. Die westfälische Landesforschung hat durch Ernst Kühl großen Auftrieb erhalten. Auf ihn geht die Gründung des Provinzialinstituts für westfälische Landes- und Volkskunde zurück. Er gehörte zu den großen Verwaltungsmännern, die die provinzielle Selbstverwaltung nach dem Ersten Weltkrieg aufgebaut haben. Unermüdlich wirkte er an der Herausgabe des umfangreichen Werkes »Der Raum Westfalen«, von dem bis zu seinem Tode neun Bände erschienen waren. Für die Einheit Westfalens als Kultur- und Verwaltungsraum legte Dr. Kühl bleibende Grundlagen. Der geborene Schlesier, aufgewachsen in Ostpreußen, hat sich um Westfalen verdient gemacht. Mit Berechtigung hieß es in einem der vielen Nachrufe »Als Fremder Westfalen treu gedient«.

Der nüchterne Verwaltungsjurist zeichnete sich durch großes Verständnis für Kunst und Literatur aus. Dem Sport war er von frühester Jugend verbunden. Aus dem Regatta-Ruderer und Segler in seiner ostpreußischen Heimat wurde der Flieger in Westfalen. Dies alles verschaffte ihm einen großen Freundeskreis. Dr. Kühl war einsatzbereit und blieb in den härtesten Tagen der Ostfront Kamerad und Vorbild in seinem Geschwader. Durch seine Führungseigenschaften schaffte er sich Vertrauen und zahlreiche persönliche Bindungen, die weit über die Kriegsjahre hinaus erhalten blieben.

Am 18. März 1888 in Breslau als Sohn eines Professors für Neutestamentliche Theologie geboren, kam Kühl mit sieben Jahren nach Königsberg als sein Vater an die dortige Universität berufen worden war. In Königsberg, in den Wäldern der Masuren und an den Dünen der Ostsee verbrachte Kühl seine entscheidenden Schul- und Jugendjahre. In Königsberg und Berlin studierte er Jura mit dem Schwerpunkt »Öffentliches Recht, Völkerrecht und Volkswirtschaft«. Seine Studien schloß er mit der Dissertation »Der Ehemann als Vormund seiner Frau«. Ein Thema, das ihn anscheinend so stark beeinflußte, daß er dies in seinem eigenen Leben nicht exerziert hat. Dr. Kühl blieb Junggeselle. Bis zum Ersten Weltkrieg erlebte er als Regierungsreferendar in der inneren Verwaltung Preußens die idyllischste Zeit seines Lebens. Dazwischen aber diente er. 1910/11 war er Einjährig-Freiwilliger bei der Reiterabteilung des Feldartillerieregiments 11 in Fritzlar. Den Ersten Weltkrieg, in den er als Leutnant auszog und als Leutnant heimkehrte, erlebte er bei der Artillerie als Batterieoffizier der R.F.A.R. 22 und dann als Ia der Art. Kdr. 96 in Frankreich.

Nach dem ersten Weltkrieg wurde Dr. Kühl nach Altena versetzt, und »so wurde ich Westfale«. Fast ein Jahrzehnt hatte Dr. Kühl die ganze Fülle landrätlicher Zuständigkeiten zu bearbeiten, bis ihn 1928 Landeshauptmann Dieckmann in die Provinzialverwaltung nach Münster berief. Durch die berufliche Tätigkeit an entscheidender Position und durch den Sport wurde ihm Münster zur zweiten Heimat. Auf dem schönen Sportflugplatz Loddenheide schulte er und erwarb den Privatpilotenschein, beteiligte sich an drei Deutschlandflügen und vielen anderen Wettbewerben. Der Privatpilotenschein war der Anlaß, daß der Artillerist des Ersten Weltkrieges in der neuen Wehrmacht in die Luftwaffe als Reserveoffizier übernommen wurde. Er übte beim KG 27 und KG 55 und war kurz vor dem Zweiten Weltkrieg zum Hauptmann der Res. befördert worden. Er hatte Glück, von 1936 bis 1943 im gleichen Kampfgeschwader zu verbleiben, dem nach dem Gießener Wappen genannten Greifengeschwader KG 55. Von Kriegsausbruch bis 1943 stieg er im gleichen Geschwader vom Kettenhund bis zum Kommodore auf — ein einmaliger Weg eines Reserveoffiziers. Er flog über Polen und Frankreich, erwarb sich im Polenfeldzug die Spange zum EK II, im Kampf gegen Frankreich die Spange zum EK I. Dann holte ihn — nunmehr Major der Reserve — General Süßmann als I a in den Geschwaderstab. Als Einsatzoffizier flog Dr. Kühl in der Schlacht um England. Dr. Kühl war bekannt für die genaue Vorbereitung seiner Flüge, als Meister der Taktik, der, wie in seinem Beruf, auch als Fliegeroffizier ständig nach Verbesserungen suchte. Im September 1940 wurde er von britischen Jagdflugzeugen über dem Kanal abgeschossen. Nur mit äußerster Kraftanstrengung konnte der damals schon 53jährige aus der bewegten See in das Schlauchboot klettern. Stundenlang trieb er mit seiner Besatzung im Kanal, ehe sie von einem Seenotflugzeug gerettet werden konnten. Sofort beantragte er bei der Obersten Führung für die Schlauchboote Strickleitern, die auch einem vor Kälte erstarrten oder älteren Menschen den Einstieg in das Schlauchboot ermöglichten und auf seine Initiative hin wurden in den Seenotflugzeugen anstelle der normalen Tassen Schnabeltassen eingeführt, aus denen die erstarrten Geretteten viel leichter zu trinken vermochten. Von seinem 100. Feindflug kehrte Major Kühl mit schwer angeschossener Maschine zurück. Ein Wunder, daß die durchlöcherte He 111 noch flugfähig war.

Im März 1941 wurde Dr. Kühl noch im Westen Kommandeur der II. Gruppe in seinem Stammgeschwader KG 55, mit dem er nach dem Osten verlegte. Weit über 100 Einsätze flog Kühl im Südabschnitt der Ostfront. Bei einem Tiefangriff im Oktober 1941 auf einen Transportzug 200 km hinter der Front traf ein Flakvolltreffer die Nabe des linken Motors, ein zweiter zerfetzte die linke Schwanzflosse. Durch die Splitterwirkung des Motortreffers war die Kühlleitung des rechten Motors zerschlagen, wodurch der rechte Motor ausfiel. Unter dem Einsatz der gesamten Besatzung kehrte die »Anton-Cäsar« an diesem regnerischen Herbsttag im Einmotorenflug auf den Feldflugplatz am Dnjepr zurück.

Im April 1942 wurde Dr. Kühl Oberstleutnant und im September Kommodore des KG 55. Am gleichen Tage, an dem Oberstleutnant Kühl die Führung seines Geschwaders übernahm, erhielt er das Deutsche Kreuz in Gold. Zwei Monate später — er war inzwischen Oberst geworden — wurde Dr. Kühl am 26. Oktober 1942 nach 230 Feindflügen mit dem Ritterkreuz ausgezeichnet, als ein Offizier, der es »als ein leuchtendes Beispiel mannhaften Mutes und vorbildlicher Einsatzbereitschaft verstanden hat, die von ihm geführten Besatzungen von Erfolg zu Erfolg hinzureißen«. Es war

für den 54jährigen selbstverständlich, daß er weiterhin auch die schwersten Angriffe an der Spitze des Geschwaders flog, so auch alle Einsätze gegen Moskau.
Als sich Ende November 1942 das Drama von Stalingrad bereits abzeichnete, galt die Hauptaufgabe der Versorgung der 6. Armee. Das überlegte Planen, die genaue Durchführung aller Einsätze und der persönliche Mut von Dr. Kühl waren in den Kämpfen an der Ostfront auch der Führung bekannt geworden. So wurden ihm am 29. November 1942 alle He 111-Verbände, die in Morosowskaja untergebracht waren, als »Lufttransportführer Morosowskaja« unterstellt. Das waren in der Hauptsache die III./KG 4 unter Major Werner Klosinski, die I./KG 100 unter Hauptmann Hansgeorg Bätcher, das KG 27 unter Oberstleutnant von Beust und das KG 55, sein eigenes Geschwader. Es begann der Opfergang der deutschen Luftwaffe in dem grausamen Winter 1942/43. Morosowskaja, allen Fliegern der Ostfront unter »Moro« bekannt, lag inmitten der Steppe, 200 km von Stalingrad entfernt. In jenen Novembertagen jagten tiefhängende Wolken und Regenstürme über die Steppe. Der Boden war aufgeweicht. Von einer Startbahn keine Rede. Bald wurden aus dem Schneematsch wilde Schneegestöber und steigender Frost. Es grenzte an ein Wunder, daß die schwarzen Männer vom Bodenpersonal täglich die He 111 noch einsatzklar bringen konnten. Nur mühsam erhoben sich die schwerbeladenen He 111 zum Flug nach Stalingrad. Am Platzrand häuften sich Munition, Verpflegung und Kraftstoffbehälter für die 6. Armee.
»Die He 111 vom KG 55 unter ihrem trefflichen Oberst Kühl sind den russischen Jägern noch gewachsen. Ihre Zuladung beträgt 1½ Tonnen, auch wohl 2 Tonnen bei voller Last mit Abwurfbehälter. Doch sind diese Kampfflugzeuge nur beschränkt für Transportaufgaben größeren Ausmaßes geeignet. Sperrige Güter sind nichts für sie«, urteilt über den Einsatz der He 111-Verbände Herhudt von Rohden in seinem Buch »Die Luftwaffe ringt um Stalingrad«.
Die schweren Kämpfe an der Front machten es erforderlich, daß

die Kampfflugzeuge sowohl für Kampfaufträge wie für die Versorgung eingesetzt werden mußten. Kühl blieb mit seinen Besatzungen bis zur letzten Möglichkeit auf dem Platz in der Steppe. Die Weihnachtstage 1942 werden den wenigen, die sie überlebt haben, unvergeßlich bleiben. Am 23. Dezember 1942 bestand mit Moro keine Telefonverbindung mehr. Die Befehle erfolgten nur noch durch Funk. Am Weihnachtstag erhielt Oberst Kühl mit seinen He 111 einen Kampfauftrag, da die russischen Panzer dicht vor dem Platz standen. Obwohl die Schneewolken in niedrigster Höhe bei fast 0 Grad über die Steppe peitschten, wagten einige Besatzungen den Einsatz. Die Lage in Moro wurde über die Weihnachtstage bis zum Jahresende immer kritischer. An Versorgung war nicht mehr zu denken. Oberst Kühl kämpfte mit seinen Besatzungen in eigener Sache gegen die russischen Kräfte. Die Front wurde in einer von Feldmarschall von Manstein geleiteten Absetzbewegung zurückgenommen. So mußte am 2. Januar 1943 auch Oberst Kühl seinen Besatzungen den Befehl geben, bei schlechtester Wetterlage, bei völligem QBI, aus Moro herauszustarten und eine neue Basis in Nowotscherkassk am Don, etwa 350 km von Stalingrad entfernt, zu suchen. Dies war nach Herhudt von Rohden der einzig richtige Entschluß, um nicht, wie die Ju 52 am Heiligen Abend in Tazinskaja völlig überrascht zu werden. »Ein kritischer Tag in Moro. Die Nerven aller Führer und Besatzungen sind auf das äußerste gespannt. Doch Kühl schafft es wie immer.« Er aber hat schwer mit sich gerungen. In seinem Tagebuch stand: »Man wünscht sich als Führer eine innere Ausrichtung, um nach unten wirken zu können. Man saugt sich dafür etwas aus den Fingern. Ist es richtig oder falsch? Der nach einem kommt, kann das ganze Gegenteil sagen.« Aber Kühls Entschluß und Einsatz wurden anerkannt. Er ließ sich von niemand beirren, auch nicht als Mitte Januar Feldmarschall Milch mit Sondervollmachten eintraf. Die Front westlich von Stalingrad ging unaufhaltsam zurück. Nowotscherkassk konnte vom 20. Januar an wegen der Feindnähe nicht mehr mit Betriebsstoff versorgt werden. Oberst Kühl ließ seine Verbände zur weiteren Versorgung noch starten, solange der Vorrat reichte. Am 24. Januar waren von 355 He 111 noch 55 einsatzbereit. Am 27. Januar wurden von den jetzt noch 50 einsatzbereiten He 111 unter letzter Hingabe der Besatzungen 104 Versorgungsflüge durchgeführt. Oberst Kühl schaffte an diesem Tag mit seinen 24 noch einsatzklaren Flugzeugen allein 65 Flüge. Es waren die letzten Einsätze der He 111 im Kampf um Stalingrad. Vom 24. November 1942 bis zum 31. Januar 1943 gingen in diesem unmenschlichen Kampf allein 165 He 111 verloren — mehr als ein Geschwader...

Ohne Erholungspause für das Geschwader flogen die Männer des KG 55 dann in der Abwehrschlacht am Don. Am 8. August 1943 übergab Dr. Ernst Kühl das Geschwader an Major Wilhelm Antrup. Er selbst wurde »Fliegerführer Nord« am Eismeer. Schweren Herzens nahm »Onkel Ernst« — wie ihn seine Männer liebevoll nannten — Abschied vom Geschwader. Mit seiner Besatzung, mit der er seit Polen im Einsatz stand, flog er nach Nord-Norwegen. Seine neue Aufgabe galt der Geleitzugsbekämpfung mit Torpedoverbänden im Raume Murmansk. In Kirkenes wurde ihm am 18. Dezember 1943 als 356. Soldaten der deutschen Wehrmacht das Eichenlaub zum Ritterkreuz überreicht. Im Februar 1944 übernahm er im Bereich der Luftflotte 1 die Führung der 3. Flieger-Division im Nordabschnitt der Ostfront von Pleskau bis zum Peipussee. Im Juni 1944 stellte Dr. Kühl aus den Kampfgeschwadern 1 und 3 die Flieger-Brigade 4 auf. Ihr Ziel sollte der operative Einsatz mit der viermotorigen He 177 sein. Das neue Kampfflugzeug kam aber nicht. So blieb der Einsatz nur ein Wunschtraum. Das Kommando wurde im Juli 1944 aufgelöst. Dr. Kühl wurde »Fliegerführer Drontheim». Hier flog er auch mit seiner alten Besatzung seinen 315., seinen letzten Einsatz. Der Kampf seiner Verbände wurde im Oktober noch einmal im OKW-Bericht hervorgehoben.

Im Januar 1945 verteidigte Kühl als Kommandeur der 5. Flieger-Division die Festung Narvik. So hatte Dr. Kühl als Kommodore und Fliegerführer die Gefechtsführung von Kampfflieger-Verbänden im gesamten Ostraum durchgeführt, vom Schwarzen Meer und dem Kaukasus, über Stalingrad bis nach Finnland und Nord-Norwegen. Ein neues Kommando, im März 1945 Kommandeur der 14. Flieger-Division in seiner eigenen westfälischen Heimat zu werden, konnte Dr. Kühl nicht mehr übernehmen. Der Flug nach Deutschland war nicht mehr möglich. Dr. Kühl geriet in Norwegen in britische Kriegsgefangenschaft. Auch in Gefangenschaft blieb Kühl der Freund seiner Männer. Durch seine verbindliche Art und durch geschickte Verhandlungsführung brachte er es fertig, daß aus dem Raume Stavanger im Mai 1945 10 000 Mann und 300 Mädchen direkt in die Heimat entlassen wurden.

Im September 1947 kehrte er selbst aus englischer Kriegsgefangenschaft nach Münster zurück. Sofort setzte er sich wieder ein, schrieb an einer Reihe von Werken, gehörte zum »Sachverständigenausschuß der Bundesregierung für die Neugliederung des Bundesgebietes«, für Ministerpräsident Arnold erarbeitete er ein Memorandum zur Neugliederung des Bundesgebietes, Reichskanzler a. D. Dr. Luther berief ihn 1955 in den sogenannten Luther-Ausschuß. Als 1. Vorsitzender des Aero-Clubs Münster baute er den Segel- und Motorflug in Westfalen auf. Der Bundestag delegierte Dr. Ernst Kühl als Vertreter der Luftwaffe in den Personalgutachterausschuß für die Überprüfung der Generale und Obersten der Streitkräfte.

So half er mit, die führungsmäßige Voraussetzung für die deutsche Bundeswehr zu schaffen. Sein Wirken in diesen Nachkriegsjahren wurde gewürdigt mit der Verleihung des »Großen Verdienstkreuzes des Verdienstordens der Bundesrepublik Deutschland«. Dr. Kühl blieb aktiv bis ins hohe Alter, erfreute sich vieler Freundschaften aus allen Bereichen seines vielseitigen Lebens. Mit besonderer Freude empfing er immer wieder Kameraden seines Geschwaders und aus der Kampffliegerei. Die letzte Begegnung des Verfassers mit Dr. Kühl war ein Beweis dieser Gastfreundschaft in seinem gepflegten Heim. Das Gespräch wechselte vom Einsatz als Kampfflieger bis zur geistigen Auseinandersetzung in der Gegenwart. Sein Ehrenpokal war noch einmal mit Sekt gefüllt. Kurz vor seinem 84. Geburtstag starb Landesrat a. D. Oberst d. R. Dr. jur. Ernst Kühl am 2. Februar 1972 in Münster, der Stätte seines Wirkens, betrauert von vielen Freunden, nach einem erfüllten Leben, das sich über vier Reiche und zwei Kriege hinspannte.

»Wir danken Dir für alles, was Du uns gabst, was Du uns warst. Die Flamme, die in Dir so heiß brannte, die so hell loderte, sie ist nun erloschen, aber sie hat sich tief eingebrannt in die Herzen Deiner Freunde«, waren die letzten Worte von General Harlinghausen am Grabe von Dr. Kühl.

HANSGEORG BÄTCHER

Der Kampfflieger des Zweiten Weltkrieges mit den meisten Einsätzen war fraglos Hansgeorg Bätcher. 658mal startete er gegen den Feind. 658mal antreten zum Angriff, 658mal stundenlang über dem Hinterland des Gegners nach Einsätzen über Polen, Frankreich und England, in vier Jahren mehr als 600mal über den Weiten des Ostens, von Welikije Luki bis Moskau, von Kiew bis zur Krim, monatelang über der Festung Sewastopol, von Stalingrad bis zum Kaukasus. Sein Flugbuch schließt ab mit der Wertung von 703 Frontflügen, dauerten doch viele Flüge weit mehr als vier Stunden. Und doch ist der Name von Hansgeorg Bätcher erst durch die Verleihung des Eichenlaubs zum Ritterkreuz in den Vordergrund getreten. Bis dort zählte er trotz der vielen hundert Feindflüge zu der großen Zahl der unbekannten Kampfflieger. Ihr ständiger Einsatz in der Anonymität war ein Kennzeichen ihrer Waffe.

Hansgeorg Bätcher, geboren am 13. Januar 1914 als Sohn eines Ingenieurs in Finsterwalde, interessierte sich in seiner Schulzeit für Pferde und technische Dinge. Es war ein väterliches Erbe, denn der Vater war begeisterter Reiter und in der väterlichen Maschinenfabrik arbeitete Hansgeorg Bätcher bereits während der Ferien als Dreher und Former. Angeregt durch Flugtage in seiner Heimat kam er sehr bald zur Fliegerei. Nach dem Flugmodellbau und der Werkstattarbeit im heimatlichen Luftfahrtverein legte er im Oktober 1931 auf der Segelflugschule Grunau die damalige A- und B-Prüfung im Segelflug ab. Wie weit seine Begeisterung für die Fliegerei ging, läßt sich daraus ablesen, daß er jeweils die Ferien benützte, um sich weiter auszubilden. Im Frühjahr 1933 folgte bei einem Autoschlepp-Lehrgang in Grunau die C-Prüfung, in den großen Ferien über den Dünen der Segelflugschule Rossitten die Bedingungen für die »Amtliche«. Als 19jähriger war er bereits in Finsterwalde als Segelfluglehrer tätig. Die Woche nach dem Abitur im März 1934 nützte er zu einem Überprüfungslehrgang in Zeesen bei Berlin, denn für den 1. April lag bereits seine Einberufung zur Kraftfahrabteilung 3 in Wunstorf vor. Als Unteroffizier mit sämtlichen Militärführerscheinen wurde er am 1. Januar 1935 zur Kriegsschule München kommandiert. Als Oberfähnrich trat er am 1. November freiwillig zur Luftwaffe über. Zu seiner großen Enttäuschung ging es zu keiner Flugzeugführerschule sondern zur Großen Kampffliegerschule Tutow zur Ausbildung als Kampfbeobachter.

Bätcher tat ab März 1936 (ab 1. April 1936 als Leutnant) Dienst bei der I. Gruppe/KG 253, des späteren Kampfgeschwaders 4 »General Wever«. Als sich dort die Möglichkeit der Schulung ergab, nahm er diese mit Freuden wahr und besaß im September 1936 den A 2-Schein. Vom 1. Oktober 1936 bis zum 15. September 1938 gehörte er als Kompanieoffizier zum Fliegerausbildungsregiment 27 in Halberstadt. Das war weniger wichtig. Viel wichtiger war es, daß er sich dort in seiner freien Zeit weiter als Flugzeugführer ausbilden konnte. Stolz trug er am 12. Oktober 1938 das Abzeichen für Flugzeugführer und Beobachter. Nach einem kurzen Kommando als Ordonnanzoffizier bei General Felmy in Braunschweig kam Bätcher zur I. Gruppe des KG 27 nach Langenhagen — aber wieder als Beobachter. Dort gelang ihm die Kommandierung zur weiteren Flugzeugführerschulung nach Ludwigslust. Nach seiner Rückkehr wurde er Adjutant der Gruppe und am 1. April 1939 Oberleutnant.

Über Polen flog Bätcher als Kampfbeobachter sieben Einsätze und nach erfolgreichen Tiefangriffen ostwärts Warschau wurde er am

27. September mit dem EK II ausgezeichnet. Die Zeit des »Sitzkrieges« nützte der Adjutant zu seiner Blindflugausbildung. Und noch ehe der Westfeldzug begann, war er endgültig Flugzeugführer geworden. Der Frankreichfeldzug war für ihn sehr bald zu Ende. Im Morgengrauen des 5. Juni 1940 griff die Gruppe ein Truppenlager bei Rouen an. Bätcher flog im Verband der 3. Staffel als rechter Kettenhund der letzten Kette. Noch vor dem Ziel südlich Rouen wurden diese letzten He 111 von fünf bis sieben französischen Morane-Jägern angegriffen. Schon durch die ersten Maschinengewehrgarben wurden in Bätchers He 111 die Kühler beider Motoren zerschossen, nach weiteren Angriffen begann der linke Motor zu brennen, der rechte qualmte stark. Sein Flugzeug hing dadurch erheblich hinter dem Gruppenverband. Bordmechaniker und Bordfunker waren schwer verwundet. Trotz der brennenden Motoren brachte Bätcher seine Bomben noch ins Ziel. Dann aber blieb ihm nichts anderes übrig, als die He 111 auf einer Wiese notzulanden. Bätcher und sein Beobachter Oberleutnant Scholz gelang es noch, die Verwundeten aus dem brennenden Flugzeug zu bergen, ehe sie alle von Engländern gefangengenommen wurden, die sie an die Franzosen übergaben. Seine Gefangenschaft führte bis nach Monferran bei Toulouse. Nach dem Waffenstillstand wurde auch Bätcher wieder frei und am 3. Juli holte ihn seine Gruppe in Villacoublay ab.
Wie alle in Gefangenschaft gewesenen Offiziere kam Bätcher vorläufig nicht wieder an die Front. Er diente in Ersatztruppenteilen, bis er am 1. Juli 1941 auf Anforderung des damaligen Kommandeurs der Kampfgruppe 100, Major Aschenbrenner, wieder zum fliegerischen Einsatz kam. Bei seinem 3. Einsatz gegen England am 9. Juli wurde seine He 111 von englischen Nachtjägern schwer beschossen. Der rechte Motor fiel aus. Der Bordmechaniker war tot, der Bordfunker schwer verletzt, Kurssteuerung, Patinanlage und Trimmung waren ausgefallen. Unter schwierigsten Bedingungen kehrte Bätcher im Nachtflug über den Kanal zurück und setzte die

Dr. Ernst Kühl war im Zweiten Weltkrieg der einzige Reserve-Offizier, der ein Geschwader führte. Das Bild zeigt Dr. Kühl als Oberstleutnant im Oktober 1941, als er mit völlig zerschossenem Motor vom Feindflug zurückkehrte.

Vier Mann in einem Boot und Land in Sicht für die Männer der G1+KP am 28. Mai 1941. Gerettet von der 3. Seenothalbflottille L' Aberwrach:
FF: Lt Barth,
BO: Uffz Lenhardt,
BF: Fw Wiedemann,
BM: Fw Wallrabenstein,
BS: Uffz Mandl.

Bordfunker: Ritterkreuzträger,
Oberfeldwebel Willi Lehnert.

*Die einzige Besatzung der Kampfflieger
mit vier Ritterkreuzträgern.*

Bordschütze: Ritterkreuzträger,
Oberfeldwebel Günter Glasner.

Ein Blick in die Kanzel der Ju 88 und ihre Besatzung.

Flugzeugführer: Schwertertträger, Oberstleutnant Hermann Hogeback.

Beobachter: Ritterkreuzträger, Oberfeldwebel Willi Dipberger.

Ritterkreuzverleihung an Oberleutnant Hermann Hogeback durch General der Flieger Frölich, September 1941, in der Steinwüste von Nordafrika (links oben).

Hogeback als junger Leutnant bei der Legion Condor in Spanien (rechts oben).

Hogeback vereitelte in mehreren Tiefangriffen auf eine britische Panzerbereitstellung in der Nähe des Forts Capuzzo am 13. April 1941 kampfentscheidend einen geplanten Angriff der Engländer.

He 111 nach dreistündigem Flug in glatter Bauchlandung auf die Piste des Flughafens von Cherbourg. Seinen ersten Einsatz hatte er mit dem Meister des X-Verfahrens Hermann Schmidt (siehe Seite 249) geflogen, von dem er auch am 15. Juli als junger Kapitän die 1. Staffel der Kampfgruppe 100 übernahm. Schon wenige Tage später verlegte die Gruppe an die Ostfront zum Angriff gegen den Mittelabschnitt. Als er am Morgen des 21. Juli 1941 zum ersten Mal gegen Jelnja startete, ahnte der junge Oberleutnant noch nicht, daß er noch 642 Einsätze in nahezu vier Jahren im Osten Europas fliegen sollte. Das Jahr 1941 verlief für Hansgeorg Bätcher nicht anders als für Tausende andere Kampfflieger. Seine Staffel wurde in der Abwehrschlacht ostwärts Smolensk, bei Rogatschew und Gomel, an der Desna und Ssejm, in der Schlacht bei Welikije Luki und Toropez, im Kessel ostwärts Kiew, beim Vorstoß in Richtung Orel und Tula eingesetzt. Viele dieser Flüge führten mit Erfolg gegen den Nachschubverkehr, gegen Bahnanlagen und Munitionszüge. Die schwersten Flüge jenes ersten Kriegsjahres im Osten waren die 16 Nachteinsätze gegen Moskau.

Am 4. und 5. November galten die Nachtangriffe dem Autowerk in Gorki, diesmal mit SC 1800-Bomben, die in dem Fabrikgelände große Brände auslösten. Als die Staffel am 22. November zur Auffrischung nach Deutschland zurückgezogen wurde, hatte Bätcher 75 Feindflüge im Osten. Bätcher kehrte mit der Frontflugspange für Kampfflieger in Gold und mit dem Ehrenpokal für besondere Leistungen im Luftkrieg zurück.

Am Neujahrstag 1942 kam die Staffel wieder an die Front, diesmal in den Südabschnitt. Bereits die ersten Feindflüge führten in die Hölle um Sewastopol. Dann lag die Staffel in Kirowograd zur Unterstützung des Heeres bei den Abwehrkämpfen ostwärts Charkow, wobei vor allem die Bahnhofsanlagen von Waluiki und Kupjansk nachhaltig zerstört wurden.

Die nächsten fünf Monate brachten für Bätcher den wohl härtesten Einsatz eines Kampffliegers. Nicht weniger als 206 Einsätze führte er bis 1. Juli durch. Und das ist es, was Bätcher unter den vielen Kampffliegern hervorhebt — die unerhörte Zahl von Feindflügen. Jeder einzelne eine physische und psychische Belastung, ihre Summe eine unglaubliche, fliegerische, körperliche, geistige, eine soldatische Leistung. Seine Staffel war ununterbrochen im Abwehrkampf auf der Krim, in der Schlacht um die Halbinsel Kertsch und in der Eroberung der Festung Sewastopol eingesetzt. Das begann im Februar 1942 mit den Angriffen auf die Hafenanlagen von Kertsch, den Einsätzen zur Unterstützung des Heeres an der Parpatschfront, der Unterbindung des gegnerischen Nachschubs auf der Taman-Halbinsel und in der Straße von Kertsch — Flüge, die in dieser Jahreszeit unter schwierigsten Wetterbedingungen, oft bei 20 m Wolkenhöhe mit der He 111 durchgeführt werden mußten. Dabei gelang ihm einer seiner größten Erfolge. Am 6. Februar beschädigte er im Hafen von Kertsch einen 7500 BRT großen Tanker und versenkte ihn endgültig im Nachtangriff am 23. Februar, wobei er den Tanker im Tiefangriff mit seinen Bomben entscheidend traf. Nach Mitteilung des japanischen Militärattachés wurde durch Ausfall dieses Tankers die gesamte Benzinversorgung der auf der Halbinsel Kertsch stehenden russischen Truppen für fünf Tage unterbrochen und dadurch die geplanten offensiven Maßnahmen des Gegners an der Parpatschfront verhindert. Am 20. Februar versenkte Bätcher bei bewaffneter Seeaufklärung im Schwarzen Meer ein beladenes Transportschiff von etwa 2000 BRT, das Kurs auf Sewastopol genommen hatte. Am 18. März sichtete Bätcher in der Weite des Schwarzen Meeres einen Geleitzug in Richtung Sewastopol, darunter einen großen Tanker. Bätcher blieb als Fühlungshalter über dem Geleitzug, bis weitere Kampffliegerkräfte eingesetzt werden konnten. Noch am gleichen Tage wurde der Tanker durch ein Torpedoflugzeug versenkt. Dazwischen wurde von März bis Mai 1942 die 1./KGr 100 immer wieder zur Verminung der Hafeneinfahrt von Sewastopol und der Straße von Kertsch eingesetzt. 32mal startete Bätcher vom 8. bis 20. Mai zur Unterstützung des

Heeres bei der Rückeroberung der Halbinsel Kertsch mit Einsätzen gegen Artillerie und Bereitstellungen des Gegners. Von entscheidender Bedeutung war dabei am 18. Mai ein Volltreffer mit einer SC 1800-kg-Bombe auf ein Fort südostwärts von Kertsch und zwei Tage später ein Volltreffer mit einer SD 1700-kg-Bombe auf ein befestigtes Hüttenwerk nordostwärts von Kertsch. In diesen Kämpfen am Südabschnitt der Ostfront wurde Staffelkapitän Bätcher, seit dem 1. März Hauptmann, zu einem Begriff, nicht nur in der Kampffliegerei, sondern auch bei allen Heeresabschnitten. Ende Mai begann die Konzentrierung der Einsätze auf das Festungsgebiet von Sewastopol. Bereits bei einem der ersten Einsätze traf Bätcher durch Volltreffer mit SC 2500-Bombe einen Bunker im Ostteil des Festungsgebietes. Schwer waren die Feindflüge zur Vorbereitung der eigenen Offensive, da in dieser Zeit die gesamte Abwehr die angreifenden He 111 traf. Wenige Tage vor Beginn verlangte Generaloberst von Richthofen, damals Kommandierender General des VIII. Fliegerkorps, als Befehlshaber dieses Nahkampfkorps sogar Nachtangriffe im Tiefflug auf die vordersten feindlichen Linien. Bätcher gelangen diese Versuche in der Nacht vom 4. auf 5. Juni und noch einmal in der Nacht vom 6. auf 7. Juni, diesmal zur Unterstützung des Vorgehens der rumänischen Gebirgsbrigade.

Am 7. Juni begann die eigene Offensive zur Eroberung der Festung Sewastopol. Von nun an galt der Einsatz der Kampfflieger wieder der Unterstützung des Heeres. Sie wurden »Feuerwehr« an allen Stellen, an denen der Vormarsch zum Stocken geriet. Am 9. Juni traf Bätcher mit einer SD 1000-Bombe das Fort Tscheka, am 13. Juni mit der gleichen Bombenstärke das Fort Kuppe, am 15. Juni das Festungswerk Bastion, am 21. und 22. Juni einmal mit einer SC 1800-Bombe und dann mit einer SC 2500 die Kasernenanlagen, am 1. Juli brach Bätcher mit drei Angriffen den Widerstand in verbarrikadierten Häusergruppen. Mit 122 Feindflügen trug Bätcher entscheidend zur Eroberung der Festung Sewastopol bei. Dafür wurde er am 17. Juli 1942 mit dem Deutschen Kreuz in Gold ausgezeichnet. Seine Staffel, die 1./KGr 100, flog im Kampf um Sewastopol nicht weniger als 1339 Einsätze mit einer Bombenlast von 2 Millionen Kilogramm Bomben.

Pausenlos ging es für die Kampfflieger weiter. Nach der Eroberung der Krim wurden sie noch im Juli in die Schlacht Rostow und Bataisk eingesetzt, im August begleiteten sie den Vorstoß über den Kuban in das Gebiet von Maikop. Bätcher traf dabei entscheidend am 12. August die Gleisanlagen im Hafen von Neworossisk und am 18. August die Hafenanlagen von Temrjuk. Bätcher war inzwischen mit seiner Besatzung zu einer Kampfeinheit zusammengewachsen, bei der sich nach so vielen gemeinsamen Einsätzen einer blind auf den anderen verlassen konnte. Es waren dies der spätere Ritterkreuzträger Oberfeldwebel Hans Hormann als Beobachter, der Oberfeldwebel Saalfrank als Bordfunker und Oberfeldwebel Heidemann als Bordmechaniker.

Noch Ende August wurde die Kampfgruppe 100 bereits zur Unterstützung des Heeres für den Vormarsch gegen Stalingrad eingesetzt. Dabei traf Bätcher am 29. August lange Lkw-Kolonnen in Karpowkatal mit seinen Bomben. Am 2. Oktober flog er erstmals über Industrieanlagen von Stalingrad, in den vielen Einsätzen fast immer nur noch mit SC 1000-Bomben beladen. Weitere Feindflüge im Kampf um Stalingrad galten der Verminung der Wolga und der Schiffszielbekämpfung im Kaspischen Meer. Bei seinem 400. Feindflug am 26. Oktober 1942 griff er im Kaspischen Meer einen großen Tanker im Tiefflug an und setzte ihn mit seinen Bomben in Brand. Durch einen Gürtel schwerer Flakabwehr mußte sich die Gruppe bei einem Nachtangriff auf den Hafen von Astrachan kämpfen.

Noch ehe der Kampf um Stalingrad im hereinbrechenden Winter am 19. November zum verbissenen Kampf um die Festung an der Wolga führte, wurde die Staffel von Bätcher in diesen Novembertagen zur Unterstützung des Heeres im Terekgebiet im Kaukasus eingesetzt. Immer wieder mußten die He 111 durch die starke Flakabwehr fliegen und sich immer wieder ihren Weg gegen Jäger freikämpfen. Dabei verlor Bätcher am 9. November den Bordmechaniker dieses Einsatzes. Und beim letzten Feindflug am 28. November erhielt seine He 111 durch mittlere Flak einen Volltreffer in die rechte Dämpfungsfläche. Mit seiner reichen Erfahrung gelang es ihm aber, die Maschine zum Heimathafen zurückzubringen und sogar glatt zu landen. Vom gleichen Tage an wurde die Kampfgruppe 100 für die Versorgungsflüge in die Festung Stalingrad eingeteilt. Nachdem der Kommandeur der Gruppe, Major Paul Claas, von einer Schiffszielbekämpfung im Kaspischen Meer nicht mehr zurückgekehrt war, wurde Bätcher in diesem neuen schweren Einsatz mit der Führung der Gruppe beauftragt. Hatte Bätcher im Angriff auf Stalingrad 89 Feindflüge durchgeführt, so flog er nunmehr 43mal zur Luftversorgung in die Festung an der Wolga. Immer wieder landeten die He 111 mit Nachschubgütern auf dem Flugplatz Pitomnik und nahmen auf dem Rückflug verwundete Soldaten mit, soviel die He 111 nur tragen konnte. Nur am 18. Dezember mußte seine Staffel diese Versorgungsflüge unterbrechen, um im dichten Schneetreiben vier Kampfeinsätze zur Unterstützung des Heeres zu fliegen. Inzwischen war die Kampfgruppe 100 mit ihren He 111 Oberst Dr. Kühl, dem Kommodore des KG 55, unterstellt worden, um alle He 111-Verbände unter einem einheitlichen Kommando zu haben. Am 21. Dezember traf beim Fliegerführer das Fernschreiben ein mit dem Inhalt, Hauptmann Bätcher sei das Ritterkreuz verliehen worden. Spontan nahm Oberst Kühl sein eigenes Ritterkreuz ab und legte es dem jungen Hauptmann um den Hals. In der Begründung hieß es, für seine über 400 Einsätze, vor allem aber für seine Erfolge bei der Eroberung von Sewastopol, im Kampf um Stalingrad sowie bei der Hafen- und Schiffsbekämpfung im Schwarzen und im Kaspischen Meer. Diese persönliche Freude aber konnte den Einsatz in schwerster Zeit nicht unterbrechen. Wie Oberst Kühl erlebte auch Hans-

georg Bätcher und die Kampfgruppe 100 jene furchtbaren Weihnachtstage 1942, als am Heiligen Abend die Panzerkräfte der Sowjets zwischen den Flugplätzen Morosowskaja und Tatzinskaja bei schlechtester Wetterlage, bei tiefhängenden Wolken und eisigem Schneegestöber durchgebrochen waren. Die Kampfgruppe 100 lag auf dem Flugplatz Morosowskaja. Um zu retten, was zu retten war, starteten die He 111 der Gruppe trotz Nebel und Schnee nach Nowotscherkassk. Das Bodenpersonal war auf alle Maschinen verteilt worden. Bereits beim Start merkte Bätcher, daß bei seiner Maschine der Wendehorizont ausgefallen war, ein für die Fluglage besonders wichtiges Instrument. Aber er startete und flog. Und zog in die Wolken hinein. »Ich kam mit stark hängender Maschine oben aus den Wolken heraus«, erzählte Bätcher später von diesem Start auf Leben und Tod. »Die Zeit des Durchstoßens war mir wie eine Ewigkeit vorgekommen, aber außer meinem Beobachter hatte niemand etwas von dieser Panne bemerkt. Gott sei Dank war am Zielhafen eine aufgerissene Wolkendecke.« Die Versorgung ging weiter. Trotz der immer größer werdenden Entfernung zur Festung Stalingrad und der damit immer stärker werdenden feindlichen Abwehr, wagten die Kampfflieger alles. Am 29. Dezember wurde die völlig überladene He 111 von Bätcher auf dem Rückflug erneut das Ziel feindlicher Jäger. Die verwundeten Soldaten des Heeres erlitten durch diesen Beschuß weitere Verwundungen. Kaum hatte Bätcher die Einschließungsfront überflogen, wollte er auf einem nahegelegenen Feldflugplatz landen, um die verwundeten Soldaten versorgen zu lassen. Trotz aller Schmerzen weigerten sie sich und baten Bätcher, bis zum Heimathafen zu fliegen. Ihr einziger Gedanke war: möglichst weit weg von der Hölle von Stalingrad! Die Kampfgruppe 100 flog bis zum bitteren Ende von Stalingrad.
Während die Front immer weiter nach Westen »begradigt« wurde, flogen die Kampfflieger auch im Frühjahr 1943 noch immer an die Wolga. Bätcher hatte den Auftrag, mit seiner Staffel die Ver-

minung dieser wichtigen Schiffahrtslinie mit der Bombenmine
BM 1000 durchzuführen. Diese Fallschirmbombe wurde in niedriger Höhe abgeworfen, um nicht auf das Land abgetrieben zu werden. Sie hing an einem dunkelgrünen Fallschirm, der sich nach dem
Eintauchen ins Wasser von der Bombe löste. Es war ein schwieriger
Einsatz. Er verlangte große fliegerische Erfahrung. Der Anflug erfolgte im »Schleichflug«, das heißt, die He 111 flogen in größerer
Höhe an, drosselten dann die Motoren und näherten sich im Gleitflug dem Zielgebiet. Die Meteorologen hatten bereits bei der Einsatzbesprechung Windrichtung und Windstärke bekanntgegeben.
Und danach berechneten die Besatzungen ihren Auslösepunkt. Der
erste Abwurf diente gleichzeitig zur Überprüfung dieser Berechnung. Auch nach der Auslösung der Bombe wurde der »Schleichflug« noch fortgesetzt, um die Abwehr nicht auf die am Fallschirm
hängende Bombe aufmerksam zu machen.
Während des ständigen Rückzuges der Ostfront im Sommer und
Herbst 1943 gab es für die Kampfflieger keine Einsätze im ausgesprochen operativen Sinne mehr. Die Kampfflieger waren nur noch
»Feuerwehr«. Es wurde nicht mehr geklotzt, sondern nur noch gekleckert und damit leider auch die letzten Kräfte verkleckert. Die
Kampfflieger flogen nur noch zur direkten Unterstützung des Heeres, teils Kampfeinsätze an der vordersten Linie, teils Luftversorgung durch Abwurf von Versorgungsbehältern im Tiefflug an den
vordersten Gräben oder für eingeschlossene Kampfeinheiten. Dabei
flog Bätcher am 30. Juli — wohl als erster Kampfflieger — seinen
500. Einsatz. Am 6. Oktober 1943 wurde aus unbegreiflichen
Gründen die I. Gruppe des KG 4 in I./KG 100 umbenannt und
gleichzeitig die bisherige I./KGr 100 in I./KG 4 — eine Tatsache,
die in der Kriegsgeschichte immer wieder zu Verwechslungen führte.
Mit der Umbenennung wurde Hauptmann Bätcher Gruppenkommandeur, also nunmehr der I./KG 4. Sie meldete am 30. Oktober
1943 ihren 10 000. Einsatz. Am 1. November 1943 wurde Bätcher
Major. Ununterbrochen blieb die Gruppe im Südabschnitt im Ein-

satz, startete auf den Plätzen Shitomir, Beresowka, Kirowograd, Golta und Sarabos. Schwerpunkt der Angriffsflüge im Winter 1943/44 waren die Einsätze zum sowjetischen Landekopf nördlich Kertsch und gegen die Brücken über dem Siwasch, auf denen die Russen die Landenge von Perikop, den Zugang zur Krim, umgehen wollten. Bei den Flügen zum Landekopf nördlich Kertsch flog Bätcher im November 1943 als erster Kampfflieger des Zweiten Weltkrieges seinen 600. Einsatz, zu dem ihm der Kommandierende General unmittelbar nach der Landung telefonisch gratulierte. In diesem erneuten Schwerpunkt flog Bätcher mit der Besatzung Oberleutnant Kölln als Beobachter, dem Bordfunker Oberfeldwebel Saalfrank und dem Bordmechaniker Oberfeldwebel Heidemann. Mit Ausnahme von Oberfeldwebel Saalfrank, der später bei einem Überführungsflug abstürzte, haben alle Besatzungsmitglieder von Bätcher den Krieg überlebt.

Bätchers Gruppe war in den Wintermonaten 1943/44 die einzige Kampfgruppe für die Verteidigung der Halbinsel Krim. Im ständigen Einsatz mußten vielseitige Aufgaben gelöst werden: Seeaufklärung, Eisenbahnbekämpfung, Batteriestellungen, frontnahe Ziele, Störung des Übersetzverkehrs über die Straße von Kertsch und Angriffe auf die Siwaschbrücken. Dabei konnte am Neujahrstag 1944 und in der Nacht zum 2. Januar durch fünf Nachteinsätze ein sowjetischer Durchbruchsversuch im Norden des Landekopfes bei Kertsch vereitelt werden. Die Kampfeinsätze wechselten ständig zwischen Kertsch und der Landenge von Perikop. Hier hatten die Sowjets Pionierbrücken aus Pontons und Holz gebaut. Unbefriedigt kehrten die Kampfflieger von diesen Einsätzen zurück, da die üblichen Sprengbomben auch bei guter Trefferlage nur eine geringe Wirkung hatten, zumal die Ausbesserungen wieder schnell durchgeführt werden konnten. Die Gruppe kam in ihren Überlegungen auf die Idee, eine eigene Bombe zu konstruieren. Sie bestand aus zwei 200-Liter-Benzinfässer, die aneinandergeschweißt und mit Putzlappen und einem Gemisch von Öl und Benzin gefüllt wurden. Seitlich brachten die Männer Brandbomben an. Die Spitze dieser riesigen Bombe bestand aus einem Kopf der BM 1000 und auch der Schwanz aus dem Endstück der BM 1000. Die Fässer zerbarsten beim Aufprall auf das Wasser, gaben so den Inhalt frei, der durch die angebrachten Brandbomben gezündet wurde. Je nach Windrichtung bzw. Strömung des Wassers erfolgte der Abwurf so, daß das brennende Gemisch auf die Brücken zugetrieben wurde. Diese Faßbombe bewährte sich gegen die Brücken des Siwasch wie auch beim Einsatz gegen den Brückenkopf Nikopol.

Am 13. Februar 1944 wurde Major Bätcher zum Stab der Luftflotte 4 kommandiert, Hauptmann Göpel übernahm seine Gruppe. Längst war für Bätcher das Eichenlaub zum Ritterkreuz eingereicht, das ihm am 27. März 1944 als 434. Soldaten der Wehrmacht und als einen der wenigen Kampfflieger verliehen wurde. Von Moskau bis zum Schwarzen Meer gab es keinen Brennpunkt der Ostfront, an dem nicht Major Bätcher gegen den Feind geflogen ist — mit einer Zahl von Einsätzen, die kein Kampfflieger des Zweiten Weltkrieges erreichte.

Bei der Luftflotte 4 wurde Bätcher in verschiedene Dienststellen eingewiesen, war er doch für den Besuch der Kriegsakademie vorgesehen. Dazu kam es aber nicht mehr. Man konnte bei der weiteren Entwicklung des Krieges auf die reiche Erfahrung jener Frontoffiziere nicht verzichten, die all die Jahre des Krieges überstanden hatten. So mußte Bätcher ganz überraschend am 6. Dezember 1944 als Kommandeur die III. Gruppe im Kampfgeschwader 76 übernehmen und sollte damit nach vier Jahren Einsatz an der Ostfront gegen den Westen fliegen. Diese Gruppe war aber gerade mit der Arado 234 ausgerüstet worden. Das Kampfgeschwader 76 war das erste Kampfgeschwader der Militärgeschichte, das mit Düsenbombern flog. Bätcher war selbst überrascht, als er den »Wundervogel« Ar 234 zum ersten Mal sah und — flog. Bei der Erprobungsstelle in Rechlin ließ sich Bätcher in das vollkommen neuartige Flugzeug einweisen. Mit seinen 30 Jahren erlebte Bätcher in den acht Jahren seines fliegerischen Einsatzes in der Luftwaffe die gesamte Entwicklung der modernen Fliegerei. Es klingt wie ein Märchen. Er begann mit der Do 23 und flog nunmehr die Ar 234 — welch weitgespannter Bogen der Technik und der Fliegerei. In Burg bei Magdeburg übernahm er die Gruppe und mußte mit den Männern, ausgesuchte Könner der letzten Kampffliegerelite, das fliegerische Neuland erproben und erobern. Mit ihren Flügen und Einsätzen wurden diese Kampfflieger gleichzeitig Schrittmacher eines neuen Zeitalters der Luftfahrt, deren Anfänge sie erlebten und deren Kinderkrankheiten sie durch ihr Können, ihre Erfahrung und ihren Mut ausmerzten. So knickte z. B. wiederholt das Bugrad der Ar 234 bei der Landung auf Graspisten ein und drückte dann wie ein Pflug die Erde gegen den Sitz des Piloten und klemmte ihn zwischen Sitz und Kabinendecke ein. Dieser Mangel am Fahrwerk wurde durch den ständig anwesenden Typenbegleiter mit einer Änderung des Fahrwerks beseitigt. Wesentlich schlimmer war ein anderes, lange Zeit unerklärliches Mißgeschick. Mehrere Flugzeuge kippten unmittelbar nach dem Start in etwa 200 m Höhe nach rechts oder links ab, und da man in dieser geringen Flughöhe diese Fluglage kaum meistern konnte, stürzten die Flugzeuge fast senkrecht in den Boden. Man fand keinen Grund, bis es endlich einem Piloten gelang, trotz des Abkippens die Maschine einigermaßen heil auf den Boden zu bringen. Bei den gründlichen Untersuchungen stellte sich heraus, daß die obere Zündkerze der oberen Brennkammer herausgeflogen war und der heiße Strahl die unmittelbar darüberliegende Stoßstange in Sekundenschnelle durchgeschweißt hatte, wodurch das Abkippen verursacht worden war. Bätcher ordnete an, daß vor jedem Start sämtliche Zündkerzen nachgezogen und ganz besonders die obere Zündkerze kontrolliert wurde. Abstürze dieser Art sind dann nicht wieder aufgetreten. Von Burg aus verlegte je eine Staffel nach Achmer und nach Handorf bei Münster. Von dort wurde die Gruppe gegen ganz bestimmte Ziele an der Westfront eingesetzt. Es waren auch die letzten Feindflüge von Major Bätcher. Am 21. Februar

1945 startete er zum 658. Einsatz. Er führte von Achmer über Kleve nach Bedburg, wo er im Gleitangriff aus 2000 m Höhe Bereitstellungen mit SD 500 bombardierte. Flak und Jagdflieger konnten dem überschnellen Vogel nichts anhaben. Mit einem Luftbild von der Straße Kleve—Kalkar kehrte Bätcher zurück, um am gleichen Tage zu erfahren, daß er mit der Führung des Kampfgeschwaders 54 beauftragt worden sei. Dies Geschwader lag zu dieser Zeit mit dem Stab und einer Gruppe in Giebelstadt und sollte mit der Me 262 zum Jagdeinsatz umgeschult werden. Bätcher hatte diesen Typ noch nicht geflogen, mußte aber das Geschwader sofort übernehmen, so daß er nur in Giebelstadt selbst die ersten Starts auf der Me 262 durchführen konnte. Zum Einsatz kam er, der Geschwaderstab und die I. Gruppe nicht mehr, sie mußten sofort nach Fürstenfeldbruck verlegen, da die Amerikaner von Süden in das Reichsgebiet einmarschiert waren. Und als es von dort sofort nach Linz an der Donau gehen sollte, war für Bätcher und seine Männer der Krieg zu Ende, wurden sie doch zu ihrer großen Überraschung bei der Bodenverlegung durch die Amerikaner überrollt. Hansgeorg Bätcher, am Ende des Krieges 31 Jahre, verlor auch nach dem Zusammenbruch die Nerven nicht, und er müßte nicht »Kämpfer« gewesen sein, wenn er sich nicht im Wiederaufbau durchgesetzt hätte. Seine Stationen: Hilfsarbeiter bei den Bauern in Oberbayern, Lkw-Fahrer in Württemberg, Volontär, Lagerist und schließlich technisch-kaufmännischer Angestellter in einer Metallwarenfabrik. 1952 Wechsel in die Papierverarbeitungsbranche, und zwar zur Firma Louis Leitz, Briefordnerfabrik, Stuttgart. Er wurde dann 1954 Geschäftsführer der Firma Grünewalds Registrator Co. GmbH, Berlin, 1955 Geschäftsführer der Firma Herm. Herdegen GmbH, Berlin, und siedelte im gleichen Jahre mit seiner Familie nach Berlin über. Durch Erstellung von Neubauten bei der Herm. Herdegen GmbH hat er Ersatz für die während des Krieges zerstörten Produktionshallen geschaffen und damit die Kapazität erweitert. 1962 errichtete er für die Firma Grünewald auf einem

Lfd. Nr. des Feind-fluges	Wertung als Frontflug	Bau-muster	Tag	von bis	Zeit über Feind- bzw. feind-gefährdetem Gebiet	Flugweg	Ein-dring-tiefe km	Feindberührung (Jagd- und Flak)	Ergebnis des Fluges (z. B. Abschüsse, Artillerieeinschießen, Auf-klärung, Bombenwurf unter Angabe von Angriffshöhe, Wurfart, Zahl der Anflüge, ob. Luftbildbestätigung des Erfolges usw.)	Bestätigung durch Dienststelle und Augenzeugen
656	1	Ar 234	14.2.45	08.05 09.05	60 Min.	Rheine–Front Croix– Rheine		von Zeit zu Zeit mehr. feindl. Jäger, keine Flak	Flugaufgabe aus 3500m – 2000m mit 1 AB 500 (0123) auf Tischler Truppenansamml. Raum Conv.	
657	1	Ar 234	14.2.45	16.05 17.05	32 Min.	– ” –		Keine	Über Front Wolken eingesehen Bildauftrag abgebrochen Nur Zweck C/B 500 Front geblindet.	
658	1	Ar 234	20.2.45	16.05 17.05	60 Min.	Rheine-Conv. Roßling in– Rheine		zweiml. i.d. Nähe Flak, Jagd. gesicht.	Flugaufgabe aus 3000–2000m mit 1 SC 500 auf Bahnhof Roßling im Rhein-Tal nicht erkannt, Wetter schl. Luftbild über Hagen/Conv-Gebiet. B.z.B.-Ausfiel	
659	703								Die Richtigkeit der Eintragungen lfd. Nr. 652 – 658 wird bescheinigt. Rheinland, den 1/2.3.1945 A. B. [signature] Oberleutnant u. Adjutant	

Gelände von ca. 50 000 qm ein Zweigwerk in Ülzen. In seiner Branche so bewährt, daß er 1970 zum Vorsitzenden des Verbandes der Berliner Papier-, Pappe- und Kunststoffunternehmer e. V. gewählt wurde. Sein Hobby wurden Hunde, vor allem Irische Setter, das Filmen und — wie könnte es anders sein — die Sportfliegerei, bereits 1957 hatte er seinen Privatflugzeugführerschein wieder erworben.

KAMPFFLIEGER-ASSE — EICHENLAUBTRÄGER

Von den 15 Millionen deutscher Soldaten des Zweiten Weltkrieges wurden etwa 7500 mit dem Ritterkreuz der verschiedensten Stufen ausgezeichnet — ein Beweis, welch seltene und hohe Auszeichnung dieser Halsorden gewesen ist. Unter den 7500 Trägern des Ritterkreuzes sind 1730 Angehörige der Luftwaffe. 27 Soldaten der Wehrmacht erhielten das Eichenlaub mit Schwertern und Brillanten zum Ritterkreuz des Eisernen Kreuzes, davon 12 aus der Luftwaffe, aber kein Kampfflieger. Unter den 156 Inhabern des Eichenlaubes mit Schwertern zum Ritterkreuz des Eisernen Kreuzes sind 41 Luftwaffen-Soldaten. Vier Kampfflieger tragen diese hohe Auszeichnung: Als 16. Soldat der Wehrmacht Werner Baumbach, damals Hauptmann und Gruppenkommandeur im KG 30, ausgezeichnet am 17. August 1942, Joachim Helbig als 20. Soldat, damals Hauptmann und Gruppenkommandeur der I./LG 1 am 28. September 1942, als 31. Soldat Friedrich Peltz, damals Oberst und Waffengeneral der Kampfflieger am 23. Juli 1943 und schließlich noch im April 1945 Hermann Hogeback als Oberstleutnant und Kommodore des KG 6. Alle vier standen vom ersten bis zum letzten Tage des Zweiten Weltkrieges im Einsatz und haben den Krieg überlebt.

Das Eichenlaub zum Ritterkreuz wurde 860mal verliehen. 192 Angehörige der Luftwaffe erhielten diese hohe Auszeichnung, unter ihnen folgende Kampfflieger:

8. Eichenlaub am 30. Januar 1941: Harlinghausen, Martin, Oberstleutnant i. G., Chef des Generalstabes des X. Fliegerkorps (siehe genaue Lebensdarstellung).

20. Eichenlaub am 14. Juli 1941: Baumbach, Werner, Oberleutnant und Staffelkapitän der 1./KG 30 (siehe genaue Lebensdarstellung).

22. Eichenlaub am 14. Juli 1941: Storp, Walter, Major und Kommodore des SKG 200.
Storp, Walter, geboren am 2. Februar 1910 in Schnecken, Elchniederung/Ostpreußen, als Sohn eines Forstmeisters, erhielt nach dem Abitur von 1928 bis 1933 seine Seeoffiziersausbildung und erwarb 1933/34 auf der Deutschen Verkehrsfliegerschule in Warnemünde seine Flugzeugführerscheine. Im Anschluß daran flog er mit der He 60 bei der Küstenaufklärungsgruppe in Norderney, danach war er als erster Katapultflieger-Bordflieger auf der »Leipzig« und 1936 als Oberleutnant Testpilot der Erprobungsstelle der Luftwaffe in Travemünde und Rechlin. 1938 wurde Storp im April zum Staffelkapitän der 1. Bordfliegerstaffel 196 ernannt und nach seiner Beförderung zum Hauptmann in den Führungsstab der Luftwaffe für die Bearbeitung von Entwicklungsfragen versetzt.
Im Polenfeldzug flog er in der Zerstörergruppe des Lehrgeschwaders 1 unter Grabmann. Da er die Ju 88 meisterhaft beherrschte, wurde er anschließend Staffelkapitän der Ju 88-Erprobungsstaffel. Im Norwegenfeldzug erhielt er als erster Offizier seines Geschwaders das EK I. Er hatte am 9. April 1940 den Zerstörer »Fafnir« in norwegischen Gewässern versenkt. Als Kapitän der 1./KG 30 flog er im Westen Sondereinsätze auf französische Stabsquartiere, und von Delmenhorst aus Punktzielangriffe auf Häfen und Schiffe. Bei der britischen Absetzbewegung von Dünkirchen versenkte er in der Nacht zum 17. Mai 1940 mit zwei 250-Kilo-Bomben einen Truppentransporter von 10 000 BRT. Unter seiner Führung versenkte die III./KG 4 vor Dünkirchen in der selben Nacht weiterhin einen

Zerstörer und mindestens 65 000 BRT Handelsschiffsraum. In Frankreich griff er erfolgreich außer Stabsquartieren und Eisenbahnknotenpunkten vornehmlich Flugplätze an. Nach weiteren Sondereinsätzen gegen die Werke der englischen Luftfahrtindustrie Rolls Royce in Coventry erhielt Storp am 21. Oktober 1940 das Ritterkreuz. Jeder dieser Einsätze war präzise vorbereitet. Storp und seine Kampfbesatzungen arbeiteten, wie später die 5. Bombergruppe der RAF, nach dem Prinzip des gezielten Einzelangriffes. Am 12. September 1940 wurde Storp Kommandeur der II./KG 76 und am 24. April 1941 Kommodore des neuaufgestellten SKG 210, eingesetzt im Mittelabschnitt der Ostfront vor der Panzerspitze Guderian. Mehrfach wurden Walter Storp und seine Verbände nach besonderen Einzelleistungen im Wehrmachtsbericht genannt.
Storp war im Zweiten Weltkrieg Staffelkapitän, zweimal Gruppenkommandeur, dreimal Geschwaderkommodore, zweimal Divisions-Kommandeur von Kampffliegereinheiten und zuletzt in der Stellung als General der Kampfflieger eingesetzt. Im September 1941 holte man Storp, der seit dem 14. Juli 1941 als 22. Soldat der deutschen Wehrmacht das Eichenlaub trug, in den Führungsstab der Luftwaffe als »Gruppenleiter I T für taktisch-technische Forderungen vom Standpunkt der operativen Führung«. Nach Differenzen mit dem Generalluftzeugmeister übernahm Major Storp im September 1942 das KG 6, das eigens für Sondereinsätze auf britische Luftrüstungsziele und als 1. deutsches Pfadfinder-Geschwader für zusammengefaßte Luftangriffe der Ju 88- und Do-217-Kampfverbände aufgestellt worden war. Operationsgebiete — England, Afrika, Sizilien, Süditalien — jeweils im Zuge der Operationen gegen die anglo-amerikanischen Invasionsflotten und Landeköpfe. Im Februar 1943 wurde Storp Oberstleutnant, im August Oberst und gleichzeitig Fliegerführer Foggia/Italien. Im August 1943 war Storp »Kampffliegerführer Mittelmeer« mit den KG 6, LG 1, KG 54, KG 76, KG 77, KG 26, KG 100 (je eine Staffel mit »FX« und Hs 293), zeitweilig taktisch unterstellt 1 Jagd-

Dietrich Peltz, mit 29 Jahren der jüngste Kommandierende General der deutschen Wehrmacht, erhielt am 23. Juli 1943 als 31. Soldat der Wehrmacht die Schwerter.

Dietrich Peltz besuchte als General der Kampfflieger und Kommandierender General des IX. Fliegerkorps in seiner Funktion als »Angriffsführer England« im Frühjahr und Sommer 1944 ständig die Geschwader an der Westfront, um sich von den Einsätzen ein persönliches Bild zu machen. Hier besuchte er den Gefechtsstand des KG 6 (im Hintergrund das Gruppenwappen der drei silbernen Schwäne auf blauem Grund). Von rechts: Staffelkapitän Hauptmann Puchinger, I a Oberleutnant Georg Britting, Kommodore Major Hogeback, damals noch Eichenlaubträger, ein Flugzeugführer, und General Peltz, der sich von einer eben zurückgekehrten Besatzung berichten läßt.

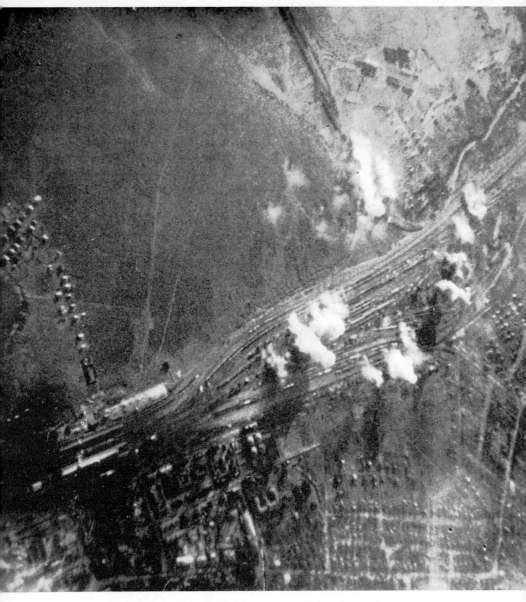

Mit wenigen Ju 88 erzielte Peltz in Punktzielangriffen entlang der Bahnlinie Leningrad—Moskau, 1941, hier auf den Bahnhof Bologoje, mehr Erfolg als ganze Verbände in der herkömmlichen Angriffsart — eine Erkenntnis, die für die weitere Laufbahn von Peltz von entscheidender Bedeutung wurde.

gruppe, 1 Transportgruppe Ju 52. Anschließend wurde er im Sommer 1944 mit der Führung des KG 76 betraut. Nach dieser vielseitigen Verwendung war Storp dann einige Monate General der Kampfflieger. Er stieg in dieser Stellung am 15. Oktober 1944 zum Generalmajor auf. 1945 war Walter Storp Kommandeur der 5. Fliegerdivision in Norwegen. Lebt als Architekt in Goslar.

64. Eichenlaub am 31. Januar 1942: Helbig, Joachim, damals Hauptmann und Gruppenkommandeur der I./LG 1 (siehe genaue Lebensdarstellung).

112. Eichenlaub am 10. August 1942: Kollewe, Gerhard, Major und Gruppenkommandeur der II./LG 1.
Kollewe, Gerhard, geboren am 3. März 1912 in Deutsch-Kruschin/Bromberg, wurde 1931 nach dem Abitur Soldat im Infanterieregiment 7, 1935 trat er als Leutnant in die Luftwaffe über, flog im Stuka-Geschwader »Immelmann«, sammelte seine ersten Kriegserfahrungen bei der Legion Condor in Spanien, wurde 1939 Hauptmann und Staffelkapitän. Im Kampf gegen Polen versenkte er im Hafen von Gdingen den polnischen Zerstörer »Greif«, griff Flugzeugwerke, Flugplätze, Brücken und Fabriken an und zeichnete sich in den Kämpfen um Mallin und um Warschau aus. Im Mai 1940 wurde Kollewe als Hauptmann Kommandeur der II./LG 1. Nach dem Einsatz im Westen und gegen England wurde Kollewe am 5. April 1941 mit dem Ritterkreuz ausgezeichnet. Seine größten Erfolge aber erzielte Kollewe im Kampf um den Mittelmeerraum. Mit seiner Gruppe versenkte er 1941/42 148 000 BRT Handelsschiffsraum und zwei Zerstörer.
203 500 BRT Handelsschiffsraum, drei Schlachtschiffe, acht schwere Kreuzer, fünf leichte Kreuzer und neun Zerstörer wurden schwer beschädigt. Für diesen Einsatz wurde Kollewe als Major am 10. August 1942 mit dem 112. Eichenlaub der deutschen Wehrmacht ausgezeichnet. Am 17. Oktober 1942 kehrte Kollewe, der zu

den bekanntesten Kampffliegern der deutschen Luftwaffe zählte, vom Einsatz über dem Mittelmeer nicht mehr zurück.

119. Eichenlaub am 4. September 1942: Bormann, Ernst, Dr., Oberst und Kommodore des KG 76.
Bormann, Ernst, Dr. Ing., geboren am 5. November 1897 in Kirchbrak, führte das KG 76 auf allen Kriegsschauplätzen zu hervorragenden Waffentaten. Als persönliche Einzelleistung ist die Zerschlagung einer starken Feindgruppe anzusehen, die eine aus Wilkomierz vorgehende eigene Panzergruppe in der Flanke bedrohte. Bormann erhielt als Oberstleutnant und Kommodore des KG 76 am 5. Oktober 1941 das Ritterkreuz und als Oberst am 4. September 1942 das 119. Eichenlaub der Wehrmacht. Dr. Bormann starb am 1. August 1960.

154. Eichenlaub, posthum am 10. Dezember 1942: Paepcke, Heinrich, Hauptmann und Gruppenkommandeur der II./KG 77.
Paepcke, Heinrich, geboren am 11. Dezember 1910 in Wattenscheid, kam 1935 als Fähnrich von der Handelsmarine zur Luftwaffe. Während der ersten Tage des Norwegenfeldzuges wurde Oberleutnant Paepcke Staffelkapitän der 7./KG 30. Nach schweren Angriffen in Holland, Belgien und Frankreich versenkte er vor Dünkirchen einen 10 000 BRT großen Frachter und bei Scheveningen einen Flakkreuzer von 5000 BRT. Seine Staffel versenkte einen schweren Kreuzer, drei leichte Kreuzer, drei Zerstörer, einen Minenleger, ein Küstenwachboot und fünf Transporter mit 25 000 BRT. Fünf feindliche Jagdflugzeuge wurden in diesen Einsätzen im Luftkampf abgeschossen. Dann kamen die heißen Einsätze am Himmel über England, aus denen Paepcke einmal mit 180 Treffern in der Maschine und zerschossenem Höhenruder heimkehrte. Als Oberleutnant erhielt Paepcke am 5. September 1940 das Ritterkreuz. Im Kampf um Kreta wurde Paepcke Hauptmann und Gruppenkommandeur der II. KG 77, dann ging es wieder zurück

an die Kanalküste mit langen Flügen gegen die britische Insel. Hauptmann Paepcke flog Aufklärung über der Nordsee, warf Bomben auf Murmansk, stürzte gegen Malta bei den Offensiven im Frühjahr 1942, griff britische Geleitzüge im Mittelmeer an, versenkte dabei am 12. August 1942 einen weiteren 12 000-Tonner, war in Afrika dabei, als auf Kairo, Alexandrien und im Suezkanal die Bomben fielen, hielt beim Landungsunternehmen der Briten bei Tobruk Fühlung mit der feindlichen Flotte, startete wieder gegen Malta, bis er am 17. Oktober 1942 bei einem Angriff auf den Flugplatz Luca, 15 km vor der Küste, im Luftkampf mit einer britischen Spitfire zusammenstieß — beide stürzten in das Meer. Paepcke, der höchste Anforderungen stellte, immer aber von tätiger Sorge um das Wohl seiner Männer beseelt war und außer Dienst von heiterster Ausgelassenheit sein konnte, wurde posthum am 10. Dezember 1942 mit dem Eichenlaub ausgezeichnet.

184. Eichenlaub am 22. Januar 1943: Günzel, Reinhard, Major und Gruppenkommandeur der II./KG 27.
Günzel, Reinhard, geboren am 2. Februar 1907 in Posen, Gruppenkommandeur der II./KG 27 »Boelcke«, führte seine Gruppe jahrelang mit großem Erfolg, hatte wesentlichen Anteil an den erfolgreichen Operationen in Bessarabien und in der Ukraine. Ritterkreuz als Hauptmann am 17. September 1941, das 184. Eichenlaub der deutschen Wehrmacht am 22. Januar 1943 als Major und Kommandeur im KG 27. Reinhard Günzel, Oberstleutnant a. D., starb im Dezember 1970.

192. Eichenlaub am 20. Februar 1943: Hogeback, Hermann, Hauptmann und Gruppenkommandeur der III./KG 6 (siehe genaue Lebensdarstellung).

336. Eichenlaub am 25. November 1943: Freiherr von Beust, Hans-Henning, Oberstleutnant und Kommodore des KG 27.

Freiherr von Beust, Hans-Henning, geboren am 17. April 1913 in Karlsruhe, trat nach dem Abitur am 1. April 1931 in das Infanterie-Regiment 17 ein. Mit der Beförderung zum Leutnant am 1. März 1934 wechselte von Beust zur Luftwaffe, zur damaligen Deutschen Verkehrsfliegerschule. Nach seiner fliegerischen Ausbildung, dem Streckendienst bei der Lufthansa, und nach der Kampffliegerschule in Tutow wurde von Beust im September 1936 Staffelkapitän der 2./K 88 bei der Legion Condor in Spanien. Für die 100 Kampfeinsätze wurde er am Ende des Spanienfeldzuges mit dem Spanienkreuz in Gold mit Schwertern ausgezeichnet. 1938 wurde von Beust Staffelkapitän im KG 27 »Boelcke«, flog über Polen elf Einsätze, im Westen 29 Feindflüge und in der Schlacht um England als Gruppenkommandeur der III./KG 27 über 70 Einsätze gegen Seeziele, Flugplätze und die Großangriffe bei Nacht. Im Osten wurde das KG 27 vornehmlich im Südabschnitt eingesetzt. Nach seinen zahlreichen Einsätzen gegen britische Flugplätze, der Versenkung mehrerer feindlicher Handelsschiffe, sowie seine ersten Erfolge an der Ostfront, wurde von Beust am 7. September 1941 mit dem Ritterkreuz ausgezeichnet. von Beust begleitete mit seiner Gruppe den Vormarsch bei Stalingrad, zeichnete sich dann besonders in der Versorgung der eingeschlossenen Festung aus. Nach nahezu 300 Feindflügen im Osten wurde er am 1. März 1942 als Oberstleutnant Kommodore des KG 27. Das Geschwader meldete am 30. Mai 1943 den 35 000. Einsatz. von Beust selbst hatte 410 Feindflüge, als er am 25. November 1943 als Oberstleutnant und Kommodore mit dem Eichenlaub ausgezeichnet wurde. Dann zwang ihn eine schwere Erkrankung, das Geschwader abzugeben. Nach seiner Wiederherstellung tat von Beust 1944 Dienst als Generalstabsoffizier, in den letzten Monaten des Krieges noch mit der Wahrnehmung der Geschäfte des Generals der Kampfflieger beauftragt. Ende 1947 kehrte von Beust aus amerikanischer Gefangenschaft zurück. Zehn Jahre später trat von Beust als Oberst i. G. in die Bundeswehr ein, war u. a. stellvertretender militärischer

Repräsentant Deutschlands bei SHAPE in Paris, Militär- und Luftwaffenattaché in der Türkei und ging als Verbindungsoffizier beim HQ USAFE in Wiesbaden am 30. September 1971 in Pension.

356. Eichenlaub am 18. Dezember 1943: Kühl, Ernst, Dr., Oberst und Kommodore des KG 55 »Greif«.

431. Eichenlaub am 24. März 1944: Jope, Bernhard, Major und Kommodore des KG 100.
Jope, Bernhard, geboren am 10. Mai 1914 in Leipzig, studierte auf der Technischen Hochschule in Danzig Flugzeugbau und trat 1935 in die Luftwaffe ein. Gegen Polen, Frankreich und in der Schlacht um England zeichnete sich Jope als hervorragender Flugzeugführer in der 2./KG 40 aus. Seine bedeutendste Waffentat war am 24. Oktober 1940 der Angriff auf die 42 348 BRT große »Empreß of Britain«, dem zweitgrößten Schiff der britischen Handelsflotte. Mit zwei Volltreffern aus der FW 200 »Condor« warf er 100 km westlich von Irland das nun als Truppentransporter eingesetzte Schiff in Brand und beschädigte es so schwer, daß es nur noch abgeschleppt werden konnte. Zwei Tage später erhielt die »Empreß of Britain« durch das U-Boot »U-32« den Fangschuß. Für diesen Erfolg wurde dem damaligen Oberleutnant am 30. September 1940 das Ritterkreuz verliehen. Als Major und Kommodore des KG 100 erhielt Oberstleutnant Jope am 24. März 1944 das Eichenlaub. 1944/45 Kommodore des KG 30.

432. Eichenlaub posthum am 24. März 1944: Schmitter, Wilhelm, Major und Gruppenkommandeur im KG 2.
Schmitter, Wilhelm, geboren am 18. Dezember 1913 in Rheydt, trat nach der Schulentlassung in die Kriegsmarine ein und kam 1936 zur Luftwaffe, zunächst als Bordmechaniker, dann als Flugzeugführer. Am Polenfeldzug nahm er als Aufklärer teil, wurde

Ende 1940 zum Offizier befördert und kam 1941 zum KG 2. Im Einsatz gegen England tat er sich mit besonderen Leistungen immer wieder hervor, vor allem bei bewaffneter Aufklärung, bei Angriffen auf Schiffsziele und auf englische Rüstungs- und Hafenanlagen. Ritterkreuz als Oberleutnant und Staffelkapitän der 15./KG 2 am 14. September 1942. Großes fliegerisches Können und rücksichtsloser Angriffsgeist zeichneten diesen hervorragenden Kampfflieger aus, der als Major und Gruppenkommandeur am 8. November 1943 von einem Feindflug nicht mehr zurückkehrte. Posthum wurde ihm am 24. März 1944 das Eichenlaub verliehen.

434. Eichenlaub am 24. März 1944: Bätcher, Hansgeorg, Major und Gruppenkommandeur der I./KG 4 (siehe genaue Lebensdarstellung).

509. Eichenlaub am 24. Juni 1944: Skrzipek, Eduard, Hauptmann und Staffelkapitän der Eisenbahnbekämpfungsstaffel im KG 27.
Skrzipek, Eduard, geboren am 26. Juni 1917 in Beuthen/OS, Flugzeugführer in der 5./KG 27 »Boelcke«, vernichtete u. a. 22 Transportzüge, 45 Flugzeuge am Boden, und errang drei Luftsiege. Skrzipek erhielt als Oberleutnant am 16. April 1943 das Ritterkreuz. Er wurde anschließend Staffelkapitän der sogenannten Eisenbahnbekämpfungsstaffel, der 14./KG 27, und wurde als Hauptmann am 24. Juni 1944 mit dem Eichenlaub ausgezeichnet.

587. Eichenlaub, posthum am 20. September 1944: Thurner, Hans, Hauptmann und Gruppenkommandeur der I./KG 6.
Thurner, Hans, geboren am 24. Oktober 1918 in Innsbruck, einer der schneidigsten Flugzeugführer im KG 55. Über ihn werden viele Geschichten erzählt, so die eine: Als er zu Beginn der Englandfliegerei auf einem englischen Platz landete, bis zu einer großen hell erleuchteten Halle rollte und dort ein Schild las »Royal Air Force«, stellte er überrascht fest: »Hier sind wir zweifellos ver-

kehrt«, wendete, schob die Pulle rein, rollte kurzerhand alles über den Haufen und flog nach Hause. Ritterkreuz als Leutnant am 6. August 1941. Nach Hunderten von Feindflügen kehrte Thurner am 11. Juni 1944 als Hauptmann und Gruppenkommandeur der I./KG 6 vom Feindflug nicht mehr zurück. Posthum wurde ihm am 20. September 1944 das Eichenlaub verliehen.

620. Eichenlaub am 10. Oktober 1944: Lukesch, Dieter, Hauptmann und Staffelkapitän der 9./KG 76.
Lukesch, Dieter, geboren am 15. Juli 1918 in Hadersdorf-Weitlingen bei Wien, Soldat seit 1938, Einsatz beim KG 76 über Polen und im Westen. Besonderer Erfolg im Osten nächtlicher Angriff in 5—10 m Höhe auf das Flugmotorenwerk Rybinsk/Wolga, Versenkung von 12 Tankern, 430 Feindflüge, Ritterkreuz als Leutnant und Staffelkapitän der 9./KG 76 am 20. 12. 1941, Eichenlaub am 10. 10. 1944. Einsatzerprobung der Ar 234 B-2. Ende des Krieges Kommandeur der IV./KG 76. Am 1. 8. 1973 als Flugkapitän der Boeing 707 in Pension.

655. Eichenlaub am 18. November 1944: Antrup, Willi, Oberstleutnant und Kommodore des KG 55.
Antrup, Willi, geboren am 1. Februar 1910 in Leeden/Westfalen, flog 1934 in Cottbus in der Deutschen Verkehrsfliegerschule und trat 1935 in die Luftwaffe über. Bei der Legion Condor war Antrup im Kurierdienst eingesetzt. Zu Kriegsbeginn flog Antrup als Oberleutnant und Technischer Offizier in der Stabsstaffel des KG 55. Dann übernahm er als Hauptmann und Staffelkapitän die 5./KG 55 und wurde am 22. November 1942 mit dem Ritterkreuz ausgezeichnet, da er in vielen Einsätzen das Heer in oft kampfentscheidender Weise unterstützte. Kurze Zeit war Major Antrup Kommandeur der III. Gruppe, ehe er am 8. August 1943 das Geschwader als Kommodore übernahm. Am 11. Mai 1944 führte das KG 55 seinen 50 000. Feindflug durch. Seinen größten Erfolg aber erzielte Oberstleutnant Antrup gegen die amerikanische »Opera-

tion Frantic«. Dies war der Deckname für eine der geheimsten militärischen Planungen des Zweiten Weltkrieges, für den Flug amerikanischer Bomber von England oder Italien über ihr Angriffsziel in Deutschland zu einem russischen Flugplatz. Dort sollte frisch aufgetankt und neu munitioniert und zur Überraschung der deutschen Abwehr ein Angriff aus dem Osten durchgeführt werden, um dann zur Ausgangsbasis zurückzukehren. Frantic 2 unter dem Kommando von Colonel Archie J. Old startete am 21. Juni 1944 mit 163 Fliegenden Festungen in England, bombardierte Ruhland südlich von Berlin und flog dann nach Poltawa. Leutnant Hans Müller brachte mit seiner He 177 von einem Aufklärungsflug das überraschende Bild von Poltawa mit. Oberstleutnant Antrup bereitete daraufhin sofort einen Großangriff mit dem KG 55, KG 53, KG 27 und KG 4 auf Poltawa vor. Kurz nach 21 Uhr starteten diese Geschwader von ihren Plätzen in der Nähe von Minsk. Im direkten Anflug wurde Poltawa von Mitternacht bis gegen 2 Uhr am 22. Juni 1944 bombardiert. Von den 73 Fliegenden Festungen B-17 wurden nach amerikanischen Angaben 47 zerstört, ferner zwei C-47, eine P-51 und 29 andere amerikanische Flugzeuge. Mit diesem vernichtenden Schlag, eine der letzten großen Erfolge der deutschen Kampffliegerei, war eine Lieblingsidee der amerikanischen Luftwaffenführung zerstört worden. Antrup wurde für diese Leistung nach über 500 Feindflügen am 18. November 1944 mit dem Eichenlaub ausgezeichnet. In der Bundeswehr stieg Antrup bis zum Brigadegeneral auf und ging 1968 in Pension.
656. Eichenlaub am 18. November 1944: Höfer, Heinrich, Major und Gruppenkommandeur der II./KG 55.
Höfer, Heinrich, geb. am 14. Juli 1911 in Bad Oeynhausen, Soldat seit 1930, KG 55 seit 1938, Kapitän seit 1. Mai 1940, Kommandeur seit 16. Februar 1943, erhielt als Major und Kommandeur der II./KG 55 nach 436 Einsätzen am 14. September 1943 das Ritterkreuz, nach 546 Feindflügen am 18. November 1944 das Eichenlaub.

674. Eichenlaub am 6. Dezember 1944: Maier, Kurt, Hauptmann und Staffelkapitän in der I./KG 4.
Maier, Kurt, Beobachter und Kommandant in der III./KG 1 (später Kommandeur der Erprobungsgruppe Rechlin), vernichtete und versenkte bei Angriffen auf Artilleriestellungen, Eisenbahn- und Schiffsziele zahlreiches Kriegsmaterial des Gegners. Ritterkreuz am 25. November 1942. Als Hauptmann und Staffelkapitän in der I./KG 4 erhielt Maier am 6. Dezember 1944 das 674. Eichenlaub der deutschen Wehrmacht.

675. Eichenlaub posthum am 6. Dezember 1944: Sattler, Georg, Oberleutnant und Staffelkapitän im LG 1.
Sattler, Georg, geboren am 14. April 1917 in München, war von Beruf Silberschmied und hatte für sein Gesellenstück den Preis der Stadt München erhalten. Sein hohes zeichnerisches Talent nützte er auch in den Kriegsjahren und beschäftigte sich in seiner Freizeit mit Zeichnen und Aquarellieren. 1935 trat er in die Luftwaffe ein, wurde Flugzeugführer und kam zu dem berühmten Lehrgeschwader 1. Aus der Schlacht um England wurde er mit seinem Verband herausgezogen, um im Balkan eingesetzt zu werden. Immer wieder flog er gegen die Metaxaslinie, wurde dabei im April 1941 von der griechischen Flak abgeschossen, konnte sich aber nach fünf Tagen zu den eigenen Linien durchschlagen. Ein erneuter Einsatz galt der Zerstörung des jugoslawischen Hauptquartiers in Skoplje. Dann war Sattler eingesetzt bei der Eroberung von Kreta. Von da an blieb das LG 1 im Mittelmeerraum. Sattler flog im östlichen Mittelmeer, gegen den Suezkanal, Versorgungsflüge in Afrika, Geleitzugsicherung, unterstützte den Vormarsch in Afrika und die Abwehrkämpfe in der Cyrenaika. Im Juni 1942 wurde bei einem Nachtangriff in Afrika ein Motor seiner Ju 88 von Nachtjägern in Brand geschossen, so daß er vor Tobruk notwassern mußte. Schwimmend erreichte die Besatzung das Ufer. Bei einem Angriff auf den Hafen von Alexandria erwischte ihn ein Scheinwerferbündel. Sattler

stürzte auf die Scheinwerfer, fing die Ju 88 knapp über den Hausdächern ab. Im gleichen Augenblick traf ein Flakgeschoß die Ju 88. Die Instrumente fielen aus. Und doch brachte Sattler in schwierigem Nachtflug die Ju 88 zum Heimathafen zurück. 68mal flog Sattler gegen Geleitzüge, 180mal startete er zum Feindflug über dem Mittelmeerraum. Seine überlegene Ruhe war im Geschwader bekannt. Sattler, der zu den »Helbig-Fliegern« gehörte, erzielte seine großen Erfolge in der Bekämpfung von Schiffszielen. U. a. versenkte er zwei Fahrgastschiffe von 32 000 BRT, zwei Transporter von 10 000 BRT, einen Zerstörer und ein Torpedoboot. Sattler, der im Januar 1943 das Deutsche Kreuz in Gold erhielt, wurde wegen Tapferkeit zum Offizier befördert. Am 5. Februar 1944 erhielt Sattler das Ritterkreuz. Er gehörte zu den erfahrensten Flugzeugführern seines Geschwaders. Als Oberleutnant und Staffelkapitän der 1./LG 1 kehrte er am 30. August 1944 von einem Feindflug nicht mehr zurück. Posthum wurde ihm am 6. Dezember 1944 das 675. Eichenlaub der deutschen Wehrmacht verliehen.

692. Eichenlaub posthum am 9. Januar 1945: Freiherr Siegmund-Ulrich von Gravenreuth, Oberstleutnant und Kommodore des KG 30. Freiherr von Gravenreuth, Siegmund-Ulrich, geboren am 21. Oktober 1909 in München als Sohn eines Gutsbesitzers, flog bereits 1937/38 als Kampfflieger bei der Legion Condor in Spanien und wurde dafür später mit dem Goldenen Spanienkreuz mit Schwertern ausgezeichnet. Als Oberleutnant flog er gegen Polen und im Westen. Seine größten Erfolge erzielte er als Flugzeugführer in der 1./KG 30 gegen die englische Versorgungsschiffahrt. Unter anderem versenkte er einen Zerstörer, einen Truppentransporter mit 6000 BRT, einen weiteren mit 29 000 BRT und beschädigte ein Transportschiff mit 10 000 BRT schwer. Als er am 24. November 1940 das Ritterkreuz erhielt, hatte er 55 000 BRT feindlichen Handelsschiffsraum versenkt. 1941 übernahm er die II./KG 30. Im September 1943 wurde Freiherr von Gravenreuth Kommodore

des KG 30, verunglückte am 16. Oktober 1944 tödlich. Posthum wurde er als Oberstleutnant am 9. Januar 1945 mit dem 692. Eichenlaub der deutschen Wehrmacht ausgezeichnet.

696. Eichenlaub am 14. Januar 1945: Riedesel, Freiherr von und zu Eisenbach, Volprecht, Oberstleutnant und Kommodore des KG 54.
Riedesel, Freiherr von und zu Eisenbach, Volprecht, erhielt als Hauptmann und Gruppenkommandeur der II./KG 76 nach zahlreichen Angriffen auf wichtige Industriewerke und Flugplätze, denen oft kampfentscheidende Bedeutung zukam, am 7. Oktober 1942 das Ritterkreuz. Am 1. Februar 1943 wurde er Kommodore des KG 54 und wurde für seine Erfolge am 14. Januar 1945 als Oberstleutnant mit dem Eichenlaub ausgezeichnet. Am 2. März 1945 starb Freiherr von Riedesel auf der Me 262 den Fliegertod.

735. Eichenlaub am 1. Februar 1945: Wittmann, Herbert, Major und Gruppenkommandeur der II./KG 53.
Wittmann, Herbert, geboren am 3. Januar 1914 in Döllnitz/Oberfranken, flog bereits bei der Legion Condor mit der He 111, war dann Staffelkapitän einer Stabsstaffel, flog von Kriegsbeginn an im Kampfgeschwader 53 »Legion Condor«, Einsätze gegen die Maginotlinie und England, wurde im September 1940 Hauptmann, war dann mit seiner Staffel drei Jahre an der Ostfront, dort gelang es ihm u. a., 30 Transportzüge durch Volltreffer zu vernichten, 16 Eisenbahnstrecken zu unterbrechen, Bahnhofsanlagen in Brand zu werfen, 10 Panzer zu zerstören, zwei Kanonenboote zu versenken, flog allein siebenmal die schweren Einsätze gegen Moskau mit, war nach Luftkampf mehrfach zum Fallschirmabsprung gezwungen. Ritterkreuz als Hauptmann und Staffelkapitän am 23. November 1941. Nach 467 Einsätzen wurde Wittmann als Major und Gruppenkommandeur der II./KG 55 am 1. Februar 1945 mit dem 735. Eichenlaub der deutschen Wehrmacht ausgezeichnet.

RITTERKREUZTRÄGER DER KAMPFFLIEGER*)

Abrahamczik, Rudolf, geboren am 17. April 1920 in Kurzendorf/Schlesien, erhielt als Oberleutnant und Staffelführer der 14./KG 2 am 29. Februar 1944 das Ritterkreuz. Abrahamczik verlegte noch am 30. April 1945 mit seiner Staffel, nunmehr umgeschult auf Me 262, von München-Riem nach Prag-Rusin, um den Rückzug zu decken. Er flog so die letzten Einsätze des KG 51.

Aigen, Reinhard, geboren am 20. Mai 1913 in Heidenheim an der Brenz, flog als gelernter Maschinenschlosser als Bordmechaniker über Polen, Norwegen und im Westen. In der Schlacht um England stand er 79mal im Einsatz. Nach über 300 Feindflügen an der Ostfront kehrte der Oberfeldwebel in der 7./KG 4 am 19. September 1943 vom Einsatz nicht mehr zurück. Posthum wurde ihm am 9. Juni 1944 das Ritterkreuz verliehen.

Albersmayer, Ludwig, erhielt als Oberleutnant im KG 51 am 1. Mai 1945 als wohl letzter Kampfflieger das Ritterkreuz.

---

*) Der Autor versuchte, aus zeitgenössischen Unterlagen wie durch Nachforschungen beim Bundesarchiv in Kornelimünster und beim Militärarchiv in Freiburg/Breisgau alle Ritterkreuzträger der Kampffliegerei zu erfassen. Immer wieder wurden neue Namen bekannt. Da dies der erste Versuch im deutschen Schrifttum ist, alle Ritterkreuzträger der Kampffliegerei zu benennen, können sich verständlicherweise Fehler einschleichen. Für eine Vervollständigung dieser Liste wäre der Autor sehr dankbar, wenn Leser weitere Namen oder Ergänzungen und Verbesserungen direkt an den Verfasser mitteilen würden: Georg Brütting, 863 Coburg, Baltenweg 2 b.

Andres, Ernst, geboren am 19. September 1921 in Hanweiler/Württemberg, wurde am 20. April 1944 für seinen unermüdlichen Einsatz als Flugzeugführer und Oberleutnant im Stab des KG 2 vor allem gegen Industrieziele bei Birmingham mit dem Ritterkreuz ausgezeichnet. Andres schulte im Herbst 1944 zur Nachtjagd um, wurde als Hauptmann Staffelkapitän der 5./NJG 4. Noch am 11. Februar 1945 wurde er beim Start in Gütersloh von einer Mosquito abgeschossen.

Angerstein, Karl, geboren am 4. Dezember 1890 in Mülhausen, erhielt als Oberst und Kommodore des KG 1 »Hindenburg« am 2. November 1940 das Ritterkreuz, da das Geschwader unter seiner Führung hervorragende Leistungen vollbracht hatte. Kommodore vom 3. Juli 1940 bis 1. März 1942. Angerstein wurde 1943 als Generalleutnant Kommandierender General des I. Fliegerkorps.

von Ballasko, Otto, vernichtete als Oberleutnant und Staffelkapitän der 9./KG 1 »Hindenburg« u. a. zwei Munitionszüge, acht Panzer, zwei Batterien und unterstützte bei schlechtestem Wetter den harten Abwehrkampf des Heeres. Ritterkreuz am 13. August 1942.

Banholzer, Alfred, geboren am 8. September 1912 in Wellendingen/Württemberg, Hauptmann und Staffelkapitän in der I./KG 55 »Greif«. Ritterkreuz am 14. Januar 1945 nach 318 Feindflügen.

Barth, Eitel-Albert, geboren am 7. Februar 1915 in Bukarest, flog seit Kriegsbeginn im KG 55, hatte sich am 26. Juni 1941 nach einer Notlandung weit im Hinterland des Feindgebietes in mehrtägigem Marsch durchgeschlagen, wurde als Oberleutnant am 5. Oktober 1942 Staffelführer der 4./KG 55 »Greif«, flog die meisten Einsätze seiner Staffel, zerstörte eine wichtige Brücke über den Don, hatte namhafte Erfolge vor allem bei der Bekämpfung des Nachschubs und bei zahlreichen Kampf- und Versorgungsflügen nach Stalingrad. Nach 319 Einsätzen wurde Barth am 24. März 1943 mit dem Ritterkreuz ausgezeichnet.

Barth, Siegfried, erwarb sich als Hauptmann und Staffelkapitän der 4./KG 51 bei der Bekämpfung von Erd- und Schiffszielen im Schwarzen Meer während des Kampfes um Sewastopol sowie im Hafen von Noworossijsk besondere Verdienste. Ritterkreuz am 2. Oktober 1942. Bei Kriegsende Kommodore des KG 51.

Baumgartl, Erich, trat als Oberleutnant und Staffelkapitän der 3./KG 55 durch viele Einsätze hervor, von denen vor allem die Vernichtung einer starken feindlichen motorisierten Artilleriekolonne hervorzuheben ist. Baumgartl, der am 31. Juli 1943 mit dem Ritterkreuz ausgezeichnet wurde, fiel am 12. Juli 1944 als Hauptmann und Gruppenkommandeur.

Beeger, Horst, geboren am 8. Juni 1913 in Bautzen, erhielt als Oberleutnant und Staffelkapitän der 3./LG 1 am 23. November 1941 das Ritterkreuz, u. a. versenkte er im Mai 1941 vor Kreta den britischen Kreuzer »York«.

Beier, Karl, wurde als Oberleutnant und Verbindungsoffizier zur 5. rumänischen Kampffliegergruppe am 6. Dezember 1944 mit dem Ritterkreuz ausgezeichnet.

Bender, Wilhelm, geboren am 20. März 1916 in Oberschefflenz in Baden, erwarb als Oberfeldwebel und Flugzeugführer in der 5./KG 3 nach vielen Feindflügen das Ritterkreuz, das ihm am 8. September 1941 durch Oberst von Chamier im Lazarett überreicht wurde. Bei einem Angriff im Juli 1941 zerriß ihm eine Abwehrgranate den Rücken und die linke Schulter. Staffelkapitän und Funker wurden aus dem Flugzeug geschleudert. Der Oberfeldwebel aber, der kaum noch das Leben besitzen zu schien, steuerte die

Ju 88 mit der letzten Kraft zum Einsatzhafen zurück. Die Hydraulik war zerschossen. Bender setzte mit einer sauberen Bauchlandung auf, ehe ihn die Kräfte verließen.

Bennemann, Hans, wurde als Oberleutnant und Staffelkapitän der 5./KG 55 am 26. März 1944 mit dem Ritterkreuz ausgezeichnet. Bei Kriegsende hatte Bennemann 398 Einsätze in seinem Flugbuch verzeichnet.

Bermadinger, Matthias, geboren am 31. Oktober 1919 in Salzburg, zeichnete sich als Einzelkämpfer wie als Staffelkapitän vor allem in der Bekämpfung des Nachschubverkehrs aus, vernichtete zahlreiche Transport-, Brennstoff- und Munitionszüge. Als Oberleutnant und Staffelkapitän der Eisenbahn-Bekämpfungsstaffel der III./KG 55 erhielt er am 5. April 1944 das Ritterkreuz.

Bertram, Wilhelm, geboren am 17. Mai 1918 in Breitenhof, erhielt als Hauptmann und Staffelkapitän der 3./KG 6 nach 169 Feindflügen gegen England und an der Invasionsfront am 14. Januar 1945 das Ritterkreuz.

Betke, Siegfried, Oberleutnant in der 9./KG 26, wurde am 8. August 1944 nach seinen Erfolgen gegen die anglo-amerikanischen Geleitzüge im Nordmeer mit dem Ritterkreuz ausgezeichnet.

Freiherr von Bibra, Ernst, Major und Gruppenkommandeur der III./KG 51 (vom 23. 11. 1941 bis 15. 2. 1943), hatte sich als Flugzeugführer, Staffelkapitän (der 7./KG 51) und Gruppenkommandeur in Polen und im Westfeldzug sowie gegen die Sowjetunion hervorragend bewährt. Als Verbandsführer, ausgezeichneter Flieger und Einzelkämpfer erhielt er am 23. Dezember 1942 das Ritterkreuz. Nur wenige Wochen später, am 15. Februar 1943, kehrte er von einem Feindflug nicht mehr zurück.

Bierbrauer, Günther, Feldwebel in der 14./KG 27, erhielt noch am 17. April 1945 das Ritterkreuz.

Bischof, Otto, zeichnete sich als Oberleutnant und Staffelkapitän der 4./KG 77 besonders durch seine Angriffe auf Coventry, auf Schleusen des Stalinkanals und auf Malta aus. Das Ritterkreuz wurde ihm am 3. Mai 1942 verliehen. Er ist von einem Feindflug nicht mehr zurückgekehrt.

Bliesener, Fritz, geboren am 24. Januar 1920 in Stettin, war der Typ eines kühnen Draufgängers. Zweimal hinter den sowjetischen Linien abgeschossen, hat er sich mit seiner ganzen Besatzung zu den eigenen Linien wieder durchgeschlagen, um sofort wieder neue Einsätze zu fliegen. Als Flugzeugführer in der 5./KG 55 »Greif« erhielt er am 20. Dezember 1941 das Ritterkreuz. Als Oberleutnant und Geschwader-Adjutant kehrte er am 25. November 1942 vom Feindflug nicht mehr zurück.

Bloedorn, Erich, geboren am 6. Juli 1902 in Mühlhausen in Thüringen, wurde bereits am 13. Oktober 1940 als Major und Gruppenkommandeur der III./KG 4 mit dem Ritterkreuz ausgezeichnet, da seine Kampfgruppe sowohl in Norwegen als auch in Frankreich und gegen England hervorragende Erfolge errungen hatte. Im Kanal wurden drei Zerstörer und 82 000 BRT Handelsschiffsraum versenkt. Major Bloedorn war vom September 1940 bis Mai 1943 Kommodore der KG 30, vor allem im Einsatz im Nordmeer.

Boecker, Heinrich, Hauptmann und Staffelkapitän in der 12./LG 1 wurde am 29. Februar 1944 mit dem Ritterkreuz ausgezeichnet.

Bollmann, Fred, geboren am 9. September 1905 in Berlin, war während des Krieges Kriegsrichter, der auf sein Drängen hin immer wieder nur zeitweise zur Fliegertruppe abgestellt wurde. Zu

Major Joachim Helbig erhielt am 28. September 1942 als 20. Soldat der Wehrmacht die Schwerter zum Eichenlaub. Er war Kommandeur der I./LG 1, selbst beim Gegner als »Helbig Flyers« bekannt und gefürchtet.

Helbig und seine Besatzung 1942 auf dem Flugplatz Eleusis, von rechts: der Bordmechaniker, Hauptmann Helbig, Ritterkreuzträger Leutnant Sauer, ein Flugzeugführer seiner Staffel, Ritterkreuzträger Oberfeldwebel Schlund, sein Bordfunker, sein erster Wart Behm und sein Major beim Stab, Major d. Res. Stephan, der mehrfach als Beobachter flog.

Helbig kehrt als Staffelkapitän der 4./LG 1 vom Einsatz am Suezkanal auf den Platz Eleusis bei Athen mit seiner geliebten L 1 + AM zurück — die berühmteste Ju 88, mit der Helbig über 1000 Flugstunden flog, eine Zahl, die keine andere Ju 88 erreichte.

Flugplatz Irakleon auf Kreta. Hier sprengte ein feindlicher Kommandotrupp in einer Juli-Nacht 1942 nicht weniger als 16 Ju 88 der Kampfgruppe von Helbig. Zum Schutz vor Angriffen des Gegners waren die Ju 88 in gemauerten Boxen untergebracht.

Beginn des Krieges flog Bollmann bei der 4./KG 26, kam dann zur III./KG 55 und erhielt dort nach 290 Feindflügen als Major der Reserve und Kommandeur dieser Gruppe am 29. Oktober 1944 das Ritterkreuz. Am Ende des Krieges war Bollmann Oberstrichter der Luftwaffe in der Luftflotte Reich.

Boos, Johann, geboren am 1. August 1915 in Ney, Kreis St. Goar, flog seit Kriegsbeginn in der III./KG 55, erreichte als Oberfeldwebel und Flugzeugführer in der 9./KG 55 vor allem bei der Bekämpfung von Schiffszielen, Industrie- und Eisenbahnanlagen große Erfolge. Von seinem 416. Feindflug kehrte Boos am 16. Mai 1943 im Osten nicht mehr zurück. Wie sich nach dem Kriege aufklärte, wurde seine He 111 bei Amawier im Kaukasus bei einem Tiefangriff auf den Bahnhof Krapotkin abgeschossen. Boos selbst kehrte am 2. Juni 1948 aus der Gefangenschaft von Scheljapinsk in Sibirien zurück. Zu diesem Zeitpunkt erfuhr er erst, daß ihm nach seinem 416. Einsatz am 9. Oktober 1943 das Ritterkreuz verliehen worden war.

Bornschein, Walter, gehörte als Oberleutnant zu den erfahrensten und bewährtesten Flugzeugführern der II./KG 2. In Hunderten von Feindflügen erzielte er in der 4. Staffel große Erfolge gegen englische Flugzeuge, Dockanlagen, Geleitzüge und Industriewerke. Das Ritterkreuz erhielt er am 24. September 1942. Bornschein, der viele Erlebnisse mit Bleistift und Pinsel festhielt, fiel im Nachtjägereinsatz am 27. April 1944 als Hauptmann und Staffelkapitän mit einer Me 410 in der Nähe von Weißenfels/Saale.

Bradel, Walter, geboren am 31. Juli 1911 in Breslau-Carlowitz, erhielt als Beobachter und Staffelkapitän der 9./KG 2 am 17. September 1941 das Ritterkreuz, nachdem er u. a. in der Panzerschlacht bei Grodno einen bedrohlichen Angriff von nahezu 500 Panzern unter vollstem Einsatz seiner Person und seiner Staffel durch ständige Tiefangriffe zum Scheitern gebracht hatte. Zahlreiche Einsätze führten ihn über Frankreich und England. Nach dem Ritterkreuz wurde er Kommandeur der III. Gruppe und übernahm am 1. Juli 1942 das Geschwader. Am 5. Mai 1943 starb er als Major und Kommodore den Fliegertod auf dem Rückflug von Norwich, als er nach Motorausfall im Weichbild von Amsterdam eine Notlandung versuchte.

Brandenburg, Max, geboren am 6. September 1919 in Hademarschen, versenkte als Feldwebel und Flugzeugführer in der 5./KG 100 im Schwarzen Meer u. a. einen Tanker von 7000 BRT, fünf bewaffnete Transporter mit zusammen 9400 BRT und drei Truppentransporter mit 3800 BRT. Nach über 400 Einsätzen wurde er am 11. Juni 1944 mit dem Ritterkreuz ausgezeichnet.

Braun, Willi, geboren am 21. Juli 1920 in Würzburg, flog als Beobachter in der 4./KG 55 und wurde als Fahnenjunker-Feldwebel nach Hunderten von Feindflügen, auf denen u. a. elf Panzer, acht Transportzüge, fünf Treibstoffzüge und zwei Munitionszüge sowie 236 Lkw und eine Reihe kleinerer Schiffseinheiten vernichtet hatte, am 9. Juni 1944 mit dem Ritterkreuz ausgezeichnet.

Brennecke, Wilhelm, wurde als Feldwebel und Flugzeugführer im Stab der II./KG 55 am 26. März 1944 mit dem Ritterkreuz ausgezeichnet.

Brenner, Gerhard, geboren am 29. August 1918 in Ludwigsburg, ein auf allen Kriegsschauplätzen bewährter Flugzeugführer in der 2./LG 1, der u. a. im Seegebiet von Kreta trotz schwersten Flakfeuers einen englischen Kreuzer versenkt hat. Nach über 100 Feindflügen erhielt er als Leutnant am 5. Juli 1941 das Ritterkreuz. Brenner fiel bei einem Angriff am 14. Juni 1942 südlich der Insel Gardos in der Ägäis.

Breu, Peter-Paul, geboren am 13. Juni 1915 in Schwabhausen bei Gotha, flog als Kapitän der 6./KG 3 über Polen, Frankreich und England, wurde im Osten Gruppenkommandeur der II./KG 3, vernichtete 34 Transportzüge, belegte Bereitstellungen und Batterien mit Bomben, erkannte auf einem Aufklärungsflug im Raume von Kirow einen sowjetischen Durchbruchsversuch, wobei es ihm gelang, 26 Panzer zu vernichten. Mit seiner Besatzung hat er drei Flugzeuge abgeschossen. Ritterkreuz am 2. Oktober 1942.

Brogsitter, Eduard, Oberleutnant und Staffelführer in der II./KG 76, errang als Einzelkämpfer wie als Verbandsführer auf weit über 300 Feindflügen bedeutende Erfolge. Ritterkreuz als Oberleutnant am 24. März 1943.

Broich, Peter, geboren am 22. Mai 1914 in Altenrath/Siegkreis, flog von Kriegsbeginn an als Flugzeugführer in der 3./KG 2, war ständig im Westen eingesetzt und gehörte nach der Schlacht um England zu den ältesten und erprobtesten Flugzeugführern des Geschwaders, so daß er 1942 nach zahlreichen Tag- und Nachtangriffen in Tagessondereinsätzen auf Einzelziele angesetzt wurde. Nach 165 Feindflügen erhielt er als Oberfeldwebel am 10. Oktober 1942 das Ritterkreuz. Anschließend wurde er Lehrer in der 10./KG 2. Am Ende des Krieges war Broich Oberleutnant und Staffeloffizier, noch immer im KG 2.

Brückner, Wolfgang, erhielt als Oberleutnant und Staffelkapitän der 3./KG 1 am 5. Dezember 1943 das Ritterkreuz.

Bucholz, Hans, geboren am 28. Juli 1908 in Altlandsberg, erzielte als Flugzeugführer in der 2./KG 40 in zahlreichen Fernkampfeinsätzen gegen Narvik, im Nordatlantik und im Raume westlich Irland überragende Leistungen. Bei seinen Angriffen auf stark gesicherte Geleitzüge bewaffneter Handelsschiffe fügte er dem Gegner schwere Schäden zu. Bucholz erhielt als Oberleutnant der Reserve am 24. März 1941 das Ritterkreuz. Am 19. Mai 1941 kehrte er vom Feindflug nicht zurück.

Bülowius, Alfred, geboren am 14. Januar 1892 in Königsberg/Ostpreußen, nahm als Kommodore des LG 1 selbst an den meisten Feindflügen seines Geschwaders teil, das bei Angriffen auf englische Transportschiffe vor Norwegen und der französischen Küste, auf militärische Ziele bei Amiens und an der Loire sowie auf die Häfen Vlissingen, Dünkirchen und Boulogne besondere Erfolge erzielte. Bülowius erhielt als Oberst am 4. Juli 1940 das Ritterkreuz. Bülowius war am Ende des Krieges General der Flieger und Befehlshaber des Luftgaukommandos Dresden.

Capesius, Kurt, geboren am 12. Februar 1919, erhielt als Hauptmann, mit der Wahrnehmung der Geschäfte eines Kommandeurs der III./KG 66 beauftragt, am 30. November 1944 das Ritterkreuz. Capesius verstarb im Oktober 1958 an den Folgen eines Flugunfalls.

von Chamier-Glisczinski, Wolfgang, geboren am 16. April 1894 in Hagen, führte seit Kriegsbeginn das KG 3 in Polen, gegen Frankreich und England und wurde für die wohldurchdachte Führung des Geschwaders als Oberst am 3. Oktober 1940 mit dem Ritterkreuz ausgezeichnet. Am 1. November 1941 übernahm er als Generalmajor die Große Kampffliegerschule. Im Frühjahr 1943 wurde er Fliegerführer. von Chamier starb am 12. August 1943 als Generalmajor und Fliegerführer.

Christmann, Karl, wurde als Oberfeldwebel und Beobachter in der 6./KG 53 am 5. April 1944 mit dem Ritterkreuz ausgezeichnet.

Claas, Paul, geboren am 12. Dezember 1908 in Linden an der Ruhr, stand seit August 1940 im Einsatz, flog 103mal gegen England, wurde Gruppenkommandeur der I./KG 100, versenkte Schiffe im Kaspischen Meer, konnte große Erfolge in der Bekämpfung von Eisenbahnzügen und Truppenansammlungen erzielen. Bei seinem 311. Einsatz kehrte Claas als Major und Gruppenkommandeur im Dezember 1942 von der Schiffszielbekämpfung im Kaspischen Meer nicht mehr zurück. Posthum wurde ihm am 14. März 1943 das Ritterkreuz verliehen.

Clemm von Hohenberg, Dieter, kehrte als Major und Gruppenkommandeur der II./LG 1 am 30. Juni 1944 vom Feindflug nicht mehr zurück. Posthum wurde ihm für seine Einsätze am 18. November 1944 das Ritterkreuz verliehen.

Cordes, Udo, erhielt Ende 1942 als Flugzeugführer im KG 3 nach Hunderten von Einsätzen das Deutsche Kreuz in Gold. Im Januar 1943 wurde er in die 9.(Eis.)/KG 3 versetzt, entwickelte in 96 weiteren Einsätzen eine eigene Angriffstaktik im Kampf gegen die Nachschublinien, mit der es ihm an der Donezfront gelang, innerhalb von drei Wochen 41 Lokomotiven, 19 Eisenbahnzüge, darunter zwei Kesselwagen, drei Munitionszüge und 30 Lastkraftwagen zu zerstören. Dafür wurde er als Leutnant am 25. Mai 1943 mit dem Ritterkreuz ausgezeichnet.

Cramer, Heinz, geboren am 24. Mai 1911 in Straßburg. Cramer, ein bekannter Fünfkämpfer, hatte bereits im Polenfeldzug erfolgreiche Angriffe geflogen, konnte gegen die englische Flotte im Winter 1939/40 mit seiner Staffel in der II./LG 1 schwere Treffer auf britische Schlachtschiffe erzielen. In Norwegen führte er seine Staffel gegen die englischen Landetruppen bei Andalsnes, Moldefjord und Drontheim. Als Gruppenkommandeur flog er an der Spitze der II./LG 1 gegen Boulogne, Amiens, Le Havre und Nantes. Mehr als 40 000 BRT Schiffsraum konnte seine Gruppe versenken. Cramer erhielt bereits am 18. September 1940 das Ritterkreuz. Schon wenige Tage später wurde er bei einem Tagesangriff auf das Luftschraubenwerk Worrington bei Liverpool abgeschossen und geriet in Gefangenschaft, aus der er 1947 zurückkehrte. Bei der Bundeswehr stieg Cramer bis zum Brigadegeneral auf.

Crüger, Arved, geboren am 25. Juni 1911 in Pillau, gab als Staffelkapitän der 3./KG 30 im Winterkrieg gegen England 1939/40 seinen Besatzungen ein Beispiel an Einsatzbereitschaft und persönlicher Tapferkeit. Crüger wurde als Hauptmann am 19. Juni 1940 mit dem Ritterkeuz ausgezeichnet.

Czernik, Gerhard, geboren am 12. Januar 1913 in Breslau, hat sich als Kapitän der 6./KG 2 im Westen und Südosten in über 130 Feindflügen hervorragend bewährt. Seine Staffel hat 24 Flugzeuge am Boden vernichtet und vier feindliche Jäger im Luftkampf abgeschossen. Im Tal von Larissa hat Czernik britische Marschkolonnen bekämpft, und bei Chalkis trotz Flaktreffer im Flugzeug erfolgreiche Angriffe auf Schiffsziele durchgeführt. Czernik erhielt im Kampf gegen England als Oberleutnant am 16. Mai 1941 das Ritterkreuz. Er kehrte am 20. Oktober 1941 als Hauptmann von einem Einsatz über der Insel nicht mehr zurück.

Darjes, Paul-Friedrich, geboren am 20. März 1911 in Berlin-Friedenau, flog im KG 51, wurde im März 1942 zur II./SG 1 versetzt und erhielt als Major am 14. Oktober 1942 das Ritterkreuz.

Daser, Edmund, geboren am 1. Oktober 1908, gehörte zu den erfolgreichsten Flugzeugführern des KG 40. Er wurde vor allem durch seine Sondereinsätze bekannt, zeigte dabei meisterhaftes fliegerisches Können und vorbildliche Tapferkeit. Im Norwegenfeldzug zerstörte er bei einem Flug gegen Kirkines den Sender Vadsoe. Außerdem griff er erfolgreich Geleitzüge und Truppenausladungen bei Haarstadt und ein englisches Schlachtschiff an. Fernaufklärungsflüge bis in den hohen Norden brachten für die Führung besonders wichtige Erkundungen. Im Westen griff er Handelsschiffe in der Gironde-Mündung und in der Biskaya an. Im Krieg gegen England gelang es ihm, im Atlantik, im Kanal und in der Irischen See 46 000 BRT Handelsschiffsraum zu versenken. Dafür wurde er als Hauptmann und Staffelkapitän der 1./KG 40 am 21. Februar 1941 mit dem Ritterkreuz ausgezeichnet.

Dietrich, Gerhard, geboren am 30. April 1917 in Baichau, Kreis Glogau/Schlesien, kam nach seiner Ausbildung von der Großen Kampffliegerschule 2 am 1. Juli 1941 zum KG 55 an die Ostfront, flog in der 12., dann in der 4. Staffel und schließlich im Stab. Nach 425 Einsätzen wurde er als Flugzeugführer und Feldwebel am 9. Juni 1944 mit dem Ritterkreuz ausgezeichnet. Inzwischen war er bereits zum NJG 6 versetzt und beendete den Krieg als Fahnenjunker-Oberfeldwebel und Jagdlehrer auf dem Fliegerhorst Wesendorf, Kreis Gifhorn.

Dipberger, Willi, geboren am 30. Mai 1918 in Ziegelhausen/Baden, war der Beobachter in der Besatzung von Schwerterträger Hogeback im Stab des KG 6, flog mit ihm über Afrika und Rußland, über der Nordsee und gegen England und erhielt nach 337 Einsätzen am 9. Januar 1945 als Fahnenjunker-Oberfeldwebel im KG 6 das Ritterkreuz.

Doench, Fritz, geboren am 19. Mai 1904 in Wittenberg, wurde bekannt als Kommandeur der I./KG 30, die im Winter 1939/40 in schneidigen Angriffen gegen die Stützpunkte der britischen »Homefleet« in Scapa Flow und Shetland-Inseln große Erfolge erzielte. Ebenso fügte die Gruppe im Westen im belgisch-französischen Küstengebiet dem Gegner schwere Schäden zu. Doench wurde als Major bereits am 19. Juni 1940 mit dem Ritterkreuz ausgezeichnet, kam dann zum Generalstab und starb am 14. Juni 1942 in

Foggia als Oberstleutnant und Abteilungschef im RLM den Fliegertod.

Döring, Arnold, geboren am 29. Januar 1918 in Ehilsberg/Ostpreußen, flog als Beobachter von November 1940 bis Sommer 1942 in der 9./KG 53, dann ein Jahr beim KG 55 und kam im August 1943 zur Wilden Sau. Nach deren Auflösung wurde er Nachtjäger. Am 17. April 1945 erhielt er als Leutnant im NJG 3 das Ritterkreuz nach 392 Feindflügen, davon 348 als Kampfflieger. Er erzielte 23 Abschüsse, davon 10 als Kampfflieger im Osten.

Döring, Wilhelm, geboren am 2. Oktober 1918 in Nürnberg, erhielt als Leutnant und bewährter Beobachter in der 2./KG 53 am 19. Februar 1943 das Ritterkreuz nach 350 Einsätzen an allen Fronten.

Dous, Willi, geboren am 16. Juni 1916 in Passenheim/Ostpreußen, hat sich als Flugzeugführer in über 100 Feindflügen auf allen Kriegsschauplätzen bewährt, vor allem im Südostfeldzug. So vereitelte er den Rückzug einer australischen Division bei Larissa und zerstörte nachhaltig den Flugplatz Argos. Das Ritterkreuz wurde ihm als Oberleutnant in der 8./KG 3 am 5. Juli 1941 verliehen.

Dreher, Johann, geboren am 30. November 1920 in München, erhielt als Oberleutnant und Staffelkapitän der 5./KG 53 nach über 400 Feindflügen am 5. April 1944 das Ritterkreuz. Im August 1944 wurde er Nachtjäger. Dabei wurde er als Hauptmann am 4. März 1945 über England abgeschossen.

Dürbeck, Wilhelm, geboren am 25. Januar 1912 in Nürnberg, Staffelkapitän der 9./LG 1, hat seine Staffel auf vielen schwierigen Einsätzen in Norwegen, Holland, Frankreich und England geführt. Höhepunkt seiner Einsätze war ein mit besonderem Geschick durchgeführter Einzelangriff auf ein wichtiges englisches Motorenwerk, wobei er die größte Halle zerstörte und das Werk damit nachhaltig lahmlegte. Ritterkreuz als Hauptmann am 3. Dezember 1940. Dürbeck ist über Malta gefallen.

Ebersbach, Hans, kehrte als Oberleutnant und Staffelkapitän in der II./KG 76 am 31. Mai 1944 vom Einsatz nicht mehr zurück. Posthum wurde ihm am 8. August 1944 das Ritterkreuz verliehen.

Eichloff, Otto, geboren am 19. April 1916 in Willenberg, einer der erfolgreichsten Flugzeugführer des KG 30. U. a. hat er am 15. April 1940 durch einen Treffer schweren Kalibers einen britischen Kreuzer an der Westküste Norwegens schwer beschädigt und kurz darauf im gleichen Seegebiet einen Kreuzer versenkt. Im Moldefjord konnte er einen 4000-BRT-Dampfer versenken, und in der Maasmündung einen Transporter in Brand setzen. Beim Einsatz in Holland vernichtete er u. a. Kaserne und Barackenlager bei s'Gravenhage. Als Feldwebel und Flugzeugführer in der 4./KG 30 erhielt er am 16. August 1940 das Ritterkreuz. Zu seiner Besatzung gehörten die Unteroffiziere Dehnbostel, Sänger und Röstel.

Ellmer, Konrad, wurde als Oberfeldwebel und Beobachter in der 14. Eisenbahnbekämpfungsstaffel des KG 27 am 9. Juni 1944 mit dem Ritterkreuz ausgezeichnet.

Emig, Hans, geboren am 7. Dezember 1902 in Wonsowo/Posen, führte als Oberstleutnant die Kampfgruppe 806 gegen England und im Osten. Höhepunkt seiner Einsätze im Osten war am 28. Juni 1941 ein Angriff auf die Schleusenanlagen des Stalinkanals. Um mit Sicherheit zu treffen, flog er im Tiefstflug an. Die aus wenigen Metern Höhe abgeworfenen Bomben zerstörten das Schleusentor, vernichteten aber zugleich das eigene Flugzeug. Posthum wurde er am 21. August 1941 mit dem Ritterkreuz ausgezeichnet.

Engel, Walter, geboren am 1. Mai 1919 in Dresden, tat sich als Flugzeugführer in der IV./KG 3 als Pfadfinder und Beleuchter hervor. Nach der Auflösung der Kampfgeschwader wurde er Nachtjäger und erhielt am 28. Februar 1945 als Hauptmann nach neun Nachtabschüssen und Kapitän der 3./NJG 5 das Ritterkreuz. Engel soll im Mai 1945 tödlich verunglückt sein.

Enßle, Alfred, gehörte zu den erfolgreichsten Flugzeugführern im KG 76, bewährte sich als Einzelkämpfer wie als Verbandsführer. Nach Hunderten von Einsätzen wurde ihm am 31. Dezember 1943 als Hauptmann und Staffelkapitän der 3./KG 76 das Ritterkreuz verliehen.

Ermoneit, Helmut, Flugzeugführer und Gruppen-Adjutant der II./KG 4, erhielt als Oberleutnant am 15. August 1944 nach 368 Feindflügen das Ritterkreuz. Ermoneit hat sich vor allem bei Zielfinder-Einsätzen als Zielfinder 1 bewährt und verschiedentlich als »Steuermann« entscheidend zum Erfolg beigetragen. Mehrfach rettete Ermoneit auch notgelandete Kampffliegerbesatzungen hinter der Front.

Fach, Ernst, geboren am 6. Juli 1912 in Remscheid, flog seit Kriegsbeginn im KG 3. Nach Feindflügen über Polen und Frankreich zeichnete er sich bereits in der Schlacht um England in Sonderaufträgen aus. So zerstörte er nachhaltig in einem Einzelangriff den Flugplatz Marthelsham. Im Osten wurde er Hauptmann und Staffelkapitän der 9.(Eis)/KG 3, zerstörte acht Brücken, 19 Panzer, 216 Lokomotiven, mehrere Transportzüge, darunter zwei Munitionszüge. Seine Besatzung schoß drei Flugzeuge ab. Bei seinem 297. Einsatz stürzte dieser hervorragende Einzelkämpfer und vorbildliche Verbandsführer am 15. Mai 1943 über dem Flugplatz Poltawa ab. Posthum wurde ihm am 3. September 1943 das Ritterkreuz verliehen.

Fanderl, Georg, geboren am 6. August 1917 in Nürnberg, war als Feldwebel einer der erfolgreichsten Flugzeugführer im KG 51 (1./KG 51), u. a. vernichtete er trotz schlechtester Wetterlage im Tiefflug die Montagehalle eines stark geschützten Flugzeugwerkes in England. In der Sudabucht gelangen ihm zwei Volltreffer auf einen großen britischen Transporter, obwohl sein Flugzeug bereits durch Beschuß stark beschädigt war. Mit zerschossenem Flugzeug mußte er nach diesem Angriff notwassern und konnte erst nach 17stündigem Treiben im Schlauchboot mit seinem Funker vom Seenotdienst gerettet werden. Im Hafen von Sewastopol versenkte er trotz starker Abwehr einen schweren Kreuzer. Darüber hinaus hat er 29 000 BRT Handelsschiffsraum beschädigt. Ritterkreuz am 24. Januar 1942. Fanderl ist am 4. Januar 1953 verstorben.

von der Fecht, Karl-August, geboren am 3. Oktober 1914 in Marne/Holstein, zerstörte als Hauptmann und Staffelkapitän der 7./KG 3 u. a. an der Ostfront 54 Flugzeuge am Boden, setzte einen Panzerzug außer Gefecht und unterbrach 27 Eisenbahnstrecken. Ritterkreuz nach 215 Einsätzen am 4. Januar 1943. Am Ende des Krieges war er Major im Oberkommando der Luftwaffe.

Fiebig, Martin, geboren am 7. Mai 1891 in Rösnitz/Kreis Lobschütz/OS, erhielt das Ritterkreuz als Oberst für hervorragende Verdienste in der Führung seines Geschwaders, des KG 4, am 8. Mai 1940. Am 23. Dezember 1942 wurde er als Generalleutnant und Kommandierender General des VIII. Fliegerkorps mit dem Eichenlaub ausgezeichnet, am 30. Januar 1943 General der Flieger. 1947 in Jugoslawien hingerichtet.

Fink, Johann, Dipl.-Ing., geboren am 28. März 1895 in Pfullingen, Kreis Reutlingen, erhielt das Ritterkreuz als Oberst und Kommodore am 20. Juni 1940 für die Führung und Erfolge des KG 2 in Polen und im Westfeldzug.

Fischbach, Adolf, geboren am 5. August 1920 in Ulm, hat sich als Oberleutnant und Staffelkapitän der 4./KG 27 in zahlreichen Einsätzen gegen England und im Osten als Einzelkämpfer und Verbandsführer bewährt. Ritterkreuz am 29. Februar 1944.

Flechner, Willi, geboren am 29. April 1908 in Neuwitz, Hauptmann und Staffelkapitän der 5./KG 30. Ritterkreuz am 18. August 1942 (siehe auch Stoffregen und Kahl). Gefallen im Kampf gegen den Geleitzug 17.

Fliegel, Fritz, einer der erfolgreichsten Flugzeugführer des KG 40, dann Kapitän der 2./KG 40 und schließlich Kommandeur der I. Gruppe, konnte auf zahlreichen Fernkampfeinsätzen bedeutende Erfolge im Handelskrieg erzielen. Seine Gruppe hat 39 Schiffe und 206 000 BRT versenkt und 20 Schiffe mit 115 000 BRT schwer beschädigt. Hauptmann Fliegel selbst hat davon sieben Schiffe versenkt und sechs beschädigt. Ritterkreuz am 25. März 1941.

Forgatsch, Heinz, geboren am 8. März 1915 in Bunzlau, kam im Juni 1940 zur neu aufgestellten Erprobungsgruppe 210, flog als Oberleutnant in der Kampfgruppe 806 über 50 Einsätze gegen England, dabei zwei erfolgreiche Angriffe auf eines der wichtigsten britischen Flugzeugmotorenwerke. Im Kanal versenkte er einen Truppentransporter von 14 600 BRT. Forgatsch wurde am 14. Juni 1941 mit dem Ritterkreuz ausgezeichnet. Am 23. September 1941 stürzte er in Rechlin bei einer Erprobung der Me 210 tödlich ab.

Frach, Hans, wurde als Oberfeldwebel und Flugzeugführer in der 6./KG 51 am 29. Oktober 1944 mit dem Ritterkreuz ausgezeichnet.

Franken, Werner, gelang es als Oberleutnant in der I./KG 26 46 000 BRT feindlichen Handelsschiffsraum zu versenken und weitere 55 000 BRT durch Torpedotreffer schwer zu beschädigen. Er erhielt als Oberleutnant am 24. März 1943 das Ritterkreuz.

Frey, Harry, geboren am 21. Januar 1914, bewies als Leutnant und Staffelführer der 7./KG 6 auf über 300 Feindflügen als Einzelkämpfer wie als Verbandsführer besonderes Können. Am 1. Dezember 1943 kehrte er von einem Feindflug nicht zurück. Wenige Tage später wurde ihm posthum am 5. Dezember 1943 das Ritterkreuz verliehen.

Frölich, Stefan, geboren am 7. Oktober 1889 in Orsova/Ungarn, kam aus der österreichischen Wehrmacht, flog zahlreiche Einsätze an der Spitze des KG 76. Vor allem Tiefangriffe auf die Flugplätze bei Paris wurden unter seiner Führung geflogen. Er erhielt als Generalmajor und Kommodore am 4. Juli 1940 das Ritterkreuz. Am Ende des Krieges war General der Flieger Frölich Oberbefehlshaber der Luftflotte 10.

Fuchs, Robert, geboren am 11. Mai 1895 in Berlin, Kommodore des vor allem im ersten Kriegsjahr bekannt gewordenen Löwen-Geschwaders KG 26. Das Geschwader griff über der Nordsee über 200 Kriegs- und Handelsschiffe an. 46 Schiffe mit 70 000 BRT wurden versenkt und 76 Schiffe von über 300 000 BRT wurden schwer beschädigt. Oberst Fuchs erhielt als erster Kampfflieger am 6. April 1940 das Ritterkreuz.

Fuhrhop, Helmut, geboren am 7. Oktober 1913, kam vom KG 51, versenkte als Gruppenkommandeur der I./KG 6 u. a. im Osten einen neugebauten schweren Kreuzer und vier Frachter mit zusammen 14 500 BRT. Außerdem zerstörte er u. a. 16 Eisenbahnzüge und 30 Flugzeuge am Boden. Der am 22. November 1943 mit dem Ritterkreuz ausgezeichnete Major fiel am 29. Februar 1944 im Kampf gegen England.

Gapp, Franz, Flugzeugführer und Oberfeldwebel in der 8./KG 6, hatte entscheidenden Anteil an dem Gelingen zahlreicher Angriffe im Kampf an der Ostfront. Ritterkreuz am 19. September 1943.

Geisler, Herbert, wurde als Oberfeldwebel und Flugzeugführer im Stab des KG 4 am 24. Oktober 1944 mit dem Ritterkreuz ausgezeichnet.

Geisler, Siegfried, erhielt als Hauptmann und Kommandeur der II./KG 76 am 20. Juli 1944 das Ritterkreuz.

Geismann, Johann, geboren am 20. Juni 1920 in Hattingen/Ruhr, Flugzeugführer in der 1./KG 77 versenkte im Mittelmeerraum 98 000 BRT feindlichen Schiffsraum. Als Leutnant erhielt er am 21. Dezember 1942 das Ritterkreuz. Ende 1944 kam er als Hauptmann in der IV./NJ 61 zur Nachtjagd.

Genzow, Joachim, geboren am 13. Dezember 1915 in Berlin, erhielt als Oberleutnant und Staffelkapitän der 4./KG 2 das Ritterkreuz am 23. März 1941.

Geschwill, Heinz, geboren am 25. April 1920 in Brühl/Baden, ein besonders bewährter und erfolgreicher Flugzeugführer in der 9./KG 3, zerstörte u. a. einen besonders wichtigen Rüstungsbetrieb in England, erhielt als Leutnant am 23. März 1941 das Ritterkreuz.

Gey, Joachim, geboren am 11. März 1916 in Engelsdorf bei Leipzig, hat sich vom ersten Kriegstage an bis zur Ritterkreuzverleihung mit 409 Feindflügen hervorgetan. Über Polen wurde er verwundet, im Balkanfeldzug beschädigte er in der Ägäis ein britisches U-Boot schwer, vernichtete seit Juli 1942 an der Ostfront u. a. 34 Panzer, 82 Lastkraftwagen, drei Artillerie- und drei Flakstellungen. Als Oberleutnant und Staffelkapitän in der II./KG 3 wurde er am 20. Juni 1943 mit dem Ritterkreuz ausgezeichnet.

Glasner, Günter, geboren am 26. August 1917 in Drehnow bei Krossen/Brandenburg, der einzige Bordschütze in der Kampffliegerei, der mit dem Ritterkreuz ausgezeichnet wurde (31. Dezember 1943). Dieser »unbekannte Vierte im Kampfflugzeug« flog von Kriegsbeginn an mit dem späteren Schwerterträger Hogeback im Stab des KG 6, ließ keinen Einsatz aus und erhielt nach 410 Feindflügen von Norwegen bis Malta, von London bis Leningrad, das Ritterkreuz.

Gobert, Ernst-Ascan, Hauptmann und Kommandeur der I./KG 53, erhielt am 3. April 1944 das Ritterkreuz. Hauptmann Gobert kehrte am 2. November 1944 vom Einsatz nicht mehr zurück.

Graeber, Heinz, zeichnete sich in der 15./KG 2 als Oberfeldwebel und Bordfunker auf 180 Feindflügen gegen England durch Einsatz und fachliches Können besonders aus. Ritterkreuz am 30. September 1943.

Grasemann, Walter, errang als Oberleutnant und Staffelkapitän der 9./KG 27 große Erfolge bei der Bekämpfung von Eisenbahnzielen und Industrieanlagen. Er vernichtete u. a. 200 Eisenbahnwagen, eine schwere Batterie, zahlreiche Hallen- und Werksanlagen in Rüstungsbetrieben und auf Flugplätzen. Ritterkreuz am 9. Oktober 1943.

Graubner, Reinhard, geboren am 2. August 1915 in Frankfurt/Main, war von der Aufstellung bis Kriegsende Angehöriger des Kampfgeschwaders »General Wever« 4, flog als Flugzeugführer, Staffelkapitän der 4./KG 4, Gruppenkommandeur der II. und III./KG 4 und schließlich ab Dezember 1944 als Geschwaderkommodore 420 Einsätze, darunter insbesondere zur Verminung englischer Häfen, Schwarzmeerhäfen, des Hafens von Leningrad und des Suezkanals, zahlreiche Feindflüge zur Heeresunterstützung an den Frontabschnitten von Leningrad, Rshew, Orel, Versorgung eingeschlossener Truppenteile in Demjansk und Cholm und schließlich nächtliche Zielfinder-Einsätze im Osten. Ritterkreuz als Hauptmann am 3. September 1943 nach 300 Feindflügen. Am Ende des Krieges war Graubner Major und Geschwaderkommodore des KG 4.

Greve, Karl-Heinz, Flugzeugführer in der 6./KG 77, versenkte einen Zerstörer und 51 000 BRT feindlichen Handelsschiffsraum. Außerdem gelang es ihm, einen großen Flugzeugträger und einen Minenkreuzer schwer zu beschädigen. Er wurde am 7. Oktober 1942 als Leutnant mit dem Ritterkreuz ausgezeichnet. In der Bundeswehr stieg Greve bis zum Generalmajor auf.

Grözinger, Ludwig, geboren am 6. Juli 1914, Flugzeugführer im KG 53 in der Schlacht um England und an der Ostfront, richtete u. a. bei 78 Angriffen auf Bahnhofsanlagen der Sowjetunion große Zerstörungen an. Ritterkreuz als Hauptmann und Staffelkapitän der 3./KG 53 am 15. November 1942.

Grossendorfer, Hans, geboren am 11. August 1914 in Salzburg, flog als Beobachter in der 7./KG 53. Grossendorfer zeichnete sich in Hunderten von Feindflügen und in zahlreichen Versorgungsflügen aus. Er flog über England und an der Ostfront und kehrte als Oberleutnant am 20. November 1943 nicht mehr zurück. Posthum wurde ihm am 26. März 1944 das Ritterkreuz verliehen.

Güntner, Heinrich, kehrte am 10. Januar 1944 als Hauptmann und Staffelkapitän der 7./KG 27 vom Einsatz nicht mehr zurück. Posthum wurde ihm am 9. Juni 1944 das Ritterkreuz verliehen.

Hansgeorg Bätcher war bereits in jungen Jahren ein begeisterter Segelflieger, brachte es bis zur Amtlichen Prüfung und zum Segelfluglehrer.

Am 1. Juli 1940 kehrte Oberleutnant Hansgeorg Bätcher aus französischer Gefangenschaft zurück.

Eichenlaubverleihung am 4. April 1944 auf dem Obersalzberg, von links: Kurt Bühligen (Jagdflieger), Hans-Joachim Jabs (Nachtjäger) und die beiden Kampfflieger Bernhard Jope und Hansgeorg Bätcher.

Hauptmann Bätcher kehrte am 30. Juli 1943 an der Ostfront von seinem 500. Feindflug zurück.

Bätcher und seine Besatzung im Juni 1942, von links: Unteroffizier Saalfrank als Bordfunker, der spätere Ritterkreuzträger Oberfeldwebel Hormann als Beobachter, Hauptmann Bätcher und der Bordmechaniker Unteroffizier Roos.

Die Besatzung nach dem 500. Feindflug als Kommandeur der I./KG 100, von links: der Bordschütze (Name unbekannt), Bordfunker Oberfeldwebel Saalfrank, Flugzeugführer Hauptmann Bätcher, Bordmechaniker Oberfeldwebel Heide und Beobachter Oberleutnant Kölln.

Gutmann, Heinz, geboren am 26. April 1921, erhielt als Oberleutnant in der 3./KG 53 am 5. April 1944 das Ritterkreuz.

Gutzmer, Hans, geboren am 3. Juni 1917 in Bernsdorf, wurde als Hauptmann und Kommandeur der III./KG 51 am 29. Februar 1944 mit dem Ritterkreuz ausgezeichnet.

Häberlen, Klaus, geboren am 14. April 1916 in Geislingen, flog im KG 51 in der Schlacht um England und im Balkanfeldzug, führte 1942 die 2./KG 51, bewies in den Wintermonaten 1942/43 mehrfach sein hervorragendes fliegerisches Können, flog bei schlechtester Wetterlage oft als einzige Besatzung des Geschwaders, wurde am 5. Februar 1943 Kommandeur der I./KG 51, vernichtete an der Ostfront 30 feindliche Flugzeuge, 150 Lastkraftwagen und bespannte Fahrzeuge, sowie fünf Artilleriestellungen. Mit bis zu sieben Einsätzen am Tage wurde der weit vorgeschobene russische Panzerkeil bei Kirowograd bekämpft und zurückgedrängt. Ritterkreuz am 20. Juni 1943 nach 297 Einsätzen. Am Ende des Krieges nach einer Auseinandersetzung mit Göring beim Feldluftgaukommando XXVI in Italien.

Hahn, Joachim, geboren am 17. März 1903 in Hirschberg/Schlesien, führte die Küstenfluggruppe 606 während der Schlacht um England zu bedeutenden Erfolgen, vor allem bei der Schiffsbekämpfung und in zahlreichen Tiefangriffen gegen Flugplatz- und Dockanlagen. Ritterkreuz als Major am 21. Oktober 1940. Hahn fiel als Oberstleutnant am 3. Juni 1942.

Halensleben, Rudolf von, führte als Kommodore das KG 2 und später das KG 51. Schnelle Entschlußkraft und Kühnheit waren besondere Kennzeichen seiner überlegenen Truppenführung. Dafür wurde er als Major am 29. Oktober 1943 mit dem Ritterkreuz ausgezeichnet. Am 21. März 1945 starb Oberstleutnant von Halensleben bei einem amerikanischen Tiefangriff bei Leipheim.

Hankamer, Wolfgang, geboren am 8. Juli 1920 in Köln-Riehl, erhielt als Oberleutnant und Staffelkapitän in der gegen England eingesetzten II. Gruppe des KG 2 am 29. Oktober 1944 das Ritterkreuz. Kurz darauf wurde er Staffelkapitän in der I./JG 301 und fiel am 14. Januar 1945 als Hauptmann im Einsatz gegen amerikanische Bomber bei Kyritz/Mark Brandenburg.

Hanke, Georg, Oberfeldwebel und Flugzeugführer in der II./KG 76, wurde am 26. März 1944 mit dem Ritterkreuz ausgezeichnet.

Harries, Friedrich, stellte als Hauptmann und Staffelführer der 7./KG 76 in mehr als 300 Feindflügen gegen England und im Osten seine Einsatzbereitschaft unter Beweis, wurde dafür am 24. März 1943 mit dem Ritterkreuz ausgezeichnet.

Hart, Rolf, geboren am 13. April 1921 in Wuppertal-Elberfeld, Flugzeugführer in der 9./KG 1, flog gegen England und an der Ostfront, setzte elf Batterien außer Gefecht, vernichtete 19 Panzer, 180 Lkw, zerstörte neun Eisenbahnzüge und versenkte zwei Frachter von 10 000 BRT. Ritterkreuz als Leutnant am 15. Oktober 1942 — kehrte im April 1943 an der Ostfront von einem Feindflug nicht mehr zurück.

Hasselbach, Hans, flog als Leutnant in der 14./KG 27 zahllose Einsätze im Osten, vernichtete u. a. 43 Eisenbahnzüge und 150 Kraftfahrzeuge und schoß mehrere Flugzeuge im Luftkampf ab. Am 12. November 1943 wurde er mit dem Ritterkreuz ausgezeichnet, kehrte aber schon wenige Wochen später vom Feindflug nicht mehr zurück.

Haupt, Karl, als Oberfeldwebel in der 8./KG 3 einer der erfolgreichsten Flugzeugführer seines Geschwaders, vernichtete u. a. 22

Transportzüge, 55 Lkw, einen Munitionszug und warf drei große Treibstofflager in Brand. Ritterkreuz am 3. Februar 1943, kehrte am 3. Januar 1944 vom Feindflug nicht mehr zurück.

Hauser, Hellmuth, Hauptmann und Staffelkapitän in der I./KG 51 zerstörte u. a. 16 Lokomotiven, 85 Eisenbahnwagen, über 100 Lastkraftwagen und 20 Flugzeuge am Boden, setzte 20 Batteriestellungen außer Gefecht und schoß mit seiner Besatzung im Luftkampf sechs Flugzeuge ab. Ritterkreuz am 23. Dezember 1942.

Heiner, Engelbert, geboren am 5. Juni 1914 in Krefeld-Fischeln, flog bereits bei der Legion Condor, war an der Ostfront Flugzeugführer in der 9./KG 27, kam nach zahlreichen Einsätzen 1942 als Oberfeldwebel zum Nachtjagdschwarm der Luftflotte 4, schoß in zähen nächtlichen Luftkämpfen 11 feindliche Flugzeuge ab und erhielt am 9. Dezember 1942 das Ritterkreuz.

Heinrich, Otto, Feldwebel und Flugzeugführer in der 3./SKG 10, kehrte am 22. Mai 1944 vom Einsatz nicht mehr zurück. Posthum wurde ihm am 20. Juli 1944 das Ritterkreuz verliehen.

Heinrichs, Erich, geboren am 5. November 1912 in Naugard/Pommern, tat sich in der II./KG 54 in Einzelaufträgen hervor, wobei er ein für die englische Flugzeugrüstung besonders wichtiges Aluminiumwalzwerk und die Torpedofabrik Portland Weymouth vernichtend traf. Von einem dieser Sondereinsätze kehrte Oberleutnant Heinrichs am 28. Mai 1941 nicht mehr zurück. Posthum wurde ihm am 24. Juni 1941 das Ritterkreuz verliehen.

Heintz, Kurt, errang als Hauptmann und Staffelkapitän der 9./LG 1 auf allen Kriegsschauplätzen in über 300 Feindflügen bedeutende Erfolge. Ritterkreuz am 17. Oktober 1942, kehrte am 21. Januar 1944 vom Feindflug nicht mehr zurück.

Heise, Hanns, erhielt als Hauptmann und Gruppenkommandeur der I./KG 76 am 3. September 1942 das Ritterkreuz. Hervorzuheben ist die Versenkung eines im Hafen von Noworossijsk liegenden sowjetischen Zerstörers. Heise, von 1943 bis Kriegsende nacheinander Kommodore der Kampfgeschwader 51, 2, 40 und 30, trat im Sommer 1971 als Brigadegeneral und Kommandeur des deutschen Ausbildungskommandos Fort Bliss in Texas in Pension.

Henne, Rudolf, geboren am 8. Dezember 1913 in München, hatte bereits bei der Legion Condor 200 Feindflüge. Bis zur Ritterkreuzverleihung am 12. April 1942 hatte Henne als Hauptmann und Staffelkapitän der 9./KG 51 auf vier Kriegsschauplätzen über 150 Feindflüge, u. a. hatte er bei Dünkirchen eine Hafenschleuse zerstört, vor Dieppe einen britischen Transporter von 10 000 BRT versenkt und eine Fernkampfbatterie ausgeschaltet, auf dem Rückflug von Marseille mußte er mit dem Fallschirm abspringen, kehrte durch die feindlichen Linien zurück. Im Osten brachte er von einem Flug die Meldung vom Aufmarsch von drei Kavalleriekorps und starken Panzerverbänden mit. Insgesamt hatte er 450 Feindflüge. Henne ist am 13. April 1962 verstorben.

Hennemann, Konrad, geboren am 1. März 1920 in Dresden. Die bedeutendste Waffentat des jungen Leutnants in der I./KG 26 war die Versenkung des amerikanischen Kreuzers im Tiefangriff am 4. Juli 1942, im OKW-Bericht vom 9. Juli 1942 hervorgehoben. Von diesem Einsatz gegen den amerikanischen Großgeleitzug ist Leutnant Hennemann nicht zurückgekehrt. Posthum wurde ihm am 3. September 1942 das Ritterkreuz verliehen.

Henning, Horst, geboren am 10. April 1917 in Danzig, zerstörte im Osten als Oberfeldwebel und Flugzeugführer in der 1./KG 77 20 Flugzeuge am Boden, vernichtete 23 Eisenbahnzüge, sowie drei Flakbatterien, schoß im Luftkampf ein angreifendes Flugzeug ab.

Nach 314 Feindflügen erhielt er am 22. Mai 1942 das Ritterkreuz. Im Sommer 1944 kam Henning zur Nachtjagd im NJG 3, erzielte drei Abschüsse, fiel als Oberleutnant am 7. Oktober 1944.

Hennings, Eberhard, geboren am 31. Januar 1912 in Danzig-Langfuhr, war von Beginn des Krieges an im Einsatz, flog als Staffelkapitän der 1./KG 4 im Westen und Osten mehrere Hundert Einsätze, ist als Hauptmann von einem Feindflug nicht mehr zurückgekehrt, Ritterkreuz am 14. Mai 1942.

Herkner, Erich, geboren am 7. Juli 1915, erhielt als Leutnant und Flugzeugführer in der 14.(Eis.)/KG 55 am 6. Dezember 1944 das Ritterkreuz.

Herrmann, Benno, geboren am 4. Januar 1918 in Nürnberg, kam nach der Kampffliegerschule im Frühjahr 1940 zum KG 76, flog mit der Do 17 Z im Westfeldzug und in der Schlacht um England. Dann schulte das Geschwader auf die Ju 88 um und verlegte nach dem Osten. Es war vor allem im Mittelabschnitt eingesetzt. Herrmann zeichnete sich vor allem im Kampf gegen den feindlichen Nachschub aus, flog bei allen Einsätzen zur Unterstützung des Heeres mit, zerstörte zehn Flugzeuge am Boden und schoß sechs Gegner in der Luft ab, darunter im März 1942 einen sowjetischen Jäger, der vorher den linken Motor seiner Ju 88 gerammt hatte.
Nach fast 400 Feindflügen erhielt er als Oberleutnant und Flugzeugführer in der 4./KG 76 am 19. Juni 1942 das Ritterkreuz. Anschließend wurde er zum KG 101 versetzt, das für Jagdeinsätze gegen England umgeschult wurde. Am Ende des Krieges war Benno Herrmann nach 520 Feindflügen Hauptmann an der Technischen Akademie der Luftwaffe.

Herrmann, Hajo, geboren am 1. August 1913 in Kiel, galt in der III./KG 30 als einer der besten Flugzeugführer und wurde stets mit den schwierigsten Sonderaufgaben betraut, flog als Kampfflieger über Polen, Norwegen, Frankreich und England, u. a. gelang es ihm durch eine Ballonsperre sein schwer beschädigtes Flugzeug wieder in die Hand zu bekommen und trotz schwierigster Flugbedingungen zum Einsatzhafen zurückzufliegen. 320 Feindflüge als Kampfflieger, wobei er u. a. 12 Schiffe mit 65 000 BRT versenkte. Das Ritterkreuz erhielt er am 13. Oktober 1940 als Oberleutnant. 1942 kam er in den Luftwaffenführungsstab. Eichenlaub am 2. August 1943 als Major und Kommandeur in einem Luftwaffen-Jagdverband, Schwerter am 23. Januar 1944 als Oberst und Inspekteur der Luftverteidigung.

Heute, Wilhelm, Staffelkapitän in der III./KG 54, versenkte u. a. sieben Handelsschiffe mit 25 000 BRT und beschädigte weitere 12 Schiffe mit rund 50 000 BRT. Das Ritterkreuz erhielt er als Oberleutnant am 5. Februar 1944.

Hildebrand, Walter, wurde als Hauptmann und Staffelkapitän der 3./KG 26 am 6. April 1944 mit dem Ritterkreuz ausgezeichnet. Hildebrand ist vom Feindflug nicht zurückgekehrt.

Hinkelbein, Claus, geboren am 28. Dezember 1909 in Ludwigsburg, gehörte zu den ersten bekannten Gruppenkommandeuren. Die II./KG 30 zeichnete sich in zahlreichen Angriffen gegen die englische Flotte in der Nordsee und in ihren Stützpunkten an der britischen Küste aus. Ritterkreuz am 19. Juni 1940. Hinkelbein ist als General der Bundeswehr verstorben.

Hinrichs, Ernst, geboren am 10. März 1916 in Jeddeloh, stand seit August 1941 als Flugzeugführer in der 2./KG 51 an der Ostfront im Einsatz. In kaum Jahresfrist hatte Hinrichs 172 Feindflüge, mehrfach von schlachtentscheidendem Erfolg, wie selbst Generalfeldmarschall von Richthofen bestätigte. Hinrichs flog gegen Kaukasushäfen, im Kampf um Charkow und der Halbinsel Kertsch. Seine größten Erfolge aber erzielte er auf der Halbinsel Krim. Im Kampf um die Festung Sewastopol vernichtete er das stärkste Flakzentrum und zerstörte am 19. Juni 1942 das mit 164 Flakgeschützen bestückte Flakfloß in der Kasatschaja-Bucht, von dem aus die gesamte Abwehr von Flugplatz und Festung Sewastopol ging. Dafür erhielt Hinrichs am 25. Juli 1942 das Ritterkreuz.

Hintze, Otto, geboren am 9. Oktober 1914 in München, flog über Minsk und Warschau, schoß über der Deutschen Bucht eine englische Lockheed-Hudson ab, nahm an den Kampfhandlungen in Norwegen, Holland, Belgien und Frankreich teil, wobei er vor allem mit der 3./Erprobungsgruppe 210 erfolgreich den britischen Handelsschiffsverkehr im Kanal bekämpfte. Ritterkreuz am 24. November 1940.

Hoffmann, Kuno, Dipl.-Ing., geboren am 24. Mai 1907 in Posen, Kommandeur der I./LG 1, versenkte mit dieser Gruppe im Südosteinsatz im Mai 1941 insgesamt 257 000 BRT und beschädigte Schiffsraum von 276 000 BRT, darunter einen Kreuzer und einen Zerstörer, griff den Hafen von Piräus an, setzte im Balkanfeldzug das Hauptquartier des Jugoslawischen Oberkommandos außer Gefecht. Ritterkreuz als Hauptmann am 14. Juni 1941. Hoffmann starb als Major und Abteilungschef im RLM am 25. Januar 1944 an den Folgen einer schweren Verwundung.

Höhne, Otto, geboren am 30. April 1895 in Woiowitz, Kreis Ratibor, im Ersten Weltkrieg Nachfolger Boelckes, sechs Luftsiege. In der neuen Luftwaffe diente er sich im KG 4 vom Staffelkapitän bis zum Kommodore empor, flog die meisten Einsätze seines Geschwaders mit und erhielt am 5. September 1940 das Ritterkreuz. Höhne starb als Generalmajor in der Bundeswehr am 22. November 1969.

Höflinger, Karl, geboren am 13. Juli 1917 in Kirchheim/Teck, Flugzeugführer in der 9./KG 77, flog alle Großeinsätze über die britische Insel mit und war mehrfach mit Sonderaufträgen betraut. Dabei griff er ein Motorenwerk in Birmingham bei 100 m Wolkenhöhe, Schneetreiben, starker Flakabwehr und starker Ballonsperre im Tiefstflug an. Bei einem weiteren Sondereinsatz gelangen ihm am 19. Januar 1941 wieder unter schlechtesten Flugbedingungen zwei Volltreffer in ein Motorenwerk bei Coventry. Ritterkreuz als Leutnant der Reserve am 7. März 1941, kehrte aber bereits am 18. April 1941 vom Feindflug über England nicht mehr zurück.

Holle, Georg, erzielte als Hauptmann und Staffelkapitän der 2./KG 51 in der Bekämpfung der sowjetischen Schwarzmeerflotte bedeutende Erfolge, fiel am 27. Februar 1943 bei einem Wettererkundungsflug zwischen Rostow und Saporoshje, wahrscheinlich durch Flakvolltreffer. Ritterkreuz posthum am 3. April 1943.

Hormann, Hans, hat sich in der 1./KG 100 als Oberfeldwebel und Beobachter im Nordmeerraum, im Kampf gegen England, wie an der Ostfront hervorragend bewährt. Ritterkreuz am 5. Dezember 1943 auf dem Flugplatz Sarabus, überreicht durch Major Bätcher.

Hörwick, Anton, geboren am 20. Februar 1912 in Münster bei Schwabmünchen, Flugzeugführer im KG 2, erhielt das Ritterkreuz als Oberfeldwebel in der III./KG 3 am 8. August 1944 für seine Leistungen in der Beleuchtergruppe. Kurz darauf kam Hörwick zur Nachtjagd zur I./NJG 7 und wurde am 19. Februar 1945 im Raume Posen von sowjetischen Jägern abgeschossen.

Hunger, Heinrich, geboren am 28. Oktober 1918 in Weimar, hat sich in über 100 Feindflügen gegen England und im Osten als Flugzeugführer in der Stabsstaffel des KG 2 hervorragend bewährt.

Ritterkreuz als Leutnant am 5. Juli 1941, kehrte am 14. August 1941 von einem Feindflug im Osten nicht mehr zurück.

Ihrig, Ernst-Wilhelm, geboren am 27. Juli 1915 in Darmstadt, gelang es u. a. in zweimaligem Nachtangriff ein bedeutendes Rüstungswerk bei London zu zerstören. Auf dem Flugplatz Pinsk hat er in sechs Tiefangriffen 60 Flugzeuge am Boden zerstört. Ritterkreuz als Leutnant und Staffelkapitän der 3./KG 3 am 14. August 1941, fiel als Hauptmann und Gruppenkommandeur am 30. November 1942.

Ilk, Iro, geboren am 18. Oktober 1919 in Nassau, Staffelkapitän der 1./LG 1. Erkämpfte auf zahlreichen Feindflügen im Mittelmeerraum und Nordafrika bedeutende Erfolge, vor allem gegen die britische Kriegs- und Versorgungsflotte. Sondereinsätze führten oft bis an die Grenze der Reichweite seines Flugzeuges. Ritterkreuz als Oberleutnant am 21. Oktober 1942. 1943 kam Ilk zur »Wilden Sau«, wurde im März 1944 Kommandeur der III./JG 300, fiel am 25. September 1944 als Major bei Moers/Rheinland im Kampf gegen Spitfires.

Illg, Wilhelm-Friedrich, geboren am 9. September 1911 in Stuttgart, bewährte sich als Oberfeldwebel auf vielen Feindflügen als Beobachter in der 9./KG 76. Seine ungewöhnliche Entschlußfähigkeit bewies er bei einem von seiner Staffel durchgeführten Tiefangriff auf den Fliegerhorst Kenley. Bei diesem Angriff, der in 10 m Höhe erfolgte, wurde der Flugzeugführer tödlich verwundet. Illg, der noch nie ein Flugzeug gesteuert hatte, ergriff blitzschnell mit einer Hand das Steuer, zog das Flugzeug langsam höher, und löste mit der anderen Hand die restlichen acht Bomben. Trotz Flakbeschuß und Jagdangriff gelang Illg der Flug zum Heimatflughafen. Illg wurde zum Leutnant befördert. Ritterkreuz am 1. Oktober 1940.

Isachsen, Herbert, geboren am 17. Oktober 1913 in Weingarten bei Elbing, war von Kriegsbeginn bis März 1941 Flugzeugführer in der 8./LG 1, flog über Polen, Norwegen, Frankreich, 43 Einsätze auf London, Einzelauftrag auf das Aluminiumwerk bei Swansea. Nach der Schlacht um England wurde er Fluglehrer in der Ergänzungsgruppe. Anfang 1942 kam er als Oberfeldwebel und Flugzeugführer in der 3./LG 1 im Mittelmeerraum erneut zum Einsatz, flog gegen Malta, gegen Geleitzüge, auf Tobruk, Wüsteneinsätze, zum Suezkanal, traf die »Queen Elizabeth« im Dock Alexandria, wurde bei seinem 328. Einsatz am 9. Januar 1943 über Afrika abgeschossen und geriet in britische Gefangenschaft. Das Ritterkreuz wurde ihm am 3. September 1943 verliehen.

Jeckstat, Erich, geboren am 8. Juli 1919 in Kuika bei Goldap/Ostpreußen, flog seit September 1941 in der 1./KG 100 an der Ostfront und erzielte in 18 Monaten bei 393 Einsätzen große Erfolge bei der Bekämpfung von Eisenbahnzügen und Industrieanlagen, führte 41 Versorgungsflüge für die Festung Stalingrad bei schlechtester Wetterlage durch, an Silvester 1942 allein vier. Ritterkreuz als Feldwebel und Flugzeugführer am 14. März 1943.

Jente, Heinz, geboren am 13. Januar 1919, hatte als Oberleutnant und Staffelkapitän der 2./KG 26 vor allem bei Angriffen auf Schiffsziele große Erfolge, u. a. versenkte er im Eismeer einen schweren Kreuzer, im Mittelmeer zwei Handelsdampfer mit 18 000 BRT und an der Ostküste von Sizilien einen großen Truppentransporter. Ritterkreuz am 29. Oktober 1943.

Jödicke, Joachim, zeichnete sich in der Führung seiner Gruppe III./KG 3 vor allem in der Bekämpfung von Panzer- und Truppenansammlungen aus. Ritterkreuz als Major am 5. Februar 1944.

Jolitz, Günter, geboren am 13. August 1920 in Breslau, fiel als Hauptmann und Staffelführer der 9./LG 1 an der Ostfront am

12. Februar 1944. Posthum erhielt er für seine zahlreichen Einsätze am 9. Juli 1944 das Ritterkreuz.

Juditzki, Georg, geboren am 24. Oktober 1919, erhielt als Leutnant und Flugzeugführer am 9. November 1944 das Ritterkreuz.

Jungklaus, Siegfried, geboren am 18. November 1914 in Großfahner, Kreis Gotha, flog im KG 3 seit dem 1. April 1940 über Frankreich, England und dem Balkan. Im Osten zeichnete sich Jungklaus vor allem bei Orel, Rschew, Isjum, Charkow und Bjelgorod aus. Am 1. Februar 1943 wurde Hauptmann Jungklaus Gruppenkommandeur der III./KG 3. Bei seinem 335. Feindflug, einem Angriff auf den Kriegshafen Poti, fiel Hauptmann Jungklaus am 22. April 1943. Posthum erhielt er am 3. September 1943 das Ritterkreuz.

Kahl, Konrad, Hauptmann und Gruppenkommandeur der I./KG 30. (Leistungen siehe Erich Stoffregen.) Ritterkreuz am 18. August 1942.

Kahle, Hellmuth, geboren am 31. Oktober 1915 in Falkenstein/Vogtland, kam am 1. Januar 1940 vom Panzerregiment 25 zur Luftwaffe und nach seiner Ausbildung als Beobachter zum KG 4. Kahle wurde am 9. Juni 1944 als Oberfeldwebel und Beobachter in der 3./KG 4 nach 482 Feindflügen mit dem Ritterkreuz ausgezeichnet, wobei er vor allem Erfolge in der Bekämpfung von Schiffszielen, von Brücken und Ölraffinerien, Industrieanlagen und Nachschubzentren hatte. Bei Auflösung des KG 4 hatte Kahle 526 Feindflüge. Am Ende des Krieges Leutnant und zbV-Offizier auf der Flugzeugführerschule A 116 in Göppingen.

Karbe, Adalbert, geboren am 28. Dezember 1913 in Barenwinkel, hatte als Staffelkapitän der 3./KG 55 in seinem Geschwader im Kampf gegen England und im Osten bis zur Ritterkreuzverleihung am 12. November 1941 die meisten Einsätze. U. a. vernichtete der junge Oberleutnant bei der Umfassungsschlacht von Kiew in einem Angriff sieben Eisenbahnzüge. Karbe fiel als Hauptmann im Kampf gegen England am 30. Juli 1942.

Keppler, Hans, bekämpfte als Gruppenkommandeur der III./KG 1 im Frühjahr 1942 südostwärts Cholm einen starken Flankenangriff aus eigenem Entschluß so lange, bis die herangeführten deutschen Erdtruppen im Gegenangriff die Gefahr beseitigen konnten. Ab 15. August 1942 Kommodore des KG 1. Ritterkreuz als Major am 21. August 1942. Schon wenige Tage später kehrte Keppler am 3. September 1942 von einem Feindflug nicht mehr zurück.

Kessel, Karl, geboren am 1. Juni 1912 in Mülheim/Ruhr, erhielt als Oberstleutnant und Kommodore des KG 2 am 24. Januar 1944 das Ritterkreuz. Kessel war in der Bundeswehr zuletzt Kommandeur der 6. Luftwaffen-Division in Münster und schied am 1. Oktober 1970 als Generalmajor aus.

Kiel, Rudolf, geboren am 25. Oktober 1911 in Sondershausen, hatte als Hauptmann und Gruppenkommandeur der I./KG 55 besondere Erfolge im Osten, u. a. vernichtete er mit seiner Gruppe in der Schlacht im Raume ostwärts Kiew 58 Eisenbahnzüge, 675 Lastkraftwagen und 22 Panzer. Ritterkreuz am 20. Dezember 1941. Kiel war von 1943 bis Kriegsende Kommodore des KG 27.

Kindler, Alfred, geboren am 4. September 1915 in Mauschdorf/Oberschlesien, flog seit Kriegsbeginn im KG 2 über Polen, im Südosteinsatz, über Frankreich und vor allem in der Schlacht um England, wobei er als Hauptmann und Staffelkapitän der 6./KG 2 gegen die britische Versorgungsschiffahrt und Rüstungsindustrie bedeutende Erfolge erzielte. Bei einem Angriff auf Birmingham in der Nacht zum 31. Juli 1942 wurde Kindler auf seinem 230. Einsatz von Flak abgeschossen. In Gefangenschaft erfuhr Kindler die Ritterkreuzverleihung vom 24. September 1942.

Kipfmüller, Walter, geboren am 3. März 1920 in München, als Hauptmann und Staffelkapitän der 2./KG 77 gegen England und besonders im Mittelmeerraum bewährter Kampfflieger, versenkte u. a. 30 000 BRT Handelsschiffsraum und beschädigte einen Flugzeugträger. Ritterkreuz am 29. Oktober 1943.

Kirn, Hans, geboren am 8. August 1920 in Lindau. Aus der Vielzahl der Einsätze dieses Oberfeldwebels in der 8./KG 6 verdienen die Angriffe gegen britische Industrieziele und gegen die amerikanische Flotte im Mittelmeer hervorgehoben zu werden. Nach schwierigen Einzelaufträgen Ritterkreuz im März 1944.

Klein, Heinrich, geboren am 3. April 1913 in Horneburg/Niederelbe, führte als Staffelkapitän der 2./KG 27 zahlreiche Versorgungsflüge nach Stalingrad durch und vernichtete u. a. 37 Flugzeuge am Boden, 181 Lastkraftwagen, sechs Güterzüge und sechs Handelsschiffe. Ritterkreuz als Hauptmann nach 290 Feindflügen am 10. Juni 1943. Nach 312 Feindflügen wurde Klein als Major 1 c beim Befehlshaber der Luftwaffe in Rumänien.

Klein, Herbert, Dr., bewährte sich als Oberleutnant im Stab der I./KG 100 auf vielen Feindflügen an der Ostfront. Als Staffelkapitän der 3./KG 100 (später III./KG 4) erhielt er am 29. Februar 1944 als 7. Offizier der Gruppe das Ritterkreuz.

Kless, Friedrich, geboren am 7. Oktober 1906 in Bayreuth, warf mit der II./KG 55 in drei Monaten gegen England 780 000 kg Bomben ab, dabei wurde ein Flugzeugwerk an der Südküste vollkommen zerstört. Ritterkreuz als Major am 14. Oktober 1940.

Klien, Heinz, geboren am 5. November 1914 in Dresden, vernichtete als Oberleutnant und Staffelkapitän in der II./KG 27 »Boelcke«

an der Ostfront zahlreiche Feindflugzeuge am Boden, Transportzüge und Eisenbahnanlagen. Ritterkreuz am 12. November 1941.

Klimek, Helmut, wurde als Oberfeldwebel und Bordfunker in der 14. (Eis.) im KG 27 am 9. Juni 1944 mit dem Ritterkreuz ausgezeichnet.

Klischat, Helmut, erhielt als Oberleutnant im KG 51 nach zahlreichen Einsätzen im Westen und an der Ostfront am 13. April 1942 das Ritterkreuz. Am 12. Juli 1942 kehrte er von einem Feindflug nicht mehr zurück.

Klümper, Werner, geboren am 19. April 1911 in Herne/Westfalen, kam wie Harlinghausen, Mahlke und Kowalewski von der Reichsmarine, in der er nach einer vormilitärischen Ausbildung als Land- und Seeflugzeugführer an der Verkehrsfliegerschule (See) Warnemünde am 1. April 1932 als Offiziersanwärter eingetreten war. Am 26. Juli 1932 überlebte er als einer der wenigen Geretteten den Untergang des Segelschulschiffes »Niobe«. Im April 1935 erfolgte seine Versetzung zur Luftwaffe. Am 1. Oktober 1935 wurde er Leutnant. 1938 nahm Klümper als Seeflieger am Spanischen Bürgerkrieg teil und wurde 1940 Kapitän einer He-115-Staffel, die Häfen und Flußmündungen auf dem Nordsee-Kriegsschauplatz verminte. Im Frühjahr 1941 kam Klümper als Einsatzoffizier in den Stab des Kampfgeschwaders 30 und wurde im November 1941 Ausbildungsleiter im Lufttorpedo-Lehrgeschwader. Als Gruppenkommandeur der I./KG 26 flog er 1942 Torpedoangriffe auf Geleitzüge im Nordmeer und an der afrikanischen Küste. Nachdem das ganze Geschwader für den Torpedoeinsatz umgerüstet und ausgebildet war, wurde er als Major im Februar 1943 zum Kommodore ernannt. Das Geschwader versenkte aus dem Großgeleitzug im Mittelmeer am 13. August 1943 32 Einheiten mit mindestens 170 000 BRT — der letzte große Erfolg der deutschen

Kampfflieger. Der Einsatz wurde als Sondermeldung des OKW am 15. August 1943 bekanntgegeben. Klümper wurde am 29. August 1943 mit dem Ritterkreuz ausgezeichnet und am 1. Oktober 1943 zum Oberstleutnant befördert. Als Fregattenkapitän in die Bundeswehr eingetreten, war er 1957 für neun Monate in den USA zur nochmaligen Ausbildung zum Flugzeugführer und wurde nach seiner Rückkehr für viereinhalb Jahre Kommodore des I. Marinefliegergeschwaders. Im April 1961 erhielt Klümper seine Beförderung zum Kapitän zur See. 1969 ging er in Pension.

Knust, Friedrich-Karl, Kommodore des LG 1 von 1940 bis 1942, führte das Geschwader in über 100 Feindflügen selbst gegen die Ziele, erhielt als Oberstleutnant für die Führung seines Verbandes am 3. Mai 1942 das Ritterkreuz. Oberst a. D. Knust starb 1967.

Köhnke, Otto, geboren am 18. Februar 1912 in Bremen, seit 1939 beim KG 3, führte ab 1940 die 2./KG 3 und wurde im März 1942 Kommandeur der II./KG 54. Köhnke griff trotz stärkster Abwehr an der Spitze seiner Gruppe einen wichtigen Bahnhof im Osten an, zerstörte 12 Lokomotiven und mehrere, teilweise mit Munition beladene Güterzüge. Ritterkreuz als Hauptmann am 1. August 1942. Nach schwerer Verwundung, die zum Verlust eines Beines führte, war er bei verschiedenen Schulen und Stäben. Ab März 1945 kommandierte Köhnke als Major das Rammkommando »Elbe«, das letzte verzweifelte Aufgebot der Luftwaffe.

Koller, Albert, erhielt als Oberleutnant und Staffelkapitän der 4./KG 55 am 13. November 1942 das Ritterkreuz.

König, Viktor, kehrte als Feldwebel und Beobachter in der 14. (Eis.)/KG 55 nach Hunderten von Feindflügen am 29. August 1944 vom Einsatz nicht mehr zurück. Posthum wurde ihm am 6. Oktober 1944 das Ritterkreuz verliehen.

von Konschegg, Lambert, Dr., geboren am 1. Juni 1912 in Graz, erhielt als Major und Kommandeur der III./KG 40 am 28. Februar 1945 das Ritterkreuz.

Kornblum, Dietrich, geboren am 6. März 1922 in Pillau/Ostpreußen, hatte als Oberleutnant und Staffelführer der 4./KG 53 über 400 Feindflüge, bis ihm im Osten am 9. Juni 1944 das Ritterkreuz verliehen wurde. Danach wurde Kornblum Nachtjäger in der 9./NJG 2 und stürzte am 27. November 1944 als Hauptmann bei der Insel Juist durch die Explosion eines von ihm abgeschossenen englischen Minenleger-Bombers tödlich ab.

Korthals, Gerhard, von den zahlreichen Einsätzen des Hauptmanns Korthals, Staffelkapitän der 8./KG 51, kam vor allem der Bekämpfung feindlicher Nachschubverbindungen und Eisenbahnknotenpunkten an der Ostfront vielfach kampfentscheidende Bedeutung zu. Ritterkreuz am 2. Oktober 1942. Schon wenige Wochen später starb Hauptmann Korthals am 3. November 1942 den Fliegertod.

Kosch, Benno, geboren am 12. März 1900 in Roveresto/Tirol, führte als Oberstleutnant die II./KG 1 seit Ausbruch des Krieges in Polen und im Westen. Bei einem der Einsätze gegen London wurde eines seiner Kettenflugzeuge abgeschossen, er selbst durch zwei Schulterstedkschüsse und einen Kopfstreifschuß verwundet, setzte trotzdem seinen Angriff fort, bis auch seiner He 111 ein Motor zerschossen wurde. Nachdem er seine Bomben auf Industrieanlagen im Südteil Londons abgeworfen hatte, gelang es ihm, trotz stärkster Jagdangriffe, das beschädigte Flugzeug im Heimathafen zu landen. Ritterkreuz am 1. Oktober 1940. 1941/42 Kommodore des KG 55.

Kowalewski, Robert, geboren am 15. März 1914 in Berlin, war zu Beginn des Krieges Generalstabsgehilfe in der 10. Fliegerdivision,

Eichenlaubträger der Kampfflieger
(jeweils von links nach rechts):

22. Eichenlaub
Walter Storp, Major und Kommodore des SKG 210
am 14. Juli 1941

112. Eichenlaub
Gerhard Kollewe, Major und Kommandeur II./LG 1
am 17. August 1942
(gefallen am 17. Oktober 1942)

119. Eichenlaub
Dr. Ernst Bormann, Oberst und Kommodore des KG 76
am 4. September 1942
(gestorben am 1. August 1960)

154. Eichenlaub
Heinrich Paepcke, Hauptmann und Gruppenkommandeur
posthum am 10. Dezember 1942
(gefallen am 17. Oktober 1942)

184. Eichenlaub
Reinhard Günzel, Major und Gruppenkommandeur der II./KG 27
am 22. Januar 1943
(gestorben im Dezember 1970)

336. Eichenlaub
Freiherr Hans-Henning von Beust, Oberstleutnant und Kommodore des KG 27
am 25. November 1943

(jeweils von links nach rechts):

431. Eichenlaub
Bernhard Jope, Major
und Kommodore
des KG 100
am 24. März 1944

432. Eichenlaub
Wilhelm Schmitter,
Major und Gruppen-
kommandeur der
II./KG 2
posthum
am 24. März 1944
(gefallen
am 8. November 1943)

509. Eichenlaub
Eduard Skrzipek,
Hauptmann und Staffel-
kapitän der Eisenbahn-
bekämpfungsstaffel
im KG 27
am 24. Juni 1944

587. Eichenlaub
Hans Thurner, Haupt-
mann und Gruppenkom-
mandeur der I./KG 6
posthum
am 20. September 1944
(gefallen
am 11. Juni 1944)

620. Eichenlaub
Dieter Lukesch, Haupt-
mann und Staffel-
kapitän der 9./KG 76
am 10. Oktober 1944

655. Eichenlaub
Willi Antrup, Oberst-
leutnant und Kommo-
dore des KG 55
am 18. November 1944

später X. Fliegerkorps. Gleichzeitig flog er dabei als Flugzeugführer in der Führungskette gemeinsam mit dem Chef des Generalstabes des Fliegerkorps, Major i. G. Harlinghausen, der bereits im Mai 1940 mit dem Ritterkreuz ausgezeichnet worden war.

Hauptmann Kowalewski hatte bis November 1940 83 680 BRT feindlichen Handelsschiffsraum versenkt, einen britischen Kreuzer beschädigt, ein englisches Jagdflugzeug und ein Flugboot abgeschossen. Im September 1940 brachte er von einem Nachtflug in den Moray-Firth nach Versenkung eines 8000-Tonnen-Dampfers trotz schwerer Verwundung sein Flugzeug in vierstündigem Fluge im Einmotorenflug sicher zum Heimathafen zurück.

Nach seiner Genesung war er sofort wieder im Einsatz. Nach der Ritterkreuzverleihung am 24. November 1940 übernahm er als Kommandeur die II./KG 26, die er bis zum Juli 1941 führte. Ab August 1941 war er Kommandeur der III./KG 40 bis September 1943.

Nach erfolgter Umschulung übernahm er im Februar 1944 als Kommodore das ZG 76 bis zur Auflösung im Juli 1944. Vom August bis November 1944 war er Kommodore des NJG 2 und führte dann bis Kriegsende als Kommodore das mit AR 234 ausgerüstete KG 76. Oberstleutnant Kowalewski war der erste Kommodore eines Kampfgeschwaders mit Düsenflugzeugen.

Kralemann, Friedrich, geboren am 25. Dezember 1914 in Beckum, flog seit dem Westfeldzug im KG 3. Am 31. Dezember 1940 gelang ihm ein Einzelangriff auf das britische Kugellagerwerk in Chelmsford. An der Ostfront gehörte der Oberfeldwebel bald zu den erfolgreichsten Flugzeugführern in der II./KG 3. Am 30. Juni 1942 mußte er nach schwerem Beschuß auf Feindgebiet notlanden, schlug sich aber mit seiner Besatzung wieder durch. Von seinem 260. Einsatz, seinem letzten Feindflug, brachte er am 10. September 1942 trotz schwerer Verwundung, wobei er das linke Auge einbüßte, seine beschädigte Ju 88 ohne Bodenwanne und Kanzeldach zum Heimathafen zurück. Kralemann wurde am 29. Oktober 1943 mit dem Ritterkreuz ausgezeichnet. Er starb am 1. Dezember 1943.

Kraus, Adolf, hat sich als Oberfeldwebel und Flugzeugführer in der 4./KG 1 auf über 350 Feindflügen im Osten bewährt. Er kehrte am 30. September 1942 vom Einsatz nicht mehr zurück. Posthum wurden seine Leistungen mit dem Ritterkreuz am 25. November 1942 ausgezeichnet.

Krems, Gerhard, geboren am 4. Mai 1920 in Dresden, flog in der Stabsstaffel des KG 27, errang als Flugzeugführer bedeutende Erfolge gegen die britische Versorgungsschiffahrt und im Osten vor allem durch Angriffe auf Flugplätze, Nachschubverbindungen und Schiffe. Ritterkreuz als Leutnant in der 2./KG 27 »Boelcke« nach 170 Feindflügen am 25. Mai 1942. Im letzten Kriegsjahr flog Krems auf dem Rückzug über Rumänien und Ungarn und beendete den Krieg im Lazarett Teplitz-Schönau.

Kühl, Ernst, Dr., Oberst d. R., Ritterkreuz am 26. Oktober 1942, Eichenlaub am 18. Dezember 1943 als Kommodore des KG 55 (siehe ausführliche Lebensbeschreibung).

Kühl, Hermann, geboren am 6. März 1909 in Blisdorf bei Oldenburg, führte seine Staffel, die 2./KG 4, im Polenfeldzug, in Norwegen, im Kampf gegen Holland, Belgien und Frankreich, sowie im Einsatz gegen England. Seine Staffel flog bewaffnete Aufklärung im Raume Dombaas, Andalsnes und Namsos. Nach einem Angriff auf ein norwegisches Truppenlager, wobei die Maschine durch Flaktreffer schwer beschädigt wurde, landete Kühl ohne Seitenruder glatt auf dem schwierigen Einsatzhafen. Trotz heftigster Abwehr versorgte er im Tiefstflug die bei Rotterdam im schwersten Kampf liegenden Fallschirmjäger und Luftlandetruppen mit Munition. In Frankreich galten die Einsätze den Flugplätzen, während die Staffel im Kampf gegen die britische Insel die Gewässer um England zu verminen hatte. Ritterkreuz am 25. November 1940. Im Mittelmeerraum 1941 Angriffe auf Alexandria und den Suez-Kanal. Hauptmann Kühl kehrte am 22. Juli 1942 von einem Feindflug nicht mehr zurück.

Kuntz, Herbert, geboren am 15. Februar 1915 in Diefflen/Saar, kam 1940 von der Fliegerschule C in Erding bei München zur 3./KG 100 (früher KG 26) nach Norwegen, flog von dort alle Englandeinsätze mit, ehe seine Staffel gegen Malta eingesetzt wurde. Dann flog er über dem afrikanischen Kriegsschauplatz bis zum Suezkanal. An der Ostfront führten seine Flüge bis nach Stalingrad. Am 14. März 1943 wurde Kuntz als Oberleutnant und Flugzeugführer nach 365 Feindflügen mit dem Ritterkreuz ausgezeichnet, u. a. hatte er 16 Schiffe versenkt und 11 beschädigt, vor Bardia brachte er einen feindlichen Munitionsdampfer zur Explosion, im Roten Meer versenkte er einen großen Dampfer und im Tiefangriff um Kertsch und Sewastopol acht Küstenfahrzeuge. Eine wohl einmalige Tatsache — bei allen Einsätzen vergaß er nicht, im Augenblick des Angriffes seine Kamera auszulösen und besitzt so einmalige Dokumente des Krieges. Am Ende des Krieges war Kuntz Hauptmann und Staffelkapitän der 2./KG 40.

Kuntze, Albrecht, geboren am 25. Dezember 1912 in Magdeburg, zeichnete sich bereits im Polenfeldzug aus und hatte seine größten Erfolge im Winter 1939/40 als Flugzeugführer in der 4./KG 26 in den Einsätzen gegen die britische Seestreitkräfte im Firth of Forth, der Themse- und Humbermündung und Scapa Flow. Vor Bergen beschädigte er einen britischen Kreuzer und griff entscheidend wichtige militärische Stützpunkte der Briten im Raume von Namsos an. Ritterkreuz als Oberleutnant am 16. Mai 1940. Als Hauptmann und Gruppenkommandeur kehrte Albrecht Kuntze am 5. Juli 1943 vom Einsatz nicht mehr zurück.

Lau, Heinrich, errang auf nahezu 200 Feindflügen große Erfolge, die vor allem als Kommodore des KG 1 1942/43 oft eine wirksame Unterstützung der Operationen des Heeres bedeuteten. Major Lau erhielt am 10. Mai 1943 das Ritterkreuz.

Lehmann, Kurt, zeichnete sich als Staffelkapitän der 2./KG 53 im Winter 1942/43 bei den Kampf- und Versorgungseinsätzen in Cholm und Welikije Luki aus. Er hat über 50 Bahnhofsanlagen erfolgreich angegriffen, 17 Transportzüge und über 100 Fahrzeuge zerstört. Ritterkreuz als Oberleutnant am 19. Februar 1943.

Lehner, Franz, erhielt als Feldwebel und Beobachter zusammen mit Feldwebel Fritz Will (siehe dort) als Krönung einer Kampfgemeinschaft in der 6./KG 53, die sich bei über 400 Feindflügen bewährt hatte, am 22. Mai 1943 das Ritterkreuz.

Lehnert, Willy, geboren am 9. März 1916 in Nürnberg, erhielt als Oberfeldwebel und Bordfunker in der Besatzung des Schwerterträgers Hogeback im Stab des KG 6 nach 300 Einsätzen am 5. April 1944 das Ritterkreuz. U. a. schoß Lehnert 150 km vor Sollum aus 12 Angreifern zwei Spitfires ab.

Lehweß-Litzmann, Walter, flog 1942/43 als Oberstleutnant und Kommodore des KG 3 in zahlreichen Einsätzen an der Spitze seines Geschwaders. Im September 1943 kehrte er von einem Einsatz nicht mehr zurück. Posthum wurde ihm am 29. Oktober 1943 das Ritterkreuz verliehen.

Leopold, Fritz, geboren am 3. Mai 1919 in Lienz/Österreich, vernichtete an der Ostfront u. a. 30 Panzer, 150 Lkw, einen Panzerzug, sieben Lokomotiven, 32 Eisenbahnzüge, 38 Artillerie- und 14 Flakstellungen, 89 Flugzeuge am Boden und einen Frachter von 5600 BRT. Von seinem 320. Feindflug kehrte er als Hauptmann und Staffelkapitän in der II./KG 3 am 4. November 1943 nicht mehr zurück. Posthum wurde ihm am 26. März 1944 das Ritterkreuz verliehen.

Leupert, Otto, geboren am 6. Februar 1915 in Höchstheim, war Schreiner, ehe er 1935 in die Luftwaffe eintrat. Im LG 1 wurde Leupert einer der erfolgreichsten und erfahrensten Flugzeugführer, vor allem im Kampf gegen Schiffsziele. Er flog über dem Mittelmeerraum und über Nordafrika. Als Oberfeldwebel erhielt er am 22. Januar 1943 das Ritterkreuz und wurde wegen Tapferkeit zum Offizier befördert. Im September 1944 kehrte er von einem Einsatz über dem Mittelmeer nicht mehr zurück.

Lindinger, Eduard, wurde als Feldwebel und Flugzeugführer in der 7./KG 1 am 9. Dezember 1942 mit dem Ritterkreuz ausgezeichnet, zerstörte und vernichtete acht Panzer, 100 Lkw, sieben Eisenbahnzüge und drei Lokomotiven.

Lindmayr, Alois, geboren am 19. September 1901 in Laibach, hatte als Hauptmann und Staffelkapitän der 7./KG 76 besonders im Westen große Erfolge, u. a. führte die Staffel erfolgreiche Tiefangriffe auf die Flugplätze Escarmains, Tours und Souge durch und zerstörte 28 Flugzeuge am Boden. Im Bahnhof Rennes wurden Munitions- und Transportzüge vernichtet. Ritterkreuz am 21. Juli 1940.

Linke, Richard, geboren am 3. April 1909 in Quaissen, Kreis Steinau a. d. Oder, vernichtete mit seiner Gruppe, der I./KG 54, über 240 Flugzeuge am Boden und eine große Zahl von Panzerkampfwagen. Als Einzelleistungen des Majors und Gruppenkommandeurs im KG 54 sind die Versenkung eines britischen U-Bootes, die Vernichtung von 30 sowjetischen Panzern und vielen Lastkraftwagen hervorzuheben. Ritterkreuz am 19. September 1941.

Lipp, Karl, erhielt als Oberfeldwebel und Flugzeugführer in der 4./KG 55 am 16. November 1942 das Ritterkreuz für seine Erfolge bei der Bekämpfung von Brücken, Schiffszielen und gegen die feindliche Versorgung an der Ostfront.

Loebel, Walter, geboren am 23. Juni 1902 in Berlin, zählt als Kommodore des KG 30 zu den ersten bekannten Kampffliegern. Die Einsätze des Geschwaders sind mit Scapa Flow, Shetland Inseln, Norwegen und Flandern historisch verbunden. Das Geschwader hat allein 663 000 BRT Schiffsraum, darunter 248 000 BRT Kriegsschiffe vernichtet. In Holland hatte es die Landung des Luftlandekorps ermöglicht. Ritterkreuz als Oberstleutnant am 29. Juli 1940.

Löffelbein, Günther, Staffelkapitän in der I./KG 51, zerstörte im Kampf an der Ostfront u. a. mehrere Brücken, darunter eine wichtige Betonbrücke über den Don bei Kalatsch, Bahnhöfe und Gleisanlagen. Ritterkreuz am 19. September 1943.

Lorch, Herbert, fügte als Major und Gruppenkommandeur der II./KG 1 dem Gegner an der Ostfront schwere Verluste an Kriegsmaterial aller Art zu. Aus einem Luftkampf gegen zehnfache Übermacht kehrte Major Lorch nicht mehr zurück. Ritterkreuz am 5. Januar 1943.

von Loßberg, Viktor, geboren am 14. März 1904 in Posen, erhielt als Major und Gruppenkommandeur der III./KG 26 am 17. Oktober 1941 das Ritterkreuz. 1943 Abteilungsleiter im Technischen Amt des RLM. Am Ende des Krieges Oberst.

Lührs, Wolfgang, erhielt als Oberleutnant und Staffelkapitän in der I./KG 53 am 24. Oktober 1944 das Ritterkreuz.

Luxenberger, Josef, geboren am 2. April 1915 in Beckingen, Kreis Merzig, flog 1941 noch als Bordfunker im KG 55, nach kurzem

Lehrgang als Beobachter in der 4./KG 55. Bei seiner Ritterkreuzverleihung im April 1943 stand Luxenberger mit 425 Einsätzen, davon 89 gegen Stalingrad, an der Spitze des fliegenden Personals des KG 55 »Greif«. Oberleutnant Luxenberger versenkte Schiffe in den Kaukasushäfen, vernichtete Treibstoffzüge und Bahnhöfe und zerstörte Brücken über Don und Dnjepr.

Mader, Hans, geboren am 17. April 1915 in Pähl, Kreis Weilheim, war Lehrer, bevor er im Juli 1936 in die Luftwaffe eintrat. Als Staffelkapitän der 4./KG 54 flog Mader über Polen, Norwegen, im Westen und in der Schlacht um England. Er und seine Staffel erzielten dabei nachhaltige Wirkung mit ihren Angriffen auf Bahnhöfe, Flugplätze und auf die feindlichen Nachschubverbindungen. Nach Hunderten von Feindflügen wurde er im Osten am 15. Juli 1942 als Oberleutnant und Staffelkapitän mit dem Ritterkreuz ausgezeichnet. Mader kehrte als Major und Gruppenkommandeur der II./KG 6 am 3. Juli 1944 im Kampf gegen England vom Feindflug nicht mehr zurück.

Magg, Alois, geboren am 24. Dezember 1914 in Achsheim bei Augsburg, trat 1935 in die Luftwaffe ein und kam nach seiner Flugzeugführerausbildung im Frühjahr 1939 zur 2./KG 2. Er flog über Polen, Frankreich, in der Schlacht um England, war dann mit der II. Gruppe in Jugoslawien und Griechenland und rüstete im Herbst 1941 in Rheine von der Do 17 auf die Do 217 um. Als Technischer Offizier der Gruppe blieb er weiterhin im Einsatz, übernahm 1943 als Oberleutnant die 9. Staffel. Nach schweren Einsätzen, meist nur im Westen, wurde er am 9. Mai 1944 mit dem Ritterkreuz ausgezeichnet. Nach Auflösung des Geschwaders übernahm Magg als Hauptmann und Staffelkapitän Ende 1944 die 5./NJG 2 und flog Nachtschlachteinsätze. Am Ende des Krieges hatte Magg 245 Einsätze. In der Bundeswehr schied er 1971 als Oberstleutnant aus.

Marienfeld, Walter, geboren am 10. August 1904 in Alt-Sußmilken, Kreis Labiau, erhielt als Oberstleutnant und Kommodore des KG 54 am 27. November 1941 das Ritterkreuz. Als Oberst und General der Kampfflieger verunglückte Marienfeld bei der Vorführung einer neuen Waffe am 23. Oktober 1944 tödlich.

Martin, Wolfgang, geboren am 11. September 1916 in Düsseldorf, Oberfeldwebel und Flugzeugführer in der 6./KG 3, vollbrachte aufklärungs- wie kampfmäßig eine besondere Leistung, als er die Bereitstellung starker sowjetischer Panzerkräfte nördlich Brjansk erkannte und dann an der Zerschlagung dieser aus 60 bis 70 Panzern bestehenden Gruppe mitwirkte. Martin erhielt am 30. Dezember 1942 nach 300 Feindflügen das Ritterkreuz. Im Sommer 1944 wurde Martin Zerstörer und fand am 13. Mai 1944 nach über 600 Feindflügen den Fliegertod bei Burschen östlich Frankfurt/Oder, als er mit seiner Me 410 eine B 17 rammte, nachdem er vorher seiner Besatzung den Befehl zum Aussteigen gegeben hatte.

Freiherr von Massenbach, Dietrich, Dipl.-Ing., geboren am 12. Februar 1902 in Wreschen/Ostpreußen, hatte 1939 an der Spitze der 2./KG 4, 1940 mit seiner Gruppe, der II./KG 4, große Erfolge bei geringsten eigenen Verlusten. Nach Polen kam seine Gruppe in Norwegen zum Einsatz gegen Truppenansammlungen bei Lillehammer, Hamar und Andalsnes und flog gegen die Absetzbewegungen der Engländer. Durch Tiefstangriffe auf die Peel-Stellung in Holland erleichterte die Gruppe den Durchbruch des Heeres durch das holländische Festungssystem. Die Gruppe stand während des gesamten Westfeldzuges im Einsatz und schließlich im Kampf gegen England. Freiherr von Massenbach erhielt als Major am 27. August 1940 das Ritterkreuz. von Massenbach verstarb am 22. Juli 1973.

Mayr, Rudolf, geboren am 1. Mai 1910 in Miesbach/Obb., Flieger seit 1920, gehörte als erfahrener Flugkapitän der deutschen Lufthansa zu den erfolgreichsten Flugzeugführern im KG 40. Vor Narvik erkämpfte er sich das EK 2 und I, versenkte im Atlantik, im Nordmeer und im Mittelmeerraum elf Schiffe mit 65 000 BRT. Die Erfolge, die seine Staffel ohne einen einzigen Verlust erzielte, sind seiner taktisch klugen Führung zu danken. Als Oberleutnant und Staffelkapitän der 9./KG 40 wurde er am 18. Mai 1943 mit dem Ritterkreuz ausgezeichnet. Nach der Wiedergründung der Deutschen Lufthansa 1955 war Rudolf Mayr lange Jahre Chefpilot.

Merker, Hans, geboren am 23. November 1921 in Bremerhaven, war Staffelführer in der I./KG 3 und erhielt nach 323 Feindflügen auf der Ju 88, wobei er u. a. 48 Panzer und 20 Flugzeuge zerstörte, als Oberleutnant am 9. Juni 1944 das Ritterkreuz. Anschließend flog er als Beleuchter in der Nachtjagd bei der 3./NJG 7, wurde Staffelkapitän der 8./NJG 2 und übernahm noch im April 1945 die III. Gruppe dieses Geschwaders.

Metzig, Rudolf, flog als Oberleutnant, Technischer Offizier und Flugzeugführer im Stab des KG 4. Nach zahllosen Einsätzen kehrte er am 25. Februar 1944 von einem Feindflug gegen den Bahnhof Nowo Alexejewka nicht mehr zurück. Posthum wurde Oberleutnant Metzig am 9. Juni 1944 das Ritterkreuz verliehen.

Mevissen, Kurt, geboren am 29. März 1917 in Diedenhofen, hatte als Feldwebel und Flugzeugführer in der 9./KG 1 bis zum 4. März 1942 bereits 221 Einsätze geflogen. Als er weitere elf Panzer, neun Batterien zerstörte oder beschädigte, acht Eisenbahnzüge vernichtete und einen Panzerzug in Brand warf, erhielt er am 21. September 1942 das Ritterkreuz.

Meyer, Heinrich, Beobachter in der I./KG 2, auf vielen Feindflügen versenkte er zwei Handelsschiffe, zerstörte 39 Flugzeuge am Boden, vernichtete über 100 Lastkraftwagen und Kampfwagen und setzte in Tiefangriffen mehrere Artilleriestellungen außer Gefecht. Ritterkreuz als Oberleutnant am 15. Oktober 1942.

Michael, Hermann, geboren am 13. November 1918 in Weißenstadt, Hauptmann und Staffelkapitän der 8./KG 1, kehrte nach vielen erfolgreichen Einsätzen von seinem 282. Feindflug nicht mehr zurück. Ritterkreuz posthum am 9. Oktober 1943.

Millahn, Karl-Hermann, geboren am 9. Dezember 1916 in Dassow in Mecklenburg, trat 1936 nach dem Abitur in das IR 6 in Lübeck ein, wurde 1938 als Oberfähnrich zur Luftwaffe versetzt. Nach seiner Ausbildung kam er am 20. September 1940 als Flugzeugführer zur 1. Staffel des KG 76, führte in den nächsten Jahren verschiedene Staffeln und wurde am 29. Februar 1944 als Hauptmann und I a-Offizier des Geschwaders nach 375 Feindflügen mit dem Ritterkreuz ausgezeichnet. Am Ende des Krieges war Millahn Major und Kommandeur der IV./KG 76.

Mons, Rudolf, gehörte zu den bekanntesten und erfolgreichen Flugzeugführern des KG 40. 1940/41 versenkte er 63 000 BRT feindlichen Schiffsraum und beschädigte weitere Einheiten von 32 000 BRT schwer. Einmal kehrte er von weitem Flug über dem Atlantik trotz 48 Flak- und MG-Treffer im Flugzeug wohlbehalten zurück. Seine Erfolge sind wegen der schwierigen Durchführung der Angriffe in fernen Gewässern fliegerisch und taktisch besonders hoch zu bewerten. Ritterkreuz als Oberleutnant in der I./KG 40 am 18. September 1941. 1944 kehrte er vom Einsatz nicht mehr zurück.

Morich, Gerhard, geboren am 25. März 1920 in Peine, kam 1940 von der LKS Berlin-Gatow zum KG 4, bildete lange Zeit mit Oberfeldwebel Odenhardt (siehe dort) eine Besatzung in der 4./KG 4, flog 77 Einsätze gegen England in den Jahren 1940/42, fast 300 Feindflüge im Mittelabschnitt der Ostfront, bis er als Hauptmann und Staffelkapitän der 4./KG 4 am 20. Juli 1944 das Ritterkreuz erhielt. Am Ende des Krieges war Gerhard Morich Hauptmann und Staffelkapitän der 6./KG 76 (Turbo-Bomber-Verband) mit 362 Feindflügen.

Moßgruber, Hans-Theo, geboren am 23. August 1918 in Polensa, kehrte als Oberleutnant und Staffelkapitän der 5./KG 3 nach der Bekämpfung von Truppenansammlungen und Vernichtung zahlreicher Panzer am 27. November 1942 von seinem 300. Feindflug nicht mehr zurück. Ritterkreuz posthum am 29. Oktober 1943.

Müller, Horst, geboren am 23. Februar 1916, unter seinen Feindflügen sind vor allem die Einsätze gegen zwei sowjetische Flugzeugwerke hervorzuheben, bei denen die Produktion auf das nachhaltigste gestört wurde. Müller erhielt als Flugzeugführer und Oberleutnant in der II./KG 76 am 3. Mai 1942 das Ritterkreuz.

Müller, Karl, hatte als Oberfeldwebel und Flugzeugführer in der 12./KG 2 bis zu seiner Ritterkreuzverleihung am 15. Oktober 1942 über 280 Einsätze geflogen. Im Februar 1943 kehrte er von einem Feindflug nicht mehr zurück.

Müller, Philipp, geboren am 2. Mai 1914 in Großmannsdorf/Unterfranken, flog im KG 55 über Polen, Frankreich, England und im Osten. Als Aufklärer bei der Stabsstaffel lieferte er seinem Geschwader oft die Voraussetzungen für große Erfolge. Am 7. September 1942 wurde Hauptmann Müller Staffelkapitän der 1./KG 55 und flog bis zum 14. November weitere 126 Einsätze. Durch diese physische und psychische Belastung stürzte Hauptmann Müller am 14. November 1942 nach dem 4. Feindflug an diesem Tage bei Morosowskaja ab. Hauptmann Müller wurde am 2. April 1943 mit dem Ritterkreuz ausgezeichnet.

Müller, Rudolf, geboren am 19. Juli 1912 in Schönblick, Kreis Teltow, gehörte bereits vor dem Kriege dem KG 27 »Boelcke« in Hannover-Langenhagen an, flog als Hauptmann und Staffelkapitän der 1./KG 27 gegen Flugplätze in Frankreich und England, gegen England versenkte seine Gruppe, die I./KG 27, 60 000 BRT Schiffsraum, weitere 45 000 BRT wurden schwer beschädigt. Fast die Hälfte dieser Zahlen gehen auf sein Konto. Auch im Osten führte Müller seine Gruppe zu besonderen Erfolgen in der Bekämpfung von Flugzeugen und Industrieanlagen, bewährte sich vor allem in rollenden Tag- und Nachteinsätzen gegen die Festung Sewastopol, führte erstmalig im Nachteinsatz Angriffe auf Lokomotiven und Nachschubzüge in der Tiefe des Feindgebietes, ebenso bekämpfte er erstmalig feindliche Nachtstörangriffe mit einem Kampfflugzeug. Ritterkreuz als Hauptmann nach 320 Feindflügen am 6. Juli 1942. 1943 flog Müller gegen Malta und über Afrika und wurde 1 a des II. Fliegerkorps in Sizilien. Am Ende des Krieges hatte Müller, der 1944 Oberst i. G. und Chef des Stabes beim General der Kampfflieger geworden war, 382 Einsätze.

Mylius, Wilhelm, geboren am 24. Februar 1915 in Langlingen bei Celle, flog von Kriegsbeginn an beim KG 55 als Beobachter im Westen und Osten und zeichnete sich durch Zähigkeit und Führungsgeschick aus. Mylius galt als Meister im Horizontalhochwurf mit dem neuen Bombenzielgerät Lotfe 7 D. Er hatte große Erfolge bei der Bekämpfung von Punktzielen. 1942 wurde Hauptmann Mylius Staffelkapitän der 6./KG 55, flog in vier Monaten 183 Einsätze und stand damit an der Spitze aller Staffelkapitäne des KG 55. Im gleichen Jahr wurde er jenseits der Front abgeschossen, schlug sich in achttägigem Fußmarsch mit seiner Besatzung wieder zu den eigenen Linien durch und brachte noch Gefangene mit. Nach 343 Einsätzen wurde Mylius am 3. April 1945 mit dem Ritterkreuz ausgezeichnet. Wilhelm Mylius verstarb am 10. September 1970.

Nacke, Rudolf, geboren am 19. Februar 1914 in Dresden, seit 1929 Sportflieger, 15. Mai 1935 zur Luftwaffe, September 1935 zum KG 1. Zu Beginn des Krieges bei der 7./KG 76. Zählte als Stabsfeldwebel zu den erfahrensten Flugzeugführern seines Geschwaders. Nach 19 Einsätzen in Polen flog er im Westen als Flugzeugführer des Gruppenkommandeurs der III./KG 76. In Frankreich zeichnete er sich beim Einsatz gegen den voller Transportzüge stehenden Bahnhof Rennes besonders aus, flog gegen England alle Einsätze seines Geschwaders, dazu noch Einzelangriffe gegen Industrie- und Hafenanlagen, wobei im Tiefangriff eine Schiffswerft in Hastings zerstört wurde. Bis zur Auszeichnung mit dem Ritterkreuz am 23. Juli 1941 stand er mit ca. 130 Feindflügen an der Spitze des fliegenden Personals seines Geschwaders. Im Osten flog Nacke u. a. gegen Stalingrad, Krim, Kaukasus und Öltanks bei Astrachan 218 Einsätze. Bei seinem 332. Feindflug gegen Flugplätze in Afrika von Kreta aus, blockierte nach Nachtjägerbeschuß das Seitensteuer. Nacke schaffte noch den Rückflug bis in die Nähe von Saloniki und mußte dann mit seiner Besatzung aussteigen. Nach sechs Wochen Lazarettaufenthalt wurde Nacke Fluglehrer, insbesondere Nachtfluglehrer. 1945 erfolgte Umschulung auf Me 262 und Arado 234. Am Ende des Krieges war Nacke Leutnant und Staffelführer im EKG 1.

Nocken, Klaus, zeichnete sich als Major und Kommandeur der III./KG 26 bei der Bekämpfung feindlicher Geleitzüge im Atlantik, im nördlichen Eismeer und im Mittelmeer besonders aus. Hierfür erhielt er am 29. Oktober 1943 das Ritterkreuz.

Nölter, Herbert, geboren am 26. Mai 1921 in Langenforth bei Hannover, erhielt als Hauptmann und Staffelkapitän der 2./KG 3 nach über 300 Feindflügen am 5. September 1944 das Ritterkreuz. Kam nach Auflösung seines Geschwaders zur Tagjagd und wurde Kommandeur der III./JG 301. Noch im April 1945 wurde er bei

Halberstadt abgeschossen und starb an den Folgen der Verwundung am 13. Mai 1945.

Nöske, Klaus, geboren am 26. November 1911 in Potsdam, flog seit Kriegsbeginn im KG 4. Gegen England war seine Staffel, die 1./KG 4, vor allem in der Verminung britischer Häfen erfolgreich. Nöske selbst flog allein 73mal diesen schwierigen Einsatz. Nach 117 Feindflügen wurde ihm als Hauptmann und Staffelkapitän am 16. Mai 1941 das Ritterkreuz verliehen, eine Auszeichnung, die zugleich eine Anerkennung der Minenflieger für ihren entsagungsvollen Einsatz sein sollte. Im Osten gelang Hauptmann Nöske als Kommandeur der I./KG 4 am 29. August 1941 ein erfolgreicher Angriff gegen Schiffsziele in der Narwabucht, wobei sechs Schiffe versenkt wurden. Nach Auflösung der Kampfgeschwader kam Nöske nach 212 Feindflügen als Major zum Fallschirmjägerregiment 29 nach Deutsch-Brod in der Tschechoslowakei.

Oberländer, Hans-Werner, geboren am 16. Dezember 1912 in Bankauermühle, Kreis Schwetz, flog im KG 55 über Frankreich, England und im Osten. Oberländer bekämpfte u. a. Schiffe auf der Wolga, flog vom 27. Oktober bis 14. November 1942 zahlreiche Einsätze gegen Betriebsstoffzüge ostwärts von Stalingrad und führte Versorgungsflüge für die eingeschlossenen Heeresverbände durch. Wie so oft flog er auch am 25. November 1942 bei schlechtestem Wetter im Tiefstflug über die Steppe. Bei Tschernischewskaja erhielt er starken Beschuß. Unter Aufbietung seines ganzen fliegerischen Könnens kehrte er im Einmotorenflug zurück. In Platznähe stürzte das flugunfähige Flugzeug ab. Oberländer wurde bei diesem, seinem 263. Einsatz, schwer verletzt. Als Oberleutnant erhielt er am 24. März 1943 das Ritterkreuz.

Odenhardt, Wilhelm, geboren am 26. Januar 1914 in Klein-Jerutten/Ostpreußen, flog von 1940 an im KG 4 als Beobachter. Sein

Flugzeugführer war zugleich der Staffelkapitän, Hauptmann Gerhard Morich. Beide flogen zusammen Hunderte von Einsätzen in der Schlacht um England und im Osten. Odenhardt erhielt nach seinem Staffelkapitän als Fahnenjunker-Oberfeldwebel nach 447 Feindflügen am 13. November 1944 in der 4./KG 4 das Ritterkreuz. Seinen 453. Einsatz flog Odenhardt als Leutnant am 30. April 1945 zur Versorgung von Berlin.

Oekenpöhler, Hansi, errang als Flugzeugführer im KG 27 bei der Bekämpfung feindlicher Kriegs- und Handelsschiffe sowie in Tiefangriffen auf Erdziele und Truppenansammlungen entscheidende Erfolge. Ritterkreuz als Oberfeldwebel am 2. Juni 1943.

Peters, Josef, geboren am 20. Februar 1920, erhielt als Oberleutnant und Beobachter in der III./KG 26 am 6. April 1944 das Ritterkreuz.

Peters, Karl, Hauptmann und Gruppenkommandeur der II./LG 1 wurde noch Ende April 1945 mit dem Ritterkreuz ausgezeichnet. Die Verleihung ist nur durch Radiodurchsage bekanntgeworden. Peters ist nach dem Krieg verstorben.

Petersen, Edgar, geboren am 26. April 1904 in Straßburg, wurde bekannt als der erste Gruppenkommandeur im Fernkampfgeschwader KG 40, flog mit dieser Gruppe zur Entlastung im Kampf um Narvik, anschließend versenkte die Gruppe in der Nordsee, im Atlantik und um England 103 000 BRT Schiffsraum und beschädigte Schiffe mit 25 000 BRT, bis Major Petersen am 21. Oktober 1940 das Ritterkreuz erhielt. Am 1. März 1941 wurde er der erste Kommodore des KG 40.

Petersen, Karl August, geboren am 26. Mai 1912 in Neukirchen/Kreis Nordfriesland, gehörte dem KG 27 »Boelcke« vom 15. März 1936 bis 15. März 1944 an, führte 1938 bei der Legion Condor in

Spanien 131 Einsätze durch, flog über Polen, Frankreich, in der Schlacht um England und im Osten. Im Januar 1941 wurde Petersen Staffelkapitän der 9./KG 27, am 1. Juli Hauptmann. Im Rahmen der bewaffneten Aufklärung griff Petersen ohne ausdrücklichen Befehl mit einer Kette bei 500 m Wolkenhöhe den Kriegshafen von Tuapse an, versenkte ohne eigene Verluste einen Zerstörer, zwei wurden schwer beschädigt, ebenso ein 8000-BRT-Handelsschiff. Der Rest der Bomben zerstörte das Öltanklager. Der Angriff wurde am 24. Dezember 1941 im OKW-Bericht erwähnt. Unter den 250 Feindflügen sei noch der Einsatz der Staffel am 31. Dezember 1941 in 5 m Wolkenhöhe (!) gegen eine russische Brigade bei Simferopol hervorgehoben. Am 8. März 1942 wurde Petersen als 5. Soldat des KG 27 mit dem Ritterkreuz ausgezeichnet. Als Major übernahm er Januar 1943 die II./KG 27 und führte sie bis zum 15. März 1944. Nach einer Reihe von Kommandos war Petersen am Ende des Krieges Major und Sachbearbeiter für Bodenorganisation in den Bereichen Luftgau 11 und Dänemark.

Petzold, Ernst, geboren am 6. August 1914 in Rammenau/Kreis Bautzen, Oberleutnant und Staffelkapitän der 5./KG 54, führte zahlreiche Einsätze im Osten durch, zerstörte im Sturzangriff eine Dnjepr-Brücke durch Volltreffer, wodurch der Abmarsch des Gegners über den Fluß wirksam unterbunden wurde. Ritterkreuz am 17. September 1941.

Petzold, Joachim, geboren am 26. Februar 1913, erhielt als Hauptmann und Gruppenkommandeur der I./KG 27 am 18. Mai 1943 das Ritterkreuz.

Pilz, Walter, geboren am 10. November 1919 in Hohendodelchen b. Magdeburg, galt als der beste Flugzeugführer aus dem Mannschaftsstand im KG 55. Pilz flog gegen England und an der Ostfront. Vom September bis Dezember 1942 setzte er sich mit 178

(jeweils von links nach rechts):

656. Eichenlaub
Karl-Heinrich Höfer,
Major und Gruppen-
kommandeur der
II./KG 55
am 18. November 1944

674. Eichenlaub
Kurt Maier, Hauptmann
und Staffelkapitän
in der I./KG 4
am 6. Dezember 1944

675. Eichenlaub
Georg Sattler, Ober-
leutnant und Staffel-
kapitän im LG 1
am 6. Dezember 1944

692. Eichenlaub
Freiherr Sigmar Ulrich
von Gravenreuth,
Oberstleutnant und
Kommodore des KG 30
posthum
am 9. Januar 1945
(tödlich verunglückt
am 16. Oktober 1944)

696. Eichenlaub
Freiherr Volprecht
Riedesel zu Eisenbach,
Oberstleutnant und
Kommodore des KG 54
am 14. Januar 1945
(Fliegertod
am 2. März 1945)

735. Eichenlaub
Herbert Wittmann,
Major und Gruppen-
kommandeur
der II./KG 53
am 1. Februar 1945

Hajo Herrmann flog bis 1942 320 Einsätze als Kampfflieger und hatte bereits am 13. Oktober 1940 das Ritterkreuz erhalten. 1942 kam Herrmann in den Luftwaffenführungsstab, wurde am 2. August 1943 als Kommandeur eines Luftwaffen-Jagdverbandes (Wilde Sau) mit dem Eichenlaub und am 23. Januar 1944 als Oberst und Inspekteur der Luftverteidigung mit den Schwertern ausgezeichnet — fühlte sich aber immer als Kampfflieger.

Im Oktober 1942 legten Offiziere des KG 27 „Boelcke" am Grabe von Oswald Boelcke in Dessau einen Kranz nieder und besuchten zugleich die greise Mutter ihres Vorbildes. Von rechts: Hauptmann Wilhelm Werlin (Ritterkreuz am 30. Dezember 1942), Oberleutnant Othmar Günthert, ein Techniker, Major Joachim Petzold (Ritterkreuz am 18. Mai 1943), Major Rudolf Müller (Ritterkreuz am 6. Juli 1942), Oberleutnant Gerhard Krems (Ritterkreuz am 25. Mai 1942), Leutnant Heinz Werner, Hauptmann Heinrich Klein (Ritterkreuz am 10. Juni 1943), Oberleutnant Herbert Nack, Oberleutnant Georg Brütting (Autor dieses Buches), Stabsarzt Dr. Joachim Fähndrich.

Einsätzen an die Spitze aller Mannschaftsflugzeugführer des Geschwaders. Dann flog Pilz in der 5./KG 55 allein 41 Einsätze noch ostwärts von Stalingrad und zahlreiche Versorgungsflüge für die eingeschlossene Truppe. Feldwebel Pilz erhielt nach 370 Feindflügen am 24. März 1943 das Ritterkreuz. Bis Kriegsende erhöhte Pilz die Zahl seiner Einsätze auf 447.

Placzek, Franz, geboren am 5. November 1914 in Kriegsbach, erzielte als Oberfeldwebel und Beobachter in der 2./KG 55 bei den Kämpfen gegen England und im Osten unter besonders schwierigen Wetter- und Abwehrbedingungen wichtige Aufklärungsergebnisse, flog Versorgung für die eingeschlossene Gruppe Laska und für die 22. Panzer-Division. Im November 1942 flog Placzek mit seiner Besatzung immer wieder gegen den Durchbruch des Feindes am Don. Bei der Durchführung eines solchen Tiefangriffes wurde die He 111 auf dem 329. Feindflug von Placzek schwer beschädigt und stürzte noch vor Erreichen des Platzes ab. Ritterkreuz am 3. April 1943.

Poetter, Joachim, Hauptmann und Gruppenkommandeur der I./KG 77 (vorher 7./KG 51) hat sich im Kampf im Westen, gegen England und im Osten durch persönlichen Einsatz und umsichtige Führung bewährt. Ritterkreuz am 16. April 1942.

Prüger, Walter, vernichtete als Oberleutnant und Staffelführer der 2./Kampfgruppe 606 im Mittelmeerraum 47 000 BRT feindlichen Handelsschiffsraum und beschädigte u. a. einen Kreuzer. Prüger fiel bei einem Angriff auf die Flugplatzanlagen der Insel Malta am 6. Juli 1942. Posthum wurde ihm am 5. Januar 1943 das Ritterkreuz verliehen.

Puchinger, Rudolf, geboren am 29. März 1919, zeichnete sich als Oberleutnant und Staffelkapitän der 8./KG 6 im Mittelmeerraum, in Nordafrika und im Osten aus. Seine ersten Angriffe flog er gegen Malta. Über Noworossijsk kämpfte sich Puchinger und seine drei Oberfeldwebel, alle Träger des Deutschen Kreuzes in Gold, gegen Jäger von vorne und hinten, abgetrennt vom Verband, der Funker schwer verwundet, mit schwer beschädigter Maschine über die eigenen Linien zurück. Ritterkreuz am 24. Januar 1943. Fiel 1944 als Kommandeur der III./KG 6 im Kampf gegen England.

Puttfarken, Dietrich, geboren am 30. April 1920 in Hamburg, vernichtete als Oberleutnant und Flugzeugführer in der 1./KG 51 bei 250 Feindflügen 30 Flugzeuge am Boden, ein U-Boot, mehrere Handelsschiffe und drei wichtige Don-Brücken, zeichnete sich in vielen Sondereinsätzen aus. Ritterkreuz am 7. Oktober 1942. Puttfarken stellte als Major im Februar 1944 die Fernnachtjägerstaffel im KG 51 auf, die englische Nachtjäger bis zu deren Einsatzhäfen verfolgte. Bei einem solchen Einsatz fiel Puttfarken am 23. April 1944 in der Nähe von Cambridge.

Putz, Helmut, geboren am 8. Mai 1915 in München als Sohn des Kunstmalers Leo Putz, lebte mehrere Jahre in Brasilien. 1938 Fahnenjunker in einer Heeresaufklärungsabteilung, zur Luftwaffe versetzt und zum Flugzeugführer ausgebildet. Als erster Flugzeugführer des KG 27 erhielt er im Oktober 1941 das Deutsche Kreuz in Gold. Putz tat sich vor allem in der Eisenbahnbekämpfung hervor, flog zahlreiche Versorgungsflüge nach Cholm und erhielt als Oberleutnant am 19. September 1942 das Ritterkreuz. Als Staffelkapitän geriet er am 4. Juli 1943 bei einem Feindflug im Osten in Gefangenschaft, und kehrte nach dem Krieg in die Heimat zurück.

Quednau, Horst, geboren am 6. März 1917, hat sich als Oberleutnant und Flugzeugführer in der III./KG 27 im Osten durch Angriffe auf Eisenbahnziele ausgezeichnet. Ritterkreuz am 3. September 1942. Quednau ist nach dem Krieg verstorben.

Raab, Alexander, geboren am 12. Juli 1921 in Moedling bei Wien, erhielt als Oberleutnant und Staffelkapitän in der I./KG 77 am 5. September 1944 das Ritterkreuz.

Raithel, Johann, geboren am 11. März 1892 in München, erhielt als Kommodore des KG 77 für die energische und zielbewußte Führung im Westen und im Osten das Ritterkreuz am 17. Oktober 1941.

Rath, Hans-Joachim, hat als Oberst das KG 4 auf allen Kriegsschauplätzen zu bedeutsamen Erfolgen geführt, vor allem bei der Versorgung vorgeschobener Heeresverbände. Rath führte das KG 4 vom 30. Mai 1940 bis 1. Juni 1942. Ritterkreuz am 9. Mai 1942.

Rauer, Karl, geboren am 7. August 1913 in Linz/Donau, diente bereits im österreichischen Bundesheer als Fliegeroffizier. In der Luftwaffe flog er im KG 53, vernichtete u. a. sieben Treibstoff- und ein Munitionslager, fünf Flakstellungen, zwei Eisenbahnbrücken, 30 Panzer und 17 Flugzeuge am Boden, zeichnete sich in zahlreichen Versorgungsflügen aus. Ritterkreuz als Major und Gruppenkommandeur der I./KG 53 am 29. Februar 1944.

Rehle, Siegfried, geboren am 4. August 1915 in Waldkirchen, Oberleutnant und Beobachter in der 2./KG 53, kehrte nach vielen Einsätzen am 30. Dezember 1942 vom Feindflug nicht mehr zurück. Posthum wurde ihm im Februar 1943 das Ritterkreuz verliehen.

Rein, Willi, geboren am 14. April 1914 in Schorndorf, flog als Oberfeldwebel und Flugzeugführer mit der gleichen Besatzung in der 5./KG 53 gegen England und im Osten. Nach 173 Einsätzen erhielt er am 22. Februar 1942 das Deutsche Kreuz in Gold. Rein flog alle Tag- und Nachteinsätze in der Schlacht um Rschew. Als

Rein am 5. September 1944 mit dem Ritterkreuz ausgezeichnet wurde, waren er und seine Kameraden die häufigsten eingesetzte und älteste Besatzung der Gruppe.

Renz, Gerhard, geboren am 22. Juli 1910 in Halle, bildete von Kriegsbeginn mit Leutnant d. R. Albert von Schwerin (siehe dort) in der 1./KG 26 eine Kampfbesatzung. Mehrfach brachte Oberfeldwebel Renz das schwerbeschädigte Flugzeug zurück. Seine großen Erfolge erzielte er im Einsatz gegen die englische Flotte, wobei es ihm gelang, Kriegs- und Handelsschiffe zu versenken, darunter einen Flakkreuzer. Ferner beschädigte er mehrere Schiffseinheiten schwer, darunter das später versenkte größte Kriegsschiff Englands, den Schlachtkreuzer »Hood«. Renz flog im Kampf um Norwegen, und im Westfeldzug Einsätze gegen die Maginotlinie. Renz, der wegen Tapferkeit zum Offizier befördert wurde, erhielt am 31. Juli 1940 mit von Schwerin das Ritterkreuz.

Richter, Gerhard, geboren am 21. November 1913 in Nieder-Gebra/Schlesien, war zu Beginn des Krieges Flugzeugführer, ab Mai 1940 Staffelkapitän der 8./LG 1, flog gegen Norwegen und Frankreich, wo er u. a. Angriffe auf den Bahnhof Douai, auf Le Bourget, Orleans, Brest, Nantes und Le Havre durchführte. In der Schlacht um England zeichnete er sich als Flugzeugführer wie als Staffelkapitän aus. Ritterkreuz als Oberleutnant am 24. November 1940.

Richter, Heinz, kehrte als Hauptmann und Gruppenkommandeur der III./KG 77 nach Hunderten von Einsätzen am 2. Juni 1943 vom Feindflug nicht mehr zurück. Posthum wurde ihm am 19. September 1943 das Ritterkreuz verliehen.

Richter, Walter, geboren am 30. Mai 1919 in Radaun/Sudetenland, wurde als Oberfeldwebel und Bordmechaniker in der 5./KG 53 am 28. Februar 1945 mit dem Ritterkreuz ausgezeichnet.

Rieckhoff, Herbert, geboren am 25. Dezember 1898 in Berlin, erhielt als Oberst und Kommodore des KG 2 am 5. Juli 1941 das Ritterkreuz. Der spätere Generalleutnant starb 1947 in Esslingen.

Rösch, Rudolf, geboren am 22. Februar 1920 in München, erhielt als Oberleutnant und Staffelkapitän der 9./KG 51 nach Hunderten von Einsätzen am 26. März 1944 das Ritterkreuz. U. a. rettete er durch eine kühne Landung die Besatzung seines Gruppenkommandeurs 80 km hinter der Front. Am 28. November 1964 verstorben.

Rößiger, Wilhelm, geboren am 12. Dezember 1913 in Altona-Eidelstedt, führte u. a. einen Angriff auf ein englisches Flugzeugwerk durch und erzielte mehrere Volltreffer in die ausgedehnten Montagehallen, so daß das wichtige Werk für lange Zeit ausfiel. Rößiger fiel als Oberleutnant und Staffelkapitän in der Erprobungsgruppe 210 in der Schlacht um England am 27. September 1940. Am 1. Oktober 1940 wurde dem Oberleutnant und Staffelkapitän posthum das Ritterkreuz verliehen.

Röthke, Siegfried, geboren am 3. August 1915 in Mürow/Angermünde, kam nach der Fluglehrerschule Brandenburg-Briest am 2. Dezember 1939 zur 1. Staffel des KG 4 »General Wever«, flog 101 mal in der Schlacht um England gegen die Insel, davon allein 21 mal über London, führte den ersten Angriff auf Belfast durch, neben allen Großangriffen flog er zur Verminung der Themsemündung und der Hafenanlagen, wobei ihm einmal über Pembroke die Ölleitung zerschossen wurde und er nach sechsstündigem Einmotorenflug zum Einsatzhafen zurückkehrte. Im Osten flog Röthke am 21. Juli 1941 den ersten Angriff auf Moskau mit, versenkte am 29. August 1941 im Finnischen Meerbusen einen dicht besetzten 2000-BRT-Transporter, kämpfte gegen Leningrad und gegen die Versorgungsschiffe auf dem Ladogasee. Am 29. Januar 1942 flog Röthke Munitionsversorgung für die Infanterie bei

Pustynjka. Drei Flakvolltreffer zerrissen sämtliche Leitungen und die Kurssteueranlage. Als die He 111 brannte, konnte sie Röthke in der einzigen Lichtung eines riesigen Waldgebietes mit einer Bauchlandung in den tiefen Schnee setzen. An den ersten Bäumen des Waldes zerschellte die He 111. Nach 30-stündigem Fußmarsch kehrte die Besatzung zu den eigenen Truppen bei Staraja Russa zurück. An der Spitze der 6. Staffel zerschlug Röthke in der Abwehrschlacht von Orel in mehreren Tiefangriffen sowjetische Sturmregimenter und bei seinem 400. Feindflug zahlreiche Flugzeuge auf einem Feindflugplatz 300 km hinter der Front. Wieder einmal kehrte er dabei nach Flaktreffer im Einmotorenflug zurück. Nach diesen 400 Einsätzen wurde ihm als Oberleutnant und Staffelkapitän am 3. Juni 1943 das Ritterkreuz verliehen. Nach 476 Einsätzen beendete Röthke den Krieg als Hauptmann und Staffelkapitän der 5./KG 76 mit der Umschulung auf das Düsenflugzeug Ar 234. In der Bundeswehr stieg Röthke bis zum Oberst auf.

Roewer, Herbert, geboren am 10. Juni 1918 in Hörne, war als Flugzeugführer seit dem 10. Juli 1941 beim KG 3 eingesetzt, wurde bereits am 18. Juli 1941 bei einem Aufklärungsflug bei schlechtester Wetterlage abgeschossen, konnte sich aber durch Fallschirmabsprung retten. Am 26. Januar 1942 mußte er zwischen den Linien landen, als beide Motoren zerschossen waren. Anfang 1943 wurde Roewer als Oberfeldwebel zur neuaufgestellten 9.(Eis.)/KG 3 versetzt. Bei dieser Einheit erzielte er große Erfolge gegen den feindlichen Nachschub, vernichtete 59 Lokomotiven, 14 Transport- und Munitionszüge, 18 Panzer, zahlreiche Flugzeuge am Boden und 90 Lastkraftwagen. Ritterkreuz nach 305 Feindflügen am 3. Juli 1943.

Roth, Günther, wurde als Oberleutnant in der IV./LG 1 am 26. März 1944 mit dem Ritterkreuz ausgezeichnet. Als Hauptmann führte er die 13./LG 1.

Rudat, Horst, geboren am 3. Mai 1920 in Wirtkallen/Ostpreußen, kam von der Luftkriegsschule 5 in Regensburg-Obertraubling zum KG 55. Bis zur Ritterkreuzverleihung als Oberleutnant und Staffelkapitän der 2./KG 55 am 24. März 1943 hatte Rudat in 313 Einsätzen mehrere wichtige Brücken zerstört, bei Eisenbahnjagd im Hinterland mehrere Munitionszüge vernichtet und zeichnete sich besonders bei der Versorgung der Armee in Stalingrad aus. Er flog die meisten Einsätze im KG 55 während der Schlacht um Stalingrad. Am 18. Januar 1943 kehrte er mit 27 Soldaten in seiner He 111 aus Stalingrad zurück. In einer der letzten Nächte gelang es ihm als einziger Maschine von zwei eingesetzten Geschwadern, in Gumrak zu landen und unter schwerstem Beschuß wichtige Personen und Unterlagen auszufliegen. Später war Rudat bei der Erprobung von »Vater und Sohn« und Aufstellung einer Staffel in Nordhausen eingesetzt. Mit »Vater und Sohn« oder auch »Mistel« genannt, flog Rudat noch Einsätze in der Seinebucht. Am Ende des Krieges war Rudat nach 337 Einsätzen Hauptmann und Gruppenkommandeur der II./KG 200 in Burg bei Magdeburg. In der Bundeswehr wurde Horst Rudat Brigadegeneral.

Sartor, Bernhard, geboren am 28. Februar 1913 in Koblenz, kam vom Flieger-Erg.-Btl. 23 zum fliegenden Personal, wurde als Oberleutnant und Beobachter im Stab des KG 51 nach 328 Feindflügen am 20. Juli 1944 mit dem Ritterkreuz ausgezeichnet. Am Ende des Krieges war Hauptmann Sartor Divisionsadjutant in der 14. Flieger-Division mit 358 Einsätzen.

Sauer, Hans, geboren am 22. Mai 1912 in Wiesbaden, hat sich als Leutnant und Flugzeugführer in der 4./LG 1 in über 100 Feindflügen hervorragend bewährt, vor allem im Kampf um Kreta. Ritterkreuz am 5. Juli 1941. Wenige Wochen später, im August 1941, kehrte er von einem Feindflug über dem östlichen Mittelmeer nicht mehr zurück.

Schäfer, Eberhard, flog als Leutnant und Flugzeugführer in der II./KG 51 und 1944 in einer ungarischen Kampfstaffel. Er zeichnete sich auf 156 Feindflügen im Mittelmeerraum und an der Ostfront aus und erhielt am 8. April 1944 das Ritterkreuz. Schon am Tage darauf erlag Schäfer einer schweren Verwundung.

Schäfer, Karl, geboren am 17. November 1914 in Frankfurt/Main, flog seit Mai 1942 als Bordschütze im KG 55, ab April 1944 als Beobachter, wurde im Februar 1943 in die 14. Eisenbahn-Bekämpfungsstaffel versetzt, flog dort 193 Einsätze gegen Bahnhöfe und Nachschublinien, zeichnete sich bei Versorgungsflügen für Budapest, Posen und Glogau aus und wurde am 3. April 1945 nach 420 Feindflügen mit dem Ritterkreuz ausgezeichnet.

Schalles, Walter, geboren am 27. Januar 1915 in Braunschweig, Oberfeldwebel und Flugzeugführer der 9./KG 27 »Boelcke«, wurde wegen seines großen taktischen Verständnisses häufig zu Sonderaufträgen herangezogen. U. a. brachte er dabei von einem Nachteinsatz bei schlechtestem Wetter sein schwerbeschädigtes Flugzeug im Einmotorenflug über Hunderte von Kilometern zurück zum Einsatzhafen. Nach Feindflügen über Polen, Frankreich, England und im Osten erhielt er am 12. April 1942 das Ritterkreuz.

Schellong, Hans, geboren am 13. Mai 1920 in Schillen/Ostpreußen, gehörte zu den erfahrensten Flugzeugführern des KG 4. Im März 1944 wurde ihm in der Nähe von Podolsk in nur 30 m Höhe bei einem Tiefangriff ein Motor herausgeschossen. Trotz der geringen Höhe brachte er das stark beschädigte Flugzeug nach Krosno zurück — eine fliegerische Meisterleistung. Am 1. Mai 1944 wurde Schellong Staffelkapitän der 3./KG 4. Von seinem 386. Feindflug, einem Angriff auf den Bahnhof Dschankoi am 22. Mai 1944, kehrte er nicht mehr zurück. Posthum wurde ihm am 8. August 1944 das Ritterkreuz verliehen.

Schenck, Wolfgang, geboren am 7. Februar 1913 in Windhoek/Südwestafrika, flog als Zerstörer gegen Polen und Frankreich, ab September 1940 Staffelkapitän in der Erprobungsgruppe 210, führte die 1./SKG 210 im Osten, vereitelte u. a. durch zahlreiche Tiefangriffe den Flankenstoß einer feindlichen Panzereinheit, vernichtete zahlreiche Flugzeuge am Boden und hatte bei der Ritterkreuzverleihung am 14. August 1941 neun Luftsiege aufzuweisen, flog anschließend wieder als Zerstörer, wurde am 3. Januar 1943 Kommodore des SG 2 im Mittelmeerraum, am 11. Oktober 1943 Inspizient der Schlachtflieger, leitete ab Juni 1944 das Erprobungskommando der Me 262 als Kampfflugzeug, war dann Führer eines Einsatzkommandos und übernahm am 5. Dezember 1944 das KG 51. Wolfgang Schenck, der bereits am 30. Oktober 1942 als Kommandeur der I./ZG 1 das 139. Eichenlaub der deutschen Wehrmacht erhalten hatte, kam auf 18 Luftsiege und war bei Kriegsende Oberstleutnant und Inspizient für Strahlflugzeuge.

Schlosser, Heinrich, geboren am 1. August 1908 in Chemnitz, kam von den Fernaufklärern über die Blindflugschule im Mai 1940 zum KG 40 nach Norwegen. Bereits am 10. Mai versenkte er vor Narvik das Versorgungsschiff »Van Dyk« mit 13 242 BRT. Am 1. August 1940 verlegte das Geschwader nach Bordeaux. Schlosser, der in der 2. Staffel flog, gehörte bald zu den bekanntesten Flugzeugführern dieses Fernkampfgeschwaders, vermochte mit der Versenkung von 55 000 BRT aus stark gesicherten Geleitzügen der englischen Versorgungsschiffahrt empfindliche Verluste beizubringen. Ritterkreuz als Oberleutnant am 18. September 1941. Mit der 10./KG 40 schulte er dann in Lechfeld auf die He 177 um, flog zur Erprobung in Rechlin und kam im Januar 1943 mit der I./FKG 50 mit He 177 in Stalingrad zum Einsatz. Nach dem Tode von Scheele wurde er als Hauptmann Kommandeur dieser Gruppe. Anschließend Verwendung in Stäben und auf Schulen. 1966 ging Schlosser als Oberst der Bundeswehr in Pension.

Schloßleitner, flog als Leutnant und Staffelführer in der III./LG 1. Er erzielte vor allem bei der Bekämpfung des Eisenbahn-Nachschubverkehrs an der Ostfront sowie von Panzern- und Fahrzeugansammlungen große Erfolge. Ritterkreuz im Herbst 1944. Im November 1944 erlitt er beim KG 6 in der Nähe von Brüssel den Fliegertod.

Schlund, Franz, geboren am 10. August 1913 in Leinen bei Heidelberg, war Bordfunker in der Besatzung des Schwerterträgers Helbig, hatte bei der Ritterkreuzverleihung am 30. August 1941 über 200 Einsätze geflogen und u. a. 13 Jagdangriffe erfolgreich abgewehrt. Schlund war als Oberfeldwebel in der 4./LG 1 der erste Bordfunker der Luftwaffe, der mit dem Ritterkreuz ausgezeichnet wurde. 1944/45 Angehöriger des Fallschirm-Panzerkorps »Hermann Göring«.

Schmetz, Heinrich, geboren am 22. Oktober 1914 in Essen, diente 1935 bei der Luftwaffe, kam 1936 als Kampfbeobachter zur I./Kampfgeschwader General Wever nach Gotha, wurde 1938 Leutnant der Res. beim KG 254 in Gütersloh und kam mit Kriegsbeginn zur II./KG 4. In ihr flog Schmetz über Polen, Norwegen, im Westen und in der Schlacht um England. Als im Herbst 1940 die II./KG 4 in III./KG 30 umbenannt wurde, flog Schmetz als Beobachter des Gruppenkommandeurs Hajo Herrmann (siehe dort). Im Mittelmeerraum flog diese Gruppe von Sizilien aus Einsätze gegen Malta, Nordafrika, Griechenland und Kreta, schließlich wieder gegen England und über dem Nordmeer gegen anglo-amerikanische Geleitzüge. Im Februar 1943 wurde Schmetz als Flugzeugführer und Staffelkapitän zum Erprobungskommando 21 nach Garz versetzt zur Truppenerprobung von ferngelenkten Bomben (FK) vom Typ FX und Hs 293. Im Frühsommer 1943 wurde das EK 21 die III. Gruppe des KG 100, Schmetz Staffelkapitän der 11. Staffel. Sie flogen Tageseinsätze im Mittelmeerraum auf Geleitzüge und schwere Schiffseinheiten vor der nordafrikanischen Küste und bei Gibraltar. Dabei erzielten sie große Erfolge, versenkten über 100 000 BRT Schiffsraum, darunter zwei Kreuzer, das Schlachtschiff »Roma« und beschädigten das britische Schlachtschiff »Warspite« schwer. Schmetz wurde hierfür am 29. Oktober 1944 mit dem Ritterkreuz ausgezeichnet. Nach einem Kommando an der Verbandsführerschule übernahm Schmetz die Fernkampfgruppe 100 in Aalborg bis zu deren Auflösung im Februar 1942. Bei Kriegsende war Schmetz nach 263 Einsätzen I a im Stabe des »Bevollmächtigten zur besonderen Verwendung für Sonderwaffen der Luftwaffe«. Schmetz, der während des Krieges He 111, Ju 88, Do 217 und He 177 flog, war von 1946 bis 1948 Luftfahrtsachverständiger für das französische Marineministerium bei der Erprobungsstelle Fréjus, ab 1956 wieder bei der Bundeswehr, zuletzt als Oberst und Leiter des deutsch-französischen Programmbüros in Ottobrunn bei München zur Entwicklung von Flugkörper-Waffensystemen.

Schmid, Karl, vernichtete in der 14.(Eis.)/KG 27 als Leutnant und Flugzeugführer u. a. 57 Eisenbahnzüge, zerstörte 12 Lokomotiven und 13 Flugzeuge am Boden. Wenige Tage nach der Ritterkreuzverleihung am 19. August 1943 kehrte Leutnant Schmid von einem Feindflug nicht mehr zurück.

Schmidt, Franz, geboren am 19. September 1910 in Wiesbaden, Oberleutnant und Staffelkapitän in der Eisenbahnbekämpfungsstaffel in der III./KG 55, vernichtete oder beschädigte mit seiner Staffel an der Ostfront 97 Eisenbahnzüge und zerstörte 93 Lokomotiven. Schmidt wurde am 19. August 1943 mit dem Ritterkreuz ausgezeichnet. Franz Schmidt ist 1947 verstorben.

Schmidt, Hermann, geboren am 27. August 1910 in Busendorf/Lothringen, wohl der erfahrenste Kampfflieger des Zweiten Weltkrieges mit den modernen Navigationsmitteln. Er baute im

KG 100 mit Kriegsbeginn das X-Verfahren aus, mit dem dann in der Schlacht um England bis Juni 1941 geflogen wurde. Die Einsätze der Gruppe erfolgten von Vannes aus. Als Schmidt zur Blindflugschule nach Wesendorf versetzt wurde, übernahm Bätcher die 1. Staffel. Im November 1942 führte Schmidt als Hauptmann die Kampfgruppe zbV zur Versorgung von Stalingrad und zur Räumung des Kubanbrückenkopfes. 1943 wurde er Kommandeur der Blindflugschule Radom, baute dann aber ab April mit der I./KG 66 in Chartres eine neue Pfadfindergruppe auf, die nunmehr nach dem Y-Verfahren flog. Die ersten Einsätze erfolgten im Herbst 1943 von Montdidier aus. Als Major erhielt er am 20. April 1944 nach 260 Einsätzen das Ritterkreuz. Hermann Schmidt schied 1968 von der Bundeswehr als Oberst aus.

Schmidt, Rudolf, Hauptmann und Staffelkapitän der 5./KG 76, griff u. a. Mitte August 1942 die am Kaspischen Meer entlanglaufende, an der Grenze der Reichweite seines Flugzeuges liegende Eisenbahnlinie an und vernichtete trotz ständiger Angriffe sowjetischer Jagdflugzeuge zwei lange Betriebsstoffzüge, sowie einen Transportzug. Kurz darauf kehrte Hauptmann Schmidt am 5. September 1942 von einem Feindflug nicht mehr zurück. Posthum wurde ihm am 2. Oktober 1942 das Ritterkreuz verliehen.

Schmidt, Werner, wurde als Hauptmann und Staffelkapitän der 9./KG 55 am 19. August 1944 mit dem Ritterkreuz ausgezeichnet. Am Ende des Krieges hatte Hauptmann Schmidt 365 Feindflüge.

Schmidtmann, Fritz, erhielt als Hauptmann und Staffelkapitän der 4./KG 55 am 29. Februar 1944 das Ritterkreuz.

Schmitz, Wilfried, flog u. a. einen Angriff auf das sowjetische Kugellagerwerk Saratow, wobei er durch Volltreffer dem Engpaß der feindlichen Rüstungsindustrie einen nachhaltigen Schlag versetzte.

Ritterkreuz als Oberleutnant in der I./KG 4 am 21. August 1942. Schmitz ist gefallen.

Schölß, Josef, geboren am 22. März 1916 in Ingolstadt, führte als Hauptmann und Staffelkapitän der 3./KG 51 ab Dezember 1942 als Kommandeur der IV./KG 51 viele Feindflüge gegen Truppenansammlungen und Nachschubzüge durch, bewährte sich vor allem im Kampf um Stalingrad, wie in der Bekämpfung des Nachschubs ostwärts der Wolga. Ritterkreuz am 25. Mai 1943.

Scholz, Siegfried, geboren am 16. Mai 1916 in Nieder-Görriesseiffen/Schlesien, mußte bereits am 5. Juni 1940 bei Rouen nach dem Angriff auf den Flugplatz mit brennendem Flugzeug landen und geriet in Gefangenschaft. Im Herbst 1940 stand er in der Schlacht um England wieder im Einsatz. Im Osten wurde Hauptmann Scholz Staffelkapitän der 2./KG 100, flog gegen Bahnhöfe, Eisenbahnanlagen, Truppenansammlungen, Schiffe im Kaspischen Meer und zuletzt in der Abwehrschlacht im Donbogen. Bei einem dieser Einsätze kehrte Hauptmann Scholz am 25. November 1942 von seinem 410. Feindflug nicht mehr zurück. Ritterkreuz posthum am 24. März 1943.

Schomann, Karl-Heinz, Major und Gruppenkommandeur der I./LG 1. Aus der großen Zahl seiner persönlichen Erfolge verdienen die Versenkung von 29 000 BRT feindlichen Handelsschiffsraum und eines Minensuchbootes besondere Erwähnung. Ritterkreuz im November 1943.

Schoßleitner, Reinhard, führte mehrere hundert Feindflüge durch, wobei er als Oberleutnant und Staffelkapitän der 8./KG 6 am 10. Oktober 1943 nicht mehr zum Einsatzhafen zurückkehrte. Posthum wurde ihm am 5. Februar 1944 das Ritterkreuz verliehen.

Schultz, Willi, geboren am 19. August 1916 in Gollnow, flog in der 6./KG 30 über Polen und zeichnete sich vor allem im Seekrieg gegen England und an der norwegischen Küste aus. Er gehörte mit seiner Besatzung Unteroffizier Dachauer und den Gefreiten Schmidt und Schätz zum Einsatz gegen Scapa Flow und den Shetland Inseln. Nach Beschädigung eines Handelsdampfers auf der Höhe von New Castle gelang ihm am 17. April 1940 die Versenkung eines Kreuzers der London-Klasse westlich Bergen. Im Rahmen der Narvik-Aktion konnte er am 20. Mai ein englisches Schlachtschiff durch zwei schwere Bombentreffer außer Gefecht setzen. Schultz war der erste Feldwebel der Luftwaffe, der am 19. Juni 1940 das Ritterkreuz erhielt.

Schulz, Ludwig, geboren am 4. August 1896 in Lissa/Posen. Seine Gruppe, die I./KG 76, zeichnete sich im Westen durch die Angriffe auf die Flugplätze Hirson und Sissone, auf die Bahnanlagen südlich Hirson und auf den Hafen und die Schiffe in Dünkirchen besonders aus. Bei einem Tiefangriff bei Paris wurde Oberstleutnant Schulz an der Spitze seiner Gruppe verwundet. Trotz schwerer eigener Verwundung übernahm er die Führung der Maschine für den tödlich getroffenen Flugzeugführer, landete glatt und rettete damit der Besatzung das Leben. Schulz erhielt am 16. August 1940 das Ritterkreuz. Als Generalmajor, Kommandeur der Luftkriegsschule und als Führer einer Kampfgruppe wurde er am 7. März 1945 mit dem 747. Eichenlaub der Wehrmacht ausgezeichnet.

Schwegler, Matthias, geboren am 18. Februar 1916 in Augsburg, gelang als Oberleutnant und Staffelkapitän der 1./KG 51 u. a. vor Kreta, einen Zerstörer schwer zu beschädigen und im Schwarzen Meer einen Sowjetkreuzer zu versenken. Außerdem hat Schwegler insgesamt 116 000 BRT versenkt oder schwer beschädigt, im Osten 40 Flugzeuge am Boden zerstört, sieben Panzer und 20 Eisenbahnzüge. Ritterkreuz am 18. Dezember 1941. Schwegler ist am

18. April 1945 bei Neuses bei Ansbach gefallen. Zu seiner Besatzung gehörten die Oberfeldwebel Kräher, Lubrich und Görres.

von Schwerin, Albert, geboren am 11. September 1904 in Janow, fügte mit Oberfeldwebel Gerhard Renz (siehe dort) in der 1./KG 26 der englischen Kriegs- und Handelsflotte auf Flügen gegen Scapa Flow und den Shetlands, über der Nordsee, vor der englischen Küste und im Feldzug gegen Norwegen schwere Verluste zu. Neben anderen Erfolgen versenkte er vor Narvik einen Flakkreuzer. Beide zeichneten sich erneut im Kampf um die Maginotlinie aus. Ritterkreuz am 31. Juli 1940. In der Schlacht um England kehrte Leutnant d. R. Albert von Schwerin am 19. November 1940 vom Feindflug nicht mehr zurück.

Seib, Robert, erzielte als Oberleutnant und Staffelkapitän der 6./KG 55 in über 330 Feindflügen bei der Bekämpfung von Artilleriestellungen und des Nachschubs entscheidende Erfolge. Ritterkreuz am 9. Oktober 1943. Am Kriegsende Hauptmann mit 488 Einsätzen.

Seiffert, Heinz, geboren am 18. Dezember 1920 in Krietern/Schlesien, bewährte sich als Oberleutnant und Staffelführer der 3./KG 3 vor allem im Osten, vernichtete 37 Panzer, 132 Lastkraftwagen, 77 Eisenbahnwaggons, zerstörte sieben Flakstellungen sowie zwei Eisenbahnbrücken. Ritterkreuz am 31. Dezember 1943. Seiffert wurde im Herbst 1944 zur Jagdwaffe versetzt und fiel am 13. Januar 1945 über Rheine.

Sengschmidt, Fritz, geboren am 13. Januar 1919 in Wien, bewährte sich als Oberleutnant und Flugzeugführer in der I./KG 2 auf 186 Feindflügen gegen England, im Balkan, im Osten und im Mittelmeerraum. Ritterkreuz am 24. September 1942. Sengschmidt wurde 1943 Zerstörer und fiel in der Reichsverteidigung am 11. Januar 1944 bei Elbingerode/Harz.

Seyfarth, Kurt, geboren am 2. Februar 1916 in Berlin, flog bereits als Fernaufklärer bei der F/88 der Legion Condor 1938/39 in Spanien. Zu Beginn des Krieges wurde Seyfarth zur Transportgruppe KG zbV 9 versetzt und flog mit der Ju 52 Einsätze bei den Luftlandeunternehmen Norwegen und Holland, dann Versorgung der Panzerspitzen mit Treibstoff in Frankreich, Afrika und im Osten, flog in den Kessel Demjansk und Cholm und war Transportflieger in der Festung Stalingrad. Dann zwang ihn eine schwere Gelbsucht ins Lazarett. Nach Wiedergesundung wurde Seyfarth zum KG 2 nach Melun/Villaroche versetzt, anschließend flog er als Staffelführer der Stabsstaffel des KG 2 von Soesterberg in Holland mit der Do 217 und Ju 188 Einsätze gegen England. Nach 532 Feindflügen wurde er als Hauptmann am 5. September 1944 mit dem Ritterkreuz ausgezeichnet. Inzwischen war er bereits Staffelkapitän der 11./KG 2, verlegte nach Ungarn und flog noch Einsätze zum Roten Turm-Paß. Am Ende des Krieges befand sich Seyfarth als Staffelkapitän der 12. E.K.G. (J), der Vorschulstaffel für Me 262 in Gablingen. Nach dem Kriege wurde Seyfarth vielen Sportfliegern bekannt als Flugleiter in Braunschweig-Waggum.

Sievert, Hans-Carl, geboren am 1. November 1917, bewährte sich als Oberleutnant und Staffelkapitän der 2./KG 4 immer wieder in schweren Kämpfen in dem Mittelabschnitt der Ostfront und wurde hierfür am 30. Dezember 1942 mit dem Ritterkreuz ausgezeichnet.

Skorczewski, Wolfgang, geboren am 3. Juli 1913 in Berlin-Schöneberg, im Kampf gegen England versenkte seine Staffel 92 000 BRT und beschädigte weitere 74 000 BRT feindlichen Handelsschiffsraum. Auch auf dem östlichen Kriegsschauplatz bewährte sich seine Staffel, in der er persönlich die größten Erfolge erzielte. Skorczewski wurde als Oberleutnant und Staffelkapitän in der I./KG 27 am 27. September 1941 mit dem Ritterkreuz ausgezeichnet. Am Ende des Krieges Major.

Oberstleutnant Werner Klümper führte 1943 das Kampfgeschwader 26 und erzielte mit Torpedoangriffen auf Geleitzüge im Nordmeer und Mittelmeer die letzten großen Erfolge der Kampffliegerei.

Willi Schultz war der erste Feldwebel der Luftwaffe, der am 19. Juni 1940 das Ritterkreuz erhielt. Mit Feldwebel Dachauer erzielte er in der 6./KG 30 besondere Erfolge im Seekrieg gegen England und an der norwegischen Küste.

Der unbekannte Kampfflieger im Einsatz.

Hauptmann Rudolf Müller gehört als Staffelkapitän und Gruppenkommandeur im KG 27 mit 682 Einsätzen zu den Kampffliegern des Zweiten Weltkrieges mit den meisten Feindflügen. Am Ende des Krieges Oberst i. G.

Oberst Robert Kowalewski war in der Militärgeschichte der erste Kommodore eines Kampfgeschwaders mit Düsenflugzeugen. Er führte das KG 76, ausgerüstet mit Ar 234.

Ritterkreuzträger im KG 2, von links: Wilhelm Schmitter († 8. November 1943), Walter Bornschein († 27. April 1944) und Alfred Kindler.

Zu den bekanntesten Ritterkreuzträgern des Fernkampfgeschwaders KG 40 gehörte ihr erster Gruppenkommandeur und spätere Kommodore Major Edgar Petersen (links) und Hauptmann Fritz Fliegel, Kapitän der 2./KG 40.

Im Kampf gegen die anglo-amerikanischen Geleitzüge 1942 im Nordmeer zeichneten sich vor allem aus: die Hauptleute, v. links: Erich Stoffregen, Konrad Kahl und Willi Flechner, die hier vom Chef der Luftflotte 5, Generaloberst Stumpf, am 18. August 1942 das Ritterkreuz erhielten.

Ritterkreuzträger des KG 55, von links: Hauptmann Robert Seib, Major Karl-Heinrich Höfer, Oberst i. G. Friedrich Kleß, Major Willi Antrup, Hauptmann Eitel-Albert Barth und Oberleutnant Josef Luxenberger.

Sölter, Willi, geboren am 18. Juli 1913, erhielt als Hauptmann und Kommandeur der I./KG 77 nach 270 Feindflügen am 19. August 1944 das Ritterkreuz. Sölter wurde dann Torpedoflieger und führte als Major die I. Gruppe im KG 26. Nach dem Kriege wurde Sölter bekannt als Präsident des Luftsportverbandes Niedersachsen im Deutschen Aero-Club.

Spadiut, Hubert, Dr., geboren am 23. September 1922 in Neuhofen in der Steiermark, flog seit Kriegsbeginn in der II./KG 76 und erhielt nach 322 Feindflügen über allen Kriegsschauplätzen, vor allem im Osten und bei Schiffsbekämpfungen im Mittelmeerraum als Oberleutnant und Staffelkapitän der 5./KG 76 am 26. März 1944 das Ritterkreuz. Am Ende des Krieges war Spadiut Hauptmann und Staffelkapitän in der II./KG 54 (J) und flog die letzten Einsätze seiner 348 Feindflüge mit dem Düsenjäger Me 262.

Spieth, Albert, erzielte als Oberfeldwebel und Flugzeugführer in der 3./KG 51, vor allem während der schweren Kämpfe um Stalingrad, entscheidende Erfolge, wurde hierfür am 24. März 1943 mit dem Ritterkreuz ausgezeichnet. Spieth fiel als einziges Opfer in der Truppenunterkunft bei einem nächtlichen sowjetischen Bombenangriff am 4. Oktober 1943 in Bobruisk.

Sprung, Helmuth, erhielt als Leutnant und Flugzeugführer in der III./KG 1 am 12. November 1943 das Ritterkreuz.

Stadermann, Waldemar, geboren am 3. Januar 1916 in Gotha-Siebleben, Flugzeugführer in der 6./KG 27, vernichtete u. a. im Kampf im Osten auf dem Flugplatz Kowno 70 Flugzeuge am Boden. Ritterkreuz als Leutnant am 12. November 1941.

Stahl, Erhard, geboren am 8. Januar 1913 in Nonnenweiher bei Lahr, führte als Oberfeldwebel in der 3./LG 1 155 Feindflüge durch, vernichtete dabei einen schweren Kreuzer und mehrere Handelsschiffe, beschädigte einen Kreuzer und einen Transporter schwer, zerstörte etwa 150 Flugzeuge und 50 Lastkraftwagen, zeichnete sich in über 50 Feindflügen bei Nacht auf Flugplätzen, Häfen und Industrieanlagen in Ägypten und durch Verminen des Suezkanals besonders aus. Ritterkreuz am 16. April 1942. Stahl kehrte als Oberleutnant und Staffelkapitän am 13. September 1942 vom Feindflug nicht zurück.

Stahnke, Karl-Heinz, erhielt nach zahlreichen Einsätzen in der Geleitzugbekämpfung, vor allem im Nordmeer, als Oberleutnant und Flugzeugführer in der 3./KG 40 am 24. Oktober 1944 das Ritterkreuz. Stahnke war nach der Wiederzulassung des Motorfluges in Deutschland eines der ersten Opfer. Er verunglückte tödlich bei Düsseldorf.

Stamp, Gerhard, geboren am 3. Juni 1920 in Bamberg, erflog sich als Oberleutnant in der 2./LG 1 im Mittelmeerraum, vor allem durch Angriffe auf Schiffsziele, das Ritterkreuz am 24. März 1943. Im August 1943 kam Stamp als Staffelkapitän zur »Wilden Sau«, wurde im November 1943 Gruppenkommandeur der I./JG 300 und führte ab November 1944 ein Sonderkommando der Me 262 zur Erprobung der Bekämpfung von Bombern durch Bombenwurf mit Spezialgerät; über 300 Feindflüge und etwa 100 Jagdeinsätze.

Stams, Otto, geboren am 5. April 1903 in Grätz bei Posen, bewährte sich als Hauptmann und Kommandeur der II./KG 1 auf zahlreichen Feindflügen gegen England und im Osten. Obwohl er bei seinem letzten erfolgreichen Angriff durch Erdbeschuß schwer verwundet wurde, brachte er sein Flugzeug mit glatter Landung zum Einsatzhafen zurück — die Verwundung zwang ihn aber, vom fliegenden Personal auszuscheiden. Ritterkreuz am 1. August 1941.

Steputat, Jürgen, geboren am 20. Januar 1912 in Danzig, Flugzeugführer in der Erprobungsstaffel des KG 30, neben zahlreichen Angriffen auf britische Versorgungs- und Rüstungswerke, hat Leutnant Steputat 100 000 BRT feindlichen Schiffsraum versenkt und zeichnete sich bei den Langstreckenflügen nach Scapa Flow und Firth of Forth aus. Steputat kehrte am 8. September 1941 von einem Feindflug nicht mehr zurück. Ihm wurde posthum am 20. Dezember 1941 das Ritterkreuz verliehen.

Steudel, Josef, Hauptmann und Staffelkapitän in der III./KG 2, wurde am 29. Oktober 1944 im Kampf gegen England mit dem Ritterkreuz ausgezeichnet.

Steudel, Fritz, geboren am 27. April 1918 in Bitterfeld, erhielt als Oberfeldwebel und Bordfunker im Stab der II./KG 53 am 28. Februar 1945 das Ritterkreuz.

Stoeckl, Alois, geboren am 22. August 1895 in Mühldorf/Inn, wurde als Oberst und Kommodore des KG 55 am 4. Juli 1940 mit dem Ritterkreuz ausgezeichnet. Oberst Stoeckl kehrte am 14. August 1940 vom Feindflug über England nicht mehr zurück.

Störchel, Helmut, kam vom KG 4 und erhielt als Major und Kommandeur der III./KG 30 am 22. November 1943 das Ritterkreuz nach zahlreichen Tag- und Nachteinsätzen.

Stoffregen, Erich, gehörte als Hauptmann und Kommandeur der II./KG 30 zu jenen Kampffliegern, die mit ihren Verbänden im ständigen Einsatz den feindlichen Großgeleitzug im nördlichen Eismeer vom 4. bis 7. Juli 1942 fast restlos vernichteten. Ritterkreuz am 18. August 1942. Kurz nach der Verlegung in den Mittelmeerraum ist Hauptmann Stoffregen im Einsatz gegen Malta von Sizilien aus am 14. Januar 1943 tödlich abgestürzt.

Stemmler, Wilhelm, Major und Gruppenkommandeur im KG 77, vom 15. Januar 1943 bis zur Auflösung des Geschwaders am 7. Juli 1944 Kommodore des KG 77, wurde am 6. Oktober 1944 mit dem Ritterkreuz ausgezeichnet.

Stüwe, Eberhard, erhielt als Hauptmann und Kommandeur der II./KG 77 am 5. September 1944 das Ritterkreuz.

Stricker, Karl-Heinz, geboren am 22. März 1913 in Küstrin, flog in Frankreich und gegen England als Kampfflieger und übernahm am 24. April 1941 als Kommandeur die I./SKG 210, die er in zahlreichen Tiefangriffen führte. Am 13. September 1941 ist Hauptmann Stricker bei einem solchen Tiefangriff bei Akulitschi abgestürzt. Posthum am 2. Oktober 1942 das Ritterkreuz.

Strobel, Paul, geboren am 9. April 1909 in Hohenhausen/Thorn, zeichnete sich als Hauptmann und Staffelkapitän in der III./KG 4 in zahlreichen Einsätzen aus. Strobel kehrte am 19. September 1943 vom Feindflug nicht mehr zurück. Posthum wurde ihm am 26. März 1944 das Ritterkreuz verliehen.

Sumpf, Hans, Oberleutnant und Staffelkapitän der 5./KG 1, versenkte u. a. einen 6000-BRT-Transporter, zerstörte 19 Lokomotiven, rund 140 Güterwagen, 90 Lastkraftwagen und 13 Panzer und 17 Eisenbahnlinien. Sumpf ist von einem Feindflug nicht zurückgekehrt. Ritterkreuz am 20. August 1942.

von Sutternheim, Wolfgang, geboren am 17. Januar 1893 in Königsberg, erhielt als Generalmajor und Kommodore des KG 77 am 4. Juli 1940 das Ritterkreuz. General von Sutternheim verstarb am 3. Dezember 1940 an den Folgen einer Verwundung.

Sy, Erwin, geboren am 21. August 1915 in Angermünde, zeichnete sich als Staffelkapitän der 4./LG 1 durch Angriffe auf die Insel

Malta, durch Vernichtung von 33 000 BRT und die Beschädigung von 36 000 BRT feindlichen Handelsschiffsraum besonders aus. Ritterkreuz am 22. Mai 1942. Sy kehrte nach einem Angriff auf die Festung Tobruk 1942 vom Feindflug nicht mehr zurück.

Taeger, Erich, geboren am 5. August 1919 in Bismarckhütte, versenkte u. a. zwei Schiffe mit 5000 BRT, zerstörte 13 Batterien, 100 Lastkraftwagen, neun Eisenbahn- und zwei Betriebsstoffzüge sowie 16 Panzer und sprengte ein Munitionslager. Ritterkreuz als Oberleutnant und Staffelkapitän der 7./KG 1 am 2. Oktober 1942.

Teige, Waldemar, geboren am 29. März 1913 in Striese in Schlesien, flog als Oberfeldwebel in der 6./KG 53 gegen England und im Osten, kam 1942 zu einem Nachtjagdschwarm, schoß 11 Flugzeuge ab, davon neun in der Nacht. Ritterkreuz am 7. Juni 1942. Bei seinem 240. Feindflug fiel Teige am 3. Oktober 1942 bei Leningrad.

Teske, Georg, Major und Kommandeur der I./KG 26, wurde 1944 mit dem Ritterkreuz ausgezeichnet.

Thiel, Erich, geboren am 14. Juni 1912 in Heinrode Kreis Stuhm/ Ostpreußen, kam als Oberleutnant von der Kampffliegerschule Faßberg zum KG 27, flog seit Kriegsbeginn als Staffelkapitän im KG 27 »Boelcke« und hat bis zur Ritterkreuzverleihung am 23. Juli 1941 in über 100 Feindflügen an der Spitze seiner Staffel u. a. eine bedeutende Flugzeugzellenfabrik sowie einen Flugplatz in England vernichtend getroffen. 1942 wurde Thiel Major und Kommandeur der III./KG 27, zeichnete sich erneut über Stalingrad aus, stürzte am 22. April 1943 über dem Schwarzen Meer ab.

Thoß, Werner, Oberleutnant und Staffelkapitän der 4./KG 55 wurde am 29. Oktober 1944 mit dem Ritterkreuz ausgezeichnet. Thoß hatte am Ende des Krieges über 400 Feindflüge.

Tilebein, Bruno, geboren am 9. Juli 1910 in Mammerdorf, Oberleutnant und Beobachter in der 8./KG 4, vollbrachte bei der Durchführung seiner Aufgaben hervorragende Einzelleistungen, von denen zahlreiche Versorgungsflüge nach Cholm und Stalingrad hervorzuheben sind. Ritterkreuz am 9. Oktober 1943.

Trenke, Johann, erhielt als Fahnenjunker-Feldwebel in der 6./KG 51 am 5. September 1944 das Ritterkreuz. Trenke ist am 29. April 1957 verstorben.

Trost, Günther, geboren am 27. April 1911 in Niederjeutz, Hauptmann und Staffelkapitän der 12./KG 26, wurde am 12. November 1943 mit dem Ritterkreuz ausgezeichnet.

Tscharning, Willy, Oberfeldwebel und Bordfunker in der 9./KG 1, wurde nach Hunderten von Feindflügen am 18. November 1944 mit dem Ritterkreuz ausgezeichnet.

Unrau, Heinz, erhielt nach Hunderten von Feindflügen als einer der letzten Kampfflieger am 1. Mai 1945 das Ritterkreuz. Unrau war Major und seit dem 25. Februar 1944 Kommandeur der I./KG 51, vorher Staffelkapitän der 1./KG 51, flog die Me 262 im Kampffliegereinsatz.

Unruh, Kurt, Oberleutnant und Flugzeugführer der 2./KG 53, erhielt am 29. Februar 1944 das Ritterkreuz.

Veith, Alfred, wurde als Oberleutnant und Beobachter in der 5./KG 55 am 24. Oktober 1944 mit dem Ritterkreuz ausgezeichnet. Veith hatte bis dort u. a. 24 Flugzeuge am Boden zerstört, 16 Panzer abgeschossen und im Nachschubverkehr 27 Lokomotiven und 20 Transportzüge vernichtet. Am Ende des Krieges hatte Veith fast 400 Einsätze.

Vetter, Martin, geboren am 20. April 1905 in Yabim/Neu-Guinea, gelang als Staffelkapitän der 1./KG 26 bereits im September 1939 ein Bombentreffer auf das englische Schlachtschiff »Hood«, im Firth of Forth beschädigte er am nächsten Tag einen schweren Kreuzer, am 9. April 1940 führte er als Gruppenkommandeur seine Gruppe II./KG 26 gegen einen starken britischen Flottenverband nördlich Bergen, der mit 14 Bomben getroffen wurde. Auch vor Narvik erzielte die Gruppe große Erfolge. Bei einem gegen die Shetland-Inseln durchgeführten Auftrag erhielt das von Major Vetter gesteuerte Flugzeug im Kampf mit englischen Jagdfliegern über 150 Treffer. Es gelang ihm trotzdem, den Heimathafen glücklich zu erreichen. Ritterkreuz am 16. Mai 1940. 1943 war Oberst Vetter Kommodore des KG 40.

Voß, Herbert, geboren am 15. Mai 1911 in Hohensalza, erhielt als Major und Kommandeur der II./KG 51 am 5. Februar 1944 das Ritterkreuz.

Waldecker, Helmut, erzielte als Hauptmann und Staffelkapitän in der I./KG 6 gegen England und im Mittelmeerraum große Erfolge gegen die britische Versorgungsschiffahrt. Durch beispielhafte Umsicht zeichnete er sich mit seiner Staffel bei der Bekämpfung der anglo-amerikanischen Transportflotte vor Palermo aus. Ritterkreuz am 22. November 1943.

von Wangelin, Hans Joachim, zeichnete sich durch Einzelangriffe auf die Donbrücken aus. Sie waren entscheidend bei der Bekämpfung starker Feindkräfte. Ritterkreuz als Oberleutnant im KG 77 am 19. September 1942.

Weible, Ernst, geboren am 7. Dezember 1912 in Nürtingen, war nicht nur der älteste, sondern auch einer der erfahrensten und bewährtesten Flugzeugführer seines Geschwaders. Er flog über Polen, Norwegen, im Westen, in der Schlacht um England, über dem Mittelmerra... und an der Ostfront und erzielte im Kampf gegen Schiffsziele besondere Erfolge. Weible wurde als Oberfeldwebel in der 3./KG 54 am 6. April 1944 mit dem Ritterkreuz ausgezeichnet.

Weinreich, Helmut, geboren am 24. September 1917 in Lenzen/ Ostpreußen, zeichnete sich als Staffelkapitän in der III./KG 30 gegen England, im Mittelmeerraum, über Afrika und im Kampf gegen die Murmansk-Geleitzüge aus. Ritterkreuz nach 320 Feindflügen am 22. Januar 1943. Im Herbst 1943 kam Weinreich zur »Wilden Sau«, wurde im Oktober 1943 Kommodore des JG 301. Am 18. November 1943 wurde seine FW 190 im Luftkampf schwer beschädigt und explodierte bei der Landung auf dem Flugplatz Frankfurt/Rhein-Main.

Werlin, Wilhelm, Hauptmann und Staffelkapitän in der I./KG 27, wurde am 30. Dezember 1942 mit dem Ritterkreuz ausgezeichnet. Werlin ist 1948 mit der gesamten Familie tödlich verunglückt.

Weitkus, Paul, geboren am 17. Oktober 1898 in Miswalde/Ostpreußen, im Westfeldzug 1940 Kommandeur der II./KG 2, übernahm im Kampf gegen England am 15. Dezember 1940 das KG 53 als Kommodore, flog an der Spitze des Geschwaders gegen England und im Ostfeldzug und wurde als Oberstleutnant am 18. September 1941 mit dem Ritterkreuz ausgezeichnet. Am 1. Oktober 1942 gab Weitkus als Oberst das Geschwader ab.

Wieting, Hans, geboren am 26. Juni 1911 in Kiel, war als Oberleutnant Staffelkapitän im Stabe des X. Fliegerkorps und gehörte mit Oberfeldwebel Devendorf, Unteroffizier Behrend und Obergefreiter Geislinger im Winter 1939/40 zu den erfolgreichsten Besatzungen im Schiffskrieg gegen England, u. a. versenkte er am 19. April 1940 westlich Namsos aus einem Geleitzug einen schweren Kreuzer. Ritterkreuz als Oberleutnant in der 6./KG 30 am

19. Juni 1940. Wieting verunglückte am 29. Juni 1941 bei einem Flug über Bulgarien tödlich.

Wilhelm, Hans-Joachim, geboren am 25. Mai 1922 in Großenhain, wurde als Oberleutnant und Flugzeugführer in der 9./KG 1 am 29. Oktober 1944 mit dem Ritterkreuz ausgezeichnet.

Will, Fritz, vernichtete u. a. als Feldwebel in der 6./KG 53 trotz schwerster Flak- und Jagdabwehr 11 Flugzeuge am Boden sowie 18 Güterzüge und 45 Lastkraftwagen. Ritterkreuz am 22. Mai 1943. Der zum Leutnant beförderte Flugzeugführer kehrte am 28. August 1944 vom Einsatz im Westen nicht mehr zurück.

Winnerl, Josef, Sohn eines Bergmanns und von Beruf Former, flog als Oberfeldwebel in der 4./KG 1 zahlreiche Angriffe im Ostfeldzug, bis er schwer verwundet wurde. Im Mai 1942 Deutsches Kreuz in Gold, am 16. April 1943 Verleihung des Ritterkreuzes.

Wittmer, Heinrich, geboren am 28. Februar 1910 in Bordeaux, flog als Hauptmann und Gruppenkommandeur der III./KG 55 sowohl im Westen als gegen England und im Osten, hatte in Hunderten von Einsätzen Erfolge gegen die englische Schiffahrt und Rüstung, sowie bei Tiefangriffen im Osten zur Unterstützung des Heeres. Ritterkreuz am 12. November 1943, anschließend wurde Wittmer I a der Luftflotte 4, dann in der Nachtjagddivision von Kammhuber, Chef des Generalstabes im XII. Fliegerkorps und war am Ende als Oberst i. G. des Generalstabes in der I. Jagddivision.

Wolff, Gottlieb, Dr., geboren am 5. Mai 1897, hat sich 1942/43 als Kommodore des KG 4 als vorbildlicher Verbandsführer bewährt. Nach 111 Feindflügen als Oberst Ritterkreuz am 5. Januar 1943.

Zauner, Franz, Hauptmann und Gruppenkommandeur der III./KG 54, erhielt am 5. Februar 1944 das Ritterkreuz. Zauner hat sich im Kampf an der Ostfront besonders bewährt. Außerdem versenkte er im Mittelmeer zwei Handelsschiffe mit 12 000 BRT.

Zillich, Karl, geboren am 22. Juni 1921 in Hainburg a. d. Donau, zeichnete sich als Oberleutnant und Beobachter in der Stabsstaffel der II./KG 27 in 268 Feindflügen an der Ostfront aus. Im Frühjahr 1944 bewahrte er eine starke deutsche Kräftegruppe durch ständigen Einsatz der Staffel vor der Einschließung und ermöglichte dadurch auch den Abtransport zahlreicher Verwundeter. Bei einem dieser Tiefangriffe erlitt er eine schwere Verwundung, der er am 14. April 1944 erlag. Posthum am 20. Juli 1944 das Ritterkreuz.

Zöllner, Heinz, geboren am 7. November 1919 in Gerdauen, wurde als Hauptmann und Staffelkapitän der 6./KG 53 am 5. April 1944 mit dem Ritterkreuz ausgezeichnet. In der Nacht zum 7. November 1944 ist Zöllner bei einem Einsatz mit V 1 gegen Westen von Bad Zwischenahn aus gefallen.

Ergänzung zur Seite 168:
138. Eichenlaub am 30. Oktober 1942: Schweickhardt, Heinrich[*], Hauptmann und Gruppenkommandeur der III./KG 76.
Schweickhardt, Heinrich, geb. am 17. Februar 1914 in Heidelberg, wurde Flugzeugführer, 1937 Leutnant. Vom ersten Kriegstag im Einsatz, flog über Polen, Frankreich und gegen England, wurde im Osten als Oberleutnant Staffelkapitän der 8./KG 76. Nach den winterlichen Abwehrkämpfen 1941/42 Ritterkreuz am 4. Februar 1942, als Kommandeur der III. Gruppe im Mittelmeerraum, nach über 400 Einsätzen als einer der ersten Kampfflieger am 30. Oktober 1942 das Eichenlaub. Seine Besatzung trug als erste Kampffliegereinheit geschlossen die Goldene Frontflugspange. Schweickhardt ist seit einem Flug von Catania nach Hörsching bei Linz am 9. Januar 1943 vermißt.

---

[*]) Da Schweickhardt in zeitgenössischen Würdigungen oft als Sturzkampfflieger bezeichnet wurde, war er in der 1. Auflage dieses Buches nicht erwähnt.

NEUARTIGE EINSÄTZE
DER DEUTSCHEN KAMPFFLIEGEREI

Wie schon in der Biographie von General Harlinghausen dargelegt, war die deutsche Luftwaffe den ihr gestellten Aufgaben des strategischen Seekrieges in den Weiten des Atlantik nicht gewachsen, »weil sie«, wie auch Baumbach schreibt, »auf ihn nie planmäßig vorbereitet worden war«. Mit Recht stellt Baumbach fest: »Neben der ununterbrochenen Entwicklung eines für die strategische Fernaufklärung über See brauchbaren Flugzeuges waren auch brauchbare Angriffswaffen vernachlässigt worden. Dies galt besonders für den deutschen Torpedo«, dessen Einsatz Harlinghausen mit der Konzentration aller Möglichkeiten bereits im September 1939 gefordert hatte. Dabei waren gute Ansätze vorhanden, aber wie bei allen anderen modernen Entwicklungen deutscher Wissenschaftler und Techniker galt dies auch beim Torpedo und noch gravierender bei den fernlenkbaren Flugkörpern ... zu spät ...
Als im Jahre 1935 die deutsche Wehrmacht aufgestellt worden war, wurden gleichzeitig mit der Luftwaffe auch die Seeluftstreitkräfte aufgebaut. Der damalige Führer der Seeluftstreitkräfte (F.d.L.) erkannte sehr bald, daß einer so wichtigen Waffe wie dem Torpedo eine besondere Bedeutung zukam. Deshalb wurde im gleichen Jahr die Torpedo-Versuchsanstalt in Eckernförde beauftragt, einen Torpedo zu schaffen, der sowohl geringere Abmessungen als auch ein geringeres Gewicht hatte als die Schiffstorpedos. Die ersten Versuche mit der He 59 waren niederschmetternd, denn

fast sämtliche Torpedos zerbrachen beim Aufschlag auf das Wasser oder aber sie wurden Grundgänger. So blieb keine andere Wahl, als das Patent des norwegischen Lufttorpedo Horten käuflich zu erwerben. Der damalige Kommandeur der norwegischen Werft in Horten, Kapitän Bull, erfand ein Luftruder, einen Luftkasten, der am Ende des Torpedos aufgesetzt wurde und diesen im Fall steuern konnte. Man hatte sehr bald erkannt, daß die Ballistik des Torpedos so sein mußte, daß er in der Tangente der Fallparabel ins Wasser eintrat. Deutsche Marineflieger, so auch der später als Stuka-Kommodore bekanntgewordene Walter Hagen, gingen nach Norwegen, um dort im Oslo-Fjord die ersten Abwurfversuche mit Torpedos und Luftkastenruder durchzuführen. In deutschen Gewässern traten dann aber wieder sehr hohe Verlustzahlen an Torpedos auf. Werner Klümper, einer der erfolgreichsten Torpedoflieger des Zweiten Weltkrieges, nahm an den ersten Schießübungen der He 59-Staffel 1936 vor Rügen und in der Lübecker Bucht teil und berichtet, daß weit über 50 Prozent der Schüsse Versager waren. Wie sich herausstellte, lag dies an den geringen Wassertiefen. Nach dieser Erfahrung wurde ernsthaft daran gearbeitet, ein neues Luftruder zu entwickeln, um die Abwurfballistik besser zu beherrschen. Im Laufe der nächsten zwei Jahre wurde ein Luftruder entwickelt, das bei bestimmten Voraussetzungen den Anforderungen genügte. Der Abwurf mußte in einer Höhe von etwa 40 m bei einer Abwurfgeschwindigkeit von höchstens 180 km/h erfolgen und die Wassertiefe mußte mehr als 30 m betragen.
1937 wurden für die Legion Condor in Spanien eine begrenzte Anzahl von Torpedos freigegeben. Harlinghausen erzielte mit den ersten scharfen Lufttorpedos auch die ersten Erfolge und war seitdem ein überzeugter Anhänger dieser Waffengattung.
Als 1938 die Seeluftstreitkräfte unter den Befehl der Luftwaffe kamen, befahl Göring, diese »Spielerei mit den Lufttorpedos« sofort einzustellen — ein Beschluß, wie so manch anderer in späteren Jahren, von weittragender Bedeutung. Deshalb wurde auch der

Vorschlag von Harlinghausen im November 1940 brüsk abgelehnt. Nachdem Ende 1941 die Japaner und teilweise auch die Italiener erstaunliche Erfolge mit Lufttorpedos erzielten, warf man diese Frage auch wieder in der deutschen Luftkriegsführung auf. Aber die Waffe war nicht weiterentwickelt worden, und vor allen Dingen wurden seit 1938 keine Besatzungen mehr ausgebildet. Im Februar 1942 wurde Harlinghausen in Berlin zum »Bevollmächtigten für die Lufttorpedo-Waffe« berufen. Die wenigen Torpedoflieger, die noch vorhanden waren, wurden in Großenbrode in einem Torpedoschulgeschwader — dem KSG 2 — zusammengefaßt. Es war in Wirklichkeit nichts anderes als eine Torpedoschule, wie sie dann in Grosseto in Italien aufgebaut wurde. Kommandeur der Schule wurde der damalige Oberstleutnant Stockmann, als Ausbildungsleiter wurde Hauptmann Werner Klümper nach Grosseto abkommandiert. Die I./KG 26 wurde aus dem Einsatz herausgezogen und in Grosseto als Torpedoflieger ausgebildet. Dort stand ein italienisches Zielschiff zur Verfügung. Die Besatzungen des KG 26 wurden erst einzeln, dann in Rotten, in Staffelstärke und später in Gruppenstärke im Einzel- wie im Verbandsangriff geschult. Im Sommer 1942 wurde diese Gruppe zur Bekämpfung der angloamerikanischen Geleitzüge nach Bardufoss in Nordnorwegen verlegt. Von diesem Flugplatz nördlich von Narvik fanden die ersten Lufttorpedoeinsätze des Zweiten Weltkrieges gegen den Geleitzug PQ 17 statt.

Nachdem Werner Klümper gerade diese Gruppe als Torpedoflieger ausgebildet hatte, wurde er Anfang August 1942 zum Kommandeur der I./KG 26 ernannt. Energisch führte er die weitere Ausbildung in der navigatorisch neuen und nicht leichten Umgebung durch, nahm Verbindung mit den Seeaufklärern und der Seenotstaffel auf, um diese mit den Belangen der Torpedoflieger vertraut zu machen und ihnen zu zeigen, worauf es bei den Aufklärungsmeldungen für einen Torpedoverband ankommt: Windrichtung und Stärke, Seegang, Sicht, Wolkenhöhe, Formation des Gegners,

Abstand der einzelnen Schiffe, Aufstellung der Sicherungsfahrzeuge und ihre Stärke, Stellung des Gefechtsaufklärers zum Peilzeichengeben beim Anmarsch des Kampfverbandes. Aus seinen Erfahrungen entwickelte Werner Klümper folgende Angriffstaktik: »Es war klar, daß bei den stark gesicherten Geleitzügen ein Angriff nur erfolgversprechend sein konnte, wenn massiert mit einer möglichst hohen Anzahl von Flugzeugen gleichzeitig angegriffen wurde. Es mußten selbstverständlich verschiedene Taktiken angewandt werden, je nachdem, aus welcher Lage man auf den Feind stieß. Wurde z. B. ein Geleitzug von der Seite her angegriffen, so zog sich der Angriffsverband weit auseinander und versuchte, zwischen den Bewachern durchzustoßen, um die wertvolle Fracht tragenden Handelsschiffe angreifen zu können. Der Angriff selbst erfolgte zunächst im Tiefstflug, ein bis zwei Meter über der Wasseroberfläche, bis Einschläge der schweren Artillerie bei Erkennen des Angriffs Wassersäulen vorsetzten, die den Angriffsverband zwangen, mindestens eine Höhe von 40 bis 50 m einzunehmen. Um nun im Geradeausflug dem Gegner kein dauerndes Ziel für eine Waffe zu bieten, wurden dann sehr stark die Positionen gewechselt, d. h. wie z. B. bei einem Fußballspiel der Rechtsaußen auf halblinks, der Mittelstürmer nach rechtsaußen, der Linksaußen nach halbrechts, der Halbrechte nach linksaußen usw. rochiert. Dadurch wurde die Abwehr gezwungen, ihre Ziele zu wechseln. Die Abwehr hatte so weniger Chancen und Erfolge. Ein Geleit wurde am besten schräg von vorne angegriffen, wobei genau wie bei einem Angriff ganz von vorne ein sogenannter Zangenangriff geführt wurde. Wenn der Anflug zunächst in einer Staffel- oder Gruppenformation zu 27 Flugzeugen in einem eng geschlossenen Verband erfolgte, so wurden bei einem Zangenangriff die Außenflügel rechtzeitig nach vorne gezogen; die inneren Flugzeuge mußten verhalten, so daß ein nach vorne sich öffnender stumpfer Winkel gebildet wurde. Bei einem solchen Angriff schräg von vorn war dann sichergestellt, daß alle Flugzeuge ungefähr gleichzeitig in Schußposition kamen. Bei einem Angriff direkt von vorne galt dasselbe.« Die Einsätze wurden nach Möglichkeit in der späten Abenddämmerung bei Büchsenlicht durchgeführt, da für den Angriffsverband dann die besten Sichtverhältnisse herrschten, während der Gegner in seiner Sicht und in der Erkennung der tiefangreifenden Flugzeuge stark behindert war. Einsätze bei Nacht waren nur bei bestimmten Mondphasen möglich. Nach der Erfahrung von Klümper war die beste Mondhöhe zwischen 15° und 25°. Dabei erschienen die Schiffe auf der Mondlichtbahn des Wassers als Silhouette. Grundsätzlich wurde so gegen den Mond angeflogen, daß das Ziel zwischen Mond und dem angreifenden Flugzeug stand.

Klümper führte am 13., 14. und 16. September 1942 mit der I./KG 26 den Angriff gegen PQ 18 durch. An den beiden ersten Tagen herrschte gute Sicht, am 16. September lag vor der Küste tiefe, geschlossene Bewölkung mit starkem Schneefall. Insgesamt waren in diesen drei Einsätzen aus dem Geleit PQ 18 104 000 BRT versenkt worden. Die eigenen Verluste betrugen drei Besatzungen. Fast alle Flugzeuge wurden dabei von der starken Abwehr beschädigt.

DER LETZTE GROSSE ERFOLG
DER DEUTSCHEN KAMPFFLIEGEREI

Als im November 1942 überraschend die Invasion der Engländer und Amerikaner an der nordafrikanischen Küste stattfand, wurde die I./KG 26 mit zwei Torpedos unter jedem Flugzeug von Nordnorwegen sofort nach Grosseto verlegt. Inzwischen war dort auch die II./KG 26 auf Torpedo umgerüstet worden. Beide Gruppen flogen die He 111. Nachdem zur Jahreswende auch die III. Gruppe — diese jedoch auf Ju 88 — als Torpedoflieger ausgebildet war, wurde Major Klümper im Februar 1943 Kommodore des einzigen Torpedogeschwaders KG 26. Die Gruppen verlegten auf die Flugplätze Villacidro und Decimomanno auf Sardinien. Da diese Plätze im Sommer 1943 immer häufiger von amerikanischen Bombenflugzeugen angegriffen wurden, forderte Major Klümper die Verlegung des Geschwaders nach Südfrankreich.

Von dort aus konnten die deutschen Kampfflugzeuge das Gebiet zwischen Gibraltar und Oran erreichen. Darüber hinaus waren in dem genannten Seegebiet noch nie deutsche Angriffe erfolgt, weder von U-Booten, noch von Bombenflugzeugen, noch von Torpedoflugzeugen. Klümper rechnete mit der Möglichkeit eines Überraschungsangriffes gegen ein Großgeleit mit geringerer Bewachung.

Anfang August verlegte die I. und II. Gruppe nach Salon en Provence, die III. Gruppe nach Montpellier. Ohne Unterbrechung wurde dort weiter ausgebildet. Dies galt vor allem für die jungen Besatzungen, die frisch vom Torpedo-Lehrgeschwader kamen.

Mitten in diese Ausbildung platzte eine Nachricht der Seekriegsleitung, daß ein Großgeleit von mehr als 100 Handelsschiffen Gibraltar in Richtung Mittelmeer passiert habe. Major Klümper, Kommodore des KG 26, berichtet weiter: »Diese Meldung erreichte mich am 12. August 1943. Es wurde nun fieberhaft gearbeitet, um alles für einen Angriff vorzubereiten. Das war technisch schwierig, befand sich doch ein großer Teil der Flugzeuge in Reparatur. Die ganze Nacht wurde durchgearbeitet, um so viel Flugzeuge wie möglich für den nächsten Tag einsatzklar zu haben. Eine Aufklärungsstaffel der 2. Fliegerdivision in Südfrankreich wurde mir unterstellt. Mehr als 24 Stunden, Tag und Nacht, blieb immer ein Aufklärungsflugzeug dieser Staffel als Fühlungshalter am Geleit, so daß wir jederzeit über Standort, Kurs und Fahrt des Geleits unterrichtet waren.

Für den Angriff standen mir 40 He 111 und 20 Ju 88 zur Verfügung. Noch nie war das Geschwader zahlenmäßig so stark gewesen. Ich beabsichtigte, den Angriff so durchzuführen, daß die He 111-Flugzeuge von Norden her das Geleit trafen, während die Ju 88 vor dem Geleit nach Süden ausholen sollten, um dann zur gleichen Zeit das Geleit von Süden anzugreifen. Die He 111 konnten zwei Torpedos mitführen, während die Ju 88 aus Reichweitengründen nur einen Torpedo und außerdem einen Zusatzbehälter mit Brennstoff mitführen mußten. An Torpedos standen uns der deutsche F 5-Torpedo und ein italienischer Torpedo zur Verfügung. Der deutsche Torpedo wog etwa 750 kg, hatte eine Laufstrecke von 2000 m und eine Geschwindigkeit von 40 Knoten. Der italienische Torpedo war in der Leistung fast gleich, nur etwa 100 kg schwerer. Wegen der verhältnismäßig geringen Laufstrecke mußte man zum Abschuß dicht an den Gegner herangehen. Dabei mußte eine Höhe von etwa 40 m eingehalten werden und die Geschwindigkeit durfte nicht mehr als 180 km/h betragen. Das war ein großer Nachteil, denn ausgerechnet beim feindlichen Beschuß mußte man mit der Geschwindigkeit heruntergehen. Nach dem Schuß wurde mit Vollgas angedrückt, um möglichst schnell die maximale Geschwindigkeit zu erreichen und im Tiefstflug am Heck des Gegners vorbeizuziehen, weil dann die Auswanderung für die Abwehr am stärksten war und so die beste Chance bestand, dem feindlichen Beschuß zu entgehen. Sowohl der deutsche als auch der italienische Torpedo hatten Aufschlagzündung und auch magnetische Abstandszündung.

Der Angriff sollte am 13. August in der Abenddämmerung in der Nähe der Insel Alboran durchgeführt werden. Es war wieder einmal ein Freitag, der 13. — genau wie damals beim ersten Angriff im nördlichen Eismeer gegen den PQ 18. Gegen 16 Uhr starteten wir in Salon mit den 40 He 111, knapp eine Stunde später von Montpellier die 20 Ju 88. Da diese eine höhere Marschgeschwindigkeit hatten, starteten sie später. Auf dem Anflug fiel das Flugzeug des Gruppenkommandeurs dieser Gruppe wegen Motorschadens aus und mußte umkehren.

Der Anmarsch der He 111 in das Zielgebiet erfolgte in vier Wellen zu je zehn Flugzeugen in einem Abstand von etwa 1000 m von Welle zu Welle. Wir flogen im Tiefstflug über See, nur etwa zwei bis drei Meter über dem Wasser. Fünf Seemeilen von der spanischen Küste entfernt flogen wir bis Kap Gata und schwenkten dann nach Westen ein. Als wir die südspanische Stadt Almeria im Norden querab hatten, konnte ich bei sehr guter Sicht mit dem Fernglas im Süden den Geleitzug erkennen. Es wurde jetzt eine Schwenkung nach Süden auf Angriffskurs durchgeführt. Und zwar schwenkte die erste und zweite Welle gleichzeitig und bildeten somit dann eine Linie, während die dritte und vierte Welle bis zum Schwenkungspunkt der ersten Welle weiterflog, dann ebenfalls gleichzeitig nach Süden eindrehten und damit eine zweite Welle im Abstand von etwa 1000 m bildeten. Mit je 20 Flugzeugen flog jetzt jede Welle im Abstand von etwa 1000 m gegen den Geleitzug. Die wünschenswerte Abenddämmerung war noch nicht erreicht, es war noch verdammt hell. Warten aber konnten wir beim besten Willen nicht, da sich das Zielgebiet an der Grenze der Reichweite unserer Flugzeuge befand. Wir mußten also sofort angreifen und versuchen, das Überraschungsmoment auszunutzen. Alle Schiffe des Geleits konnten wir jetzt deutlich vor uns sehen und ich beobachtete im Glas, wie kurz vorher ein Kreuzer mit zwei Zerstörern das Geleit passiert haben mußte und sich westlich des Geleits mit Kurs West befand. Dieser Kreuzer muß uns zuerst bemerkt haben, denn von ihm erfolgte das erste Abwehrfeuer mit schwerer Seezielartillerie. Dadurch wurde auch das Geleit alarmiert, das durch Sicherungsfahrzeuge aller Größen stark gesichert war. Je näher wir kamen, desto mehr versuchten wir durch laufenden Stellungswechsel das Abwehrfeuer zu zersplittern.

Wir mußten verhältnismäßig hoch fliegen, da durch die Wassersäulen der Seezielartillerie Tiefflug nicht mehr möglich war. Erst als wir im Bereich der mittleren und leichten Flakabwehr waren, hörte die Seezielartillerie mit dem Beschuß auf. Der weitere Angriff erfolgte unter mörderischem Abwehrfeuer. Wir mußten jetzt mit starken Abwehrbewegungen in der Höhe und nach der Seite durch den Bewachergürtel die Handelsschiffe anfliegen und angreifen. Nach dem Torpedoschuß wurde mit Vollgas das Geleit durchflogen und auf der Gegenseite die Bewacherkette durchbrochen. Das hatte den Vorteil, daß die Flugzeuge mit Abwehrbewegungen geradeaus fliegen konnten, ohne nach dem Torpedoschuß eine Kurve von 180° drehen zu müssen und dabei der gegnerischen Flak ein größeres Ziel zu bieten. Der Angriff der Ju 88-Gruppe erfolgte etwa fünf Minuten später und wurde ebenfalls mit gutem Erfolg durchgeführt. Es ist eben sehr schwer, eine Treffpunktsaufgabe zu lösen, zu einer bestimmten Zeit an einem bestimmten Ort zu sein, wenn man bereits fünf Stunden Flugzeit hinter sich hat und noch dazu mit verschiedener Geschwindigkeit marschiert.

Der Rückflug erfolgte in der hereinbrechenden und später in voller Dunkelheit. Ich löste den Verband auf und ließ die Flugzeuge einzeln fliegen. Die Landungen erfolgten zwischen 1 Uhr und

1.30 Uhr auf den Einsatzhäfen in Salon und Montpellier. Die Flugzeit der He 111-Flugzeuge hatte mehr als neun Stunden betragen. Von den vermißten sieben Flugzeugen wurden drei Besatzungen gerettet und kehrten nach zehn Tagen zum Geschwader zurück.«

Über diesen Angriff berichtete eine Sondermeldung am 15. August 1943, die im Wehrmachtsbericht am 16. August wiederholt wurde: »Das Oberkommando der Wehrmacht gibt bekannt: In den Abendstunden des 13. August griff ein deutsches Torpedofliegergeschwader unter Führung des Major Klümper ostwärts Gibraltar einen starken in das Mittelmeer einlaufenden Geleitzug überraschend an. In schneidig durchgeführten Angriffen erzielten unsere Besatzungen Lufttorpedotreffer auf 32 Schiffseinheiten. Zwei Zerstörer und vier vollbeladene Handelsschiffe großer Tonnage, darunter ein Tanker, sanken sofort. Acht weitere Schiffe blieben brennend mit starker Schlagseite liegen. Wegen hereinbrechender Dunkelheit und starker Flakabwehr konnte das Schicksal der übrigen torpedierten Schiffe zunächst nicht erkannt werden. Die laufend durchgeführte Aufklärung bestätigte aber, daß mindestens 170 000 BRT aus dem Geleitzug versenkt oder vernichtend getroffen wurden. Sieben eigene Flugzeuge kehrten nicht zurück.«

Die Funktion des Torpedos erwies sich bei dieser Geleitzugschlacht als hervorragend. 40 He 111 waren an diesem 13. August mit je zwei Torpedos beladen, also 80 Torpedos. 20 Ju 88 trugen weitere 20 Torpedos. Eine Ju 88 fiel auf dem Anflug aus, eine He 111 wurde im Angriff vor dem Abwurf der Torpedos durch Volltreffer der Abwehr getroffen und explodierte in der Luft. Zieht man diese drei Torpedos ab, so blieben 97 Torpedos. Mit ihnen wurden 37 Treffer erzielt. Das ergab einen Erfolg von 37 %. Wenn aber ein Flugzeug — wie die He 111 — mit zwei Torpedos beladen war, so wurde grundsätzlich ein Fächer geschossen, das heißt, beide Torpedos auf ein Ziel. Legt man diese Rechnung zu Grunde, wurden bei diesem Angriff von 58 Flugzeugen 37 Treffer erzielt.

Eine Woche nach dem Angriff erhielt Geschwaderkommodore Klümper folgendes Fernschreiben vom Führungsstab: »Auszug aus dem Lagebericht vom 20. August 1943, 12 Uhr, (KR-FS) Kampffliegerführer, 1 c Briefbuch-Nummer 60 119/43, geheim). Besonderes: Nach Abwehrmeldung sollen beim Angriff auf Großgeleit am 13. August ostwärts Alboran folgende Feindverluste eingetreten sein: Getroffen: 30 Schiffe mit 186 500 BRT und außerdem sieben Kriegsschiffe. Davon versenkt: zwölf Schiffe mit 84 280 BRT, ein englischer Zerstörer, eine kanadische Korvette, ein amerikanisches Begleitschiff, ein holländisches Patrouillenschiff. Handelsschiffe schwer beschädigt: sieben Schiffe mit 41 700 BRT, ein englischer Zerstörer. Beschädigt: elf Schiffe mit 60 000 BRT, zwei große Patrouillenschiffe. Ein Teil der schwerbeschädigten Dampfer wurde wahrscheinlich bei Oran auf Strand gesetzt.«
Major Klümper wurde für diesen letzten großen Erfolg der deutschen Kampfflieger im Zweiten Weltkrieg am 29. August 1943 mit dem Ritterkreuz ausgezeichnet und am 1. Oktober zum Oberstleutnant befördert.
Der Wert der Torpedoflieger, der Einsatz der Torpedos wurde viel zu spät erkannt. Die Erfolge bewiesen es. Als im Jahre 1943 die deutschen U-Boote durch die gegnerische Abwehr immer mehr bedrängt und kaum noch zum Schuß kommen konnten, waren die Erfolge dieses einen Torpedogeschwaders größer als die sämtlicher deutscher U-Boote ...

DIE ASSE DER FERNLENKBAREN FLUGKÖRPER (FK)

Die Bekämpfung von Schiffszielen aus der Luft wurde nach den ersten Anfangserfolgen immer schwieriger und war schon 1942 kaum mehr möglich. Der Jagdschutz der begleitenden Flugzeugträger wurde immer stärker, die Flakabwehr der Schiffe erheblich ausgebaut und immer wirksamer. Militärische Forderungen verwirklichten Wissenschaft und Technik mit der Entwicklung von fernlenkbaren Flugkörpern, kurz FK genannt. Sie gehören zu den bedeutendsten deutschen Erfindungen und zu den erstaunlichsten Entwicklungen während des Zweiten Weltkrieges — »ein völlig neues Angriffsmittel von unabsehbarer Auswirkung auf die Seeluftkriegführung«, wie Baumbach die ferngelenkten Körper nannte. Die beiden ausgereiftesten Typen dieser neuartigen Abwurfmunition waren die FX, auch »Fritz X« genannt, eine Entwicklung von Dr. Kramer und die ferngelenkte Bombe Hs 293, eine Entwicklung von Prof. Herbert Wagner bei den Henschel-Werken. Beide Waffen standen im Frühjahr 1943 für die Kampfverbände einsatzbereit.

Die FX (PC-1400) war eine manuell, nach dem Zieldeckungsverfahren durch den Bombenschützen nachsteuerbare geflügelte Fallbombe von etwa 1500 kg. Die Nachsteuerung erfolgte durch elektronisch betätigte Flatterruder, sogenannte Spoiler, die in dem am hinteren Ende der Bombe befindlichen Leitwerk einschließlich Heckleuchte eingebaut waren, während am Bombenkörper ein Kreuzflügelpaar angebracht war. Sie hatte die Wirkung einer

1400 kg-Panzersprengbombe. Da dieser Bombentyp gegen schwere gepanzerte Schiffseinheiten vorgesehen war, wurde sie zum Abwurf aus einer Höhe von etwa 6000 m als nachsteuerbare und panzerdurchschlagende Bombe ausgelegt. Es wurde mit dem Lotfe-Zielgerät gezielt. Nach dem Abwurf konnte der Bombenschütze mit Hilfe der Fernlenkung in Form eines kleinen Steuerknüppels die Flugbahn korrigieren, der Flugzeugführer aber durfte keinerlei Abwehrbewegung fliegen. Nach dem Lösen der Bomben erfolgte Zielüberflug, bedingt durch die ballistische Fallkurve, mit der dann möglichen korrigierenden Einsteuerungsmöglichkeit von etwa ± 400 m in Anflugrichtung und etwa ± 200 m in Querrichtung.

Bei der Hs 293 handelte es sich bei gleichem Lenkverfahren um eine flugzeugähnliche 500 kg schwere Gleitbombe von höchstem Wirkungsgrad. Sie besaß Rumpf, Tragflächen, Höhen- und Seitenruder und Heckleuchte. Mit Hilfe einer neuartigen Fernlenktechnik konnte den Steuerrudern auf drahtlos elektrischem Wege vom Flugzeug aus Kommandos gegeben werden. Nach kurzem Beschleunigungsflug bis zu 580 km/h, durch ein am Rumpf eingehängtes Flüssigkeits-Raketentriebwerk erzeugt, fand dieser Bombentyp im Gleitflug bis zu einer Entfernung von 17 km Verwendung gegen Transportschiffe und Zerstörer.

Das Lenkverfahren verlangte höchste Konzentration und erforderte deshalb eine eigene Ausbildung. Dazu befand sich jeweils im Flugzeug ein quarzgesteuerter Sender geringer Leistung im zweifach modulierten Impulsverfahren im Ultrakurzwellenbereich mit einer am Rumpf angebrachten Antenne und für den Bombenschützen den in der Kanzel montierten Steuerknüppel sowie den Schaltorganen für die Inbetriebsetzung der Bombe.

Jede Bombe hatte einen batteriegespeisten genau abgestimmten Empfänger und übertrug die vom Bombenschützen im Flugzeug ausgestrahlte Steuerkommandos für die Seiten- oder Höhenruder durch die am Bombenkörper montierte genau angepaßte Drahtantenne.

Die Eigenart des FK-Abwurfverfahrens bedingte eine besonders geübte, ja angeborene Fertigkeit des Bombenschützen, in kürzester Zeit schnellfliegenden Bomben nach dem Prinzip »Auge — Bombe — Ziel« in das Ziel zu steuern. Intensives Training der Geschicklichkeit und der Reaktionsfähigkeit bei der ungewohnten sitzenden oder liegenden Körperstellung im Flugzeug waren unbedingte Voraussetzung für eine Trefferchance.

Zur Vorbereitung der Aufstellung von Einsatzverbänden entstanden etwa Mitte des Jahres 1942 in Garz und Peenemünde jeweils ein Truppenerprobungskommando. Für die Hs 293 das EK 15 mit Hauptmann Hollweg und für die FX das EK 21 unter Hauptmann Hetzel. Als Flugzeuge standen zuerst die He 111 zur Verfügung, später auch einige Do 217, mit denen die Einsatzstaffeln ausgerüstet wurden.

Das EK 21 verlegte im Januar/Februar 1943 nach Schwäbisch Hall. Dort sollte eine Kampfgruppe aufgestellt und die Besatzungsausbildung weiter durchgeführt werden. Die Gruppe bestand aus drei Staffeln, einer Flughafenbetriebskompanie (FBK) und einer Flugkörper-Betriebskompanie (FKBK). Die gleichen Aufgaben erhielt das EK 15 in Garz.

Die Staffeln und Gruppen für den Sondereinsatz mit Flugkörpern Luft/Boden wurden durch Neuaufstellungen und Umrüstungen in das bereits bestehende Kampfgeschwader 100, das 1943 an der Ostfront eingesetzt war, eingegliedert und erhielt nunmehr die Bezeichnung KG 100 Wiking.

1943 konnte das Geschwader im Juni mit zwei Einsatzgruppen und dem Geschwaderstab auf Einsatzplätze nach Südfrankreich verlegt werden. Der Geschwaderstab mit dem Kommodore Major Aufhammer lag auf dem Fliegerhorst Istrès an der Rhonemündung. Die II./KG 100 mit dem Gruppenkommandeur Hauptmann Hollweg verlegte auf den Fliegerhorst Cognac, die III./KG 100 mit Major Jope als Gruppenkommandeur auf den Fliegerhorst Istrès. Die in Aufstellung befindliche IV./KG 100 mit Gruppenkomman-

deur Hauptmann Silbersiepe blieb auf den Fliegerhorsten Giebelstadt und Schwäbisch Hall.
Die Besatzungen der II./KG 100 wurden für den Einsatz mit Flugkörpern in Garz zwei Monate lang ausgebildet. Die Flugzeugführer, die bisher im Einsatz an der Ostfront die He 111 geflogen hatten, wurden auf Do 217 umgeschult. Außer Langstreckenflügen wurde besonders Start- und Landeschulung im beladenen Zustand mit der Hs 293 und mit 900 l Zusatztank durchgeführt. Gleichzeitig wurden die Beobachter, die bisher eine normale Kampfbeobachterausbildung erhalten hatten, auf den Abwurf ferngelenkter Bomben geschult. Dies geschah am Boden in der Einweisung am Rütteltisch, in der Luft durch Abwürfe der Hs 293 ohne Sprengkopf auf ein Schiffsziel bei Peenemünde. Beladung und Start erfolgte hierfür in Peenemünde. Die technischen Vorbereitungen wurden zunächst durch Personal von Peenemünde durchgeführt, später durch die Flugkörper-Betriebskompanie (FKBK) der Staffeln.
Nach Abschluß der gesamten Ausbildung verlegte die Gruppe nach Cognac und flog von dort im August 1943 auch die ersten Einsätze auf eine Zerstörergruppe in der Biscaya. Als Spezialeinheit wurde die Gruppe dem Atlantikführer, später der 2. Fliegerdivision unterstellt. Führungsmäßig wurde die Bodenorganisation so geplant, daß die Gruppe kurzfristig an der gesamten Westfront verlegt werden konnte und an bestimmten Plätzen eine Bevorratung von Hs 293 vorfand. Diese Depots, die unter strengster Geheimhaltung abseits von der übrigen Bombenmunition gelagert waren, befanden sich in Griechenland, Italien, Süd- und Mittelfrankreich, Norddeutschland, Süd- und Nordnorwegen. Vorrätig waren hier jeweils etwa 200 abwurfbereite Körper, deren elektrischer Teil einer dauernden Wartung unterlag.
Die schwierigen elektrischen Schaltvorgänge vor dem Abwurf, eine Optik, die der Beobachter fest anlegen mußte und die das Sichtfeld erheblich einengte, Mangel an Einsatzerfahrung auf Schiffsziele

und wenig Übung im räumlichen Sehen über See waren Gründe für die zunächst geringen Erfolge. Schwerpunkte der Einsätze der II./KG 100 waren immer Einsätze auf Geleitzüge im Atlantik und im Mittelmeer. Häufig konnten von Südfrankreich aus die gleichen Geleitzüge nach Passieren der Straße von Gibraltar nochmals vor der afrikanischen Küste angegriffen werden. Zusätzlich auch Einsätze von einzelnen Staffeln, die von der Gruppe abgesetzt waren, auf Schiffseinheiten im östlichen Mittelmeer, bei Leros und Rhodos und vor der türkischen Küste, außerdem von Norwegen aus auf Geleitzüge, die von England nach Rußland bestimmt waren und Ende des Jahres 1944 auch auf Landziele an der Invasionsfront.

Mit der Häufigkeit der Einsätze wuchsen auch die Erfahrungen. Bald stellte sich auch heraus, daß die erwähnte Optik für den Beobachter unbrauchbar war. Der Abwurf wurde daher nur noch ohne jedes Hilfsmittel durchgeführt. Alle An- und Abflüge wurden zur Vermeidung der frühzeitigen Erfassung im Tiefstflug, meist nur 5 m über See, geflogen und erst unmittelbar vor Erreichen des Zieles auf die Abwurfhöhe gezogen. Voraussetzung für einen erfolgreichen Angriff war eine einwandfreie Aufklärung und eine ausgezeichnete Navigation.

Da der Gegner sehr schnell über die Einsatzmöglichkeiten, vor allem aber über die Eindringtiefe des Flugzeugtyps Do 217 informiert war, legte er die Kurse seiner Geleitzüge möglichst außerhalb, zumindest aber an die Grenze der Reichweite der deutschen Flugzeuge. Sie waren daher für die deutschen Flugzeuge nur nach genauester Aufklärung, in Kenntnis des genauen Standortes, und der Marschgeschwindigkeit im Sparflug am Rande der Eindringtiefe zu erreichen. Die Dauer des Angriffs durfte fünf Minuten nicht überschreiten, da sonst die Startflugplätze nicht mehr erreicht werden konnten.

Nach Auslösung der Hs 293 fiel der Körper 0,4 Sekunden, ehe das Raketentriebwerk gezündet wurde. Durch diesen Schub wurde die Fluggeschwindigkeit des Körpers von etwa 350 km/h Flugzeuggeschwindigkeit auf fast 600 km/h erhöht. Nach 2 Sekunden wurden die Steuerorgane automatisch gelöst und damit der Flugkörper steuerfähig. Die günstigste Angriffshöhe für die Hs 293 lag zwischen 3000 und 4000 m Höhe, etwa 10 km vom Ziel entfernt. Die letzte Möglichkeit des Angriffs ergab sich in 500 m Abwurfhöhe und 4000 m Abstand vom Ziel. Die Flugzeit der Hs 293 betrug bei 4000 m Auslösehöhe 80 bis 100 Sekunden. Während des Abwurfes durften keine Kursänderungen oder Abwehrbewegungen geflogen werden, da sonst der Bombenschütze im Steuervorgang so gestört wurde, daß er den Flugkörper nicht in Zieldeckung halten konnte und damit die Treffchancen erheblich abnahmen. Das Steuerverfahren war sehr empfindlich. Geringste Ausschläge des Steuerknüppels verursachten ein sofortiges Aussteuern des Flugkörpers aus seiner Flugbahn und konnte dann nur sehr schwer in die Zieldeckung zurückgeführt werden.

Ausfälle an Besatzungen sind während dieser Angriffe kaum durch die Abwehr von den Geleitzügen aus eingetreten, obwohl die begleitenden Kriegsschiffe weit abgesetzt von den Geleitzügen fuhren, um ihre Feuerkraft zur Wirkung zu bringen. Häufig jedoch haben Besatzungen aus Mangel an Treibstoff die Absprungplätze nicht mehr erreicht und mußten auf See niedergehen, wobei leider in jedem Falle das Flugzeug als Schulterdecker sofort sank. Das Auffinden abgesprungener Besatzungen bei Einsatz der fernlenkbaren Körper ist nur in wenigen Fällen möglich gewesen.

Da die Engländer besonders in küstennahen Gewässern ihre Geleitzüge durch Jäger abschirmten, waren sehr bald die Angriffe nur noch in den Dämmerungszeiten möglich — zwei Minuten vor bis zwei Minuten nach Beginn der Dunkelheit. Nachtangriffe gab es nur bei ausreichender Mondbeleuchtung. Die Geleitzüge durch Leuchtbomben auszuleuchten, führte zu diesem Zeitpunkt nur zu geringen Erfolgen.

Vom Sommer 1943 bis Ende 1944 wurden mit den fernlenkbaren Flugkörpern etwa 100 Einsätze geflogen. Die Angriffsstärke der

Einsätze lag am Anfang zwischen sechs und zehn Flugzeugen, später zwischen drei und fünf Flugzeugen. Versenkt oder einsatzunfähig wurden vornehmlich Handelsschiffe aus den Geleitzügen. Die Versenkungsbestätigungen konnten jedoch nur spärlich erbracht werden, da besonders in küstennahen Gebieten Geleitzüge während der Nacht in ihre Bestimmungshäfen einliefen und ihre Verluste nicht mehr einwandfrei aufgeklärt werden konnten. Insgesamt aber waren die Einsätze mit ferngelenkten Bomben im Vergleich zu nichtsteuerbaren Bomben erheblich erfolgreicher. Gruppenkommandeure der II./KG 100 in dieser Zeit waren nach Hauptmann Hollweg die Hauptleute Middermann, Vorpahl, Molly und Schmetz.

Die III. Gruppe des KG 100 führte ihre ersten Einsätze mit FX im Juli 1943 auf Schiffsansammlungen im Hafen und an der Reede von Palermo in Sizilien durch, später auf weitere Häfen in Sizilien. Am 29. August 1943 wurde ein englischer Kreuzer ostwärts der Insel Alboran bei Gibraltar beschädigt und am 11. September 1943 ein Kreuzer vor Salerno.

Der größte Erfolg aber gelang am 9. September 1943, als drei Besatzungen zwischen 15 und 16 Uhr das italienische Schlachtschiff »Roma« mit 35 000 BRT westlich von Korsika durch zwei Treffer mit FX versenkten, als es versuchte, zu den Alliierten überzuwechseln. Drei Besatzungen der 11. Staffel unter Oberleutnant Schmetz haben dies vollbracht. Da nach dem Kriege amtliche Unterlagen auch von der »anderen Seite« zur Verfügung standen, kann nunmehr mit Sicherheit angenommen werden, daß die endgültige Versenkung des Schiffes durch den zweiten Treffer erfolgte, was eindeutig aus dem Wirkungsbild der III./KG 100 hervorgeht. Unteroffizier Degan ist kurze Zeit später mit seiner Besatzung von einem Feindflug nicht mehr zurückgekehrt.

Am 16. September griff die gleiche Staffel in der Bucht von Salerno um 13.35 Uhr das britische Schlachtschiff »Warspite« an. Das Schlachtschiff wurde zugleich von drei Besatzungen angeflogen.

Den Volltreffer brachte Unteroffizier Huhn an. Er war Lenkschütze und Beobachter der Besatzung von Staffelkapitän Oberleutnant Schmetz, der bei diesem Angriff Flugzeugführer und Kommandant gewesen ist. Die beiden anderen Bombenschützen waren Feldwebel Meyer und Obergefreiter Mrovitzki. Huhn geriet am Ende des Krieges in französische Gefangenschaft.

Bei einem weiteren Angriff auf das Schlachtschiff »Littorio« wurde dies so schwer beschädigt, daß in aller Kürze 800 Tonnen Wasser eingebrochen sind.

Ab Herbst 1943 führte die III. Gruppe neben FX auch Einsätze mit der ferngelenkten Bombe Hs 293 durch. Ihr Einsatzraum reichte von der Küste Nordafrikas über Italien bis nach England. Später flog die Gruppe an der Invasionsfront im Westen und gegen Anlandungen der Alliierten an der südfranzösischen Küste. Die letzten erfolgreichen Einsätze wurden von Toulouse aus gegen englische Zerstörer vor der westfranzösischen Küste zur Entlastung deutscher U-Boote geflogen, die von Feindfahrt zurückkehren.

Die Kriegslage nach der Invasion zwang dazu, die fliegenden Teile der Gruppe am 20. August 1944 nach Giebelstadt zu überführen, während sich das Gros der Gruppe unter Führung ihres Kommandeurs Hauptmann Schmetz in 14tägigen verlustreichen Kämpfen nach Deutschland durchschlug.

Mitte September 1944 erfolgte die Auflösung des Geschwaderstabes KG 100 und der III./KG 100. Die II./KG 100 blieb jedoch als selbständige Gruppe in Aalborg und Faßberg erhalten. Im Januar 1945 hatte aber auch sie keine Aufgabe mehr. Sie war mit ihrem neuen Flugzeugmuster He 177, auf das sie ab Herbst 1944 umrüstete, nicht mehr zum Einsatz gekommen.

Gruppenkommandeure der III./KG 100 waren nach Major Jope, der ab August 1943 das Geschwader als Nachfolger von Major Aufhammer führte, die Hauptleute Döhler bis Dezember 1943, Pfeffer bis April 1944, Vorpahl bis Juni 1944 und Schmetz ab Juni bis zur Auflösung im September 1944.

Die erstmalig in der Kriegsgeschichte eingesetzten Lenkwaffen haben ihre Brauchbarkeit bewiesen und wie auf vielen anderen wissenschaftlichen und technischen Gebieten den Grundstein für spätere Entwicklungen in der ganzen Welt gelegt. Wenn auch die technische Zuverlässigkeit der FK damals noch nicht den erforderlichen Grad der Truppenbrauchbarkeit erreicht hatten, so hat der Einsatz mit FX und Hs 293 in erster Linie durch die absolute Luftüberlegenheit des Gegners gelitten. Verluste durch Schiffsflak sind kaum aufgetreten. Von den an den Feind gebrachten funktionsfähigen Flugkörpern waren etwa 30 bis 40 Prozent Treffer im Ziel. Damit kann wohl behauptet werden, daß durch die Konstruktion der fernlenkbaren Flugkörper Luft/Boden die militärischen Forderungen — nach großer Treffgenauigkeit auf Punktziele (vor allem Schiffe), große Wirkung auch gegen gepanzerte Ziele wie »Roma« und »Warspite« und die Auslösung der Waffen aus großer Entfernung, um außerhalb der Reichweite der feindlichen Abwehr zu bleiben — erfüllt wurden.

Nach dem Kriege wurden durch Bekanntgabe der ehemaligen Gegner erst die wahren Verluste oder die Beschädigungen bekannt. Es handelte sich um folgende Schiffseinheiten: Der britische Kreuzer »Spartan«, der innerhalb von 20 Minuten kenterte, die Zerstörer »Janus«, »Inglefield«, »Boadicea«, »Intrepid«, »Dulverton« und die Sloop »Egret« sowie der griechische Zerstörer »Vasilissa Olga«. Schwer beschädigt wurden die beiden britischen 30 000-t-Schlachtschiffe »Warspite« und »Valiant«, die US-Kreuzer »Savannah« und »Uganda«, Zerstörer »Javis«, dazu mehrere Transporter, Zerstörer und Geleitzerstörer.

Nach dem Kriege setzte durch die Siegermächte eine technische und taktische Auswertung dieser Waffensysteme ein. Vor allem in Frankreich und den Vereinigten Staaten wurden, zum Teil mit Hilfe deutscher Ingenieure, diese Art von FK verbessert. Die neuartigen Entwicklungen der Flugkörper Luft/Boden sind in gerader Linie abgeleitet von den deutschen Waffen des Zweiten Weltkrieges.

KAMPFFLIEGER IM OKW-BERICHT*)

Der erste Kampfflieger der deutschen Luftwaffe, der im Zweiten Weltkrieg namentlich bekannt wurde, war der damalige Major Fritz Dönch, der als Gruppenkommandeur der I./KG 30 nach den erfolgreichen überraschenden Angriffen auf die britische Heimatflotte in der Bucht von Scapa Flow anschließend mit den Offizieren seiner Gruppe, Oberleutnant Philipps und Oberleutnant Magnussen in Berlin Ende März 1940 über den Verlauf des Fluges vor den Vertretern der In- und Auslandspresse sprach. Major Dönch — siehe auch Ritterkreuzträger — gehörte nach den Worten von Schwertertäger Werner Baumbach zu jenen Offizieren, die »aus dem jungen Generalstabsnachwuchs der Vorkriegszeit an die Front kommandiert wurden, die den Idealtyp des fliegenden Kommandeurs verkörperten... Sie prägten das neue Antlitz der deutschen Kampffliegerei. Bei ihnen wurde mit dem Kopf und durch das persönliche Vorbild geführt«.

Und wieder waren die Kampfflieger im Gespräch, als am 6. April 1940 Oberst Robert Fuchs, der Kommodore des bekannten Löwen-Geschwaders KG 26, als fünftem Angehörigen der Luftwaffe, als erstem Kampfflieger und nach der Generalität als erstem Truppenführer das Ritterkreuz verliehen wurde. Und zwar »in Anerken-

---

*) Die Angaben in Klammern (genauere Angriffszielbestimmung, Angabe der Einheit und Ergänzung von Namen) wurden vom Autor eingefügt, um für die Militärgeschichte die Anonymität der damaligen OKW-Berichte aufzuheben. Für jede weitere Ergänzung und Verbesserung wäre der Autor dankbar.

nung der Kampfleistungen seines Geschwaders, das durch seine kraftvollen Angriffe gegen die britische Seemacht sich besonders hervorgetan hat«. Das KG 26 hatte im Winter 1939/40 laufend die britische Flotte bekämpft.

Obwohl am 27. April 1940 ein Erlaß des Oberbefehlshabers des Heeres erschien, in dem es hieß, daß in Zukunft im Zusammenhang mit Kampfhandlungen die Namen von Soldaten genannt werden, die sich im Kampf in außergewöhnlicher Weise hervorgetan haben«*), dauerte es noch bis zum 27. September 1940 bis der erste Name eines Kampffliegers im OKW-Bericht erschien. Es war der damalige Hauptmann Walter Storp, dessen Besatzung »sich bei den Angriffen auf Mittelengland durch wagemutigen Tiefangriff besonders auszeichnete.« Storp wurde am 4. November noch einmal namentlich hervorgehoben, als es im OKW-Bericht hieß: »Die Besatzung einer Kampfgruppe (II./KG 76, der Verf.) unter Führung ihres Kommandeurs, Hauptmann Storp, zeichnete sich durch erfolgreich geführte Angriffe gegen britische Flugplätze und kriegswichtige Ziele in London aus.« Nach der ersten Erwähnung von Storp wurden während der Schlacht um England mehrere Besatzungen der Kampfflieger, erfreulicherweise oft sogar mit den Namen aller Besatzungsmitglieder, im OKW-Bericht hervorgehoben.

Es waren dies folgende Nennungen:

28. September 1940:

In Mittelengland gelang es, ein Rüstungswerk durch Bomben schwersten Kalibers vernichtend zu treffen... Beim Angriff auf Mittelengland zeichnete sich eine Flugzeugbesatzung unter Füh-

---

*) Der weitere Wortlaut des Erlasses »Ehrenvolle Nennung von Einzelkämpfern und Einheiten« heißt: »Darin ist eine ganz besondere Auszeichnung zu erblicken. Es kommen daher auch nur Taten in Betracht, die sich so aus dem Übrigen herausheben, daß ihre öffentliche Erwähnung vor dem deutschen Volke gerechtfertigt ist.«

rung von Oberleutnant Leonhardi besonders aus. Sie stieß im schneidigen Tiefangriff trotz starker Abwehr auf ein Rüstungswerk hernieder und setzte ihre Bomben aus niedrigster Höhe mitten ins Ziel.

30. September 1940:

In den Midlands wurde ein besonders wichtiges Rüstungswerk im Tiefflug angegriffen. Ein Volltreffer schwersten Kalibers richtete in dem Werk große Zerstörungen an ... Der erwähnte Angriff auf das Rüstungswerk in den Midlands wurde von einem Kampfflugzeug unter Führung des Oberleutnants von Butlar durchgeführt.

2. Oktober 1940:

Teile einer Kampfgruppe unter Führung des Gruppenkommandeurs Major Hahn bombardierten in kühnem Tiefangriff trotz starker Flakabwehr den Flughafen Pembroke Carew, erzielten Treffer schweren Kalibers in den Hallen, beschädigten eine Anzahl feindlicher Kampfflugzeuge durch Bomben und MG-Feuer am Boden und kehrten ohne Verlust in ihren Heimathafen zurück.

3. Oktober 1940:

Eine Gruppe eines Kampfgeschwaders (I./KG 40) unter der Führung von Major Petersen, die sich schon im Norwegenfeldzug besonders auszeichnete, hat in den letzten sechs Wochen auf langen, bei jeder Witterung durchgeführten Feindflügen, die oft bis weit in den Atlantik hineinführten, rund 90 000 BRT schwer beschädigt, oft im Tiefangriff auf stark gesicherte Geleitzüge.

4. Oktober 1940:

Bei den Angriffen auf die Rüstungswerke in Mittelengland zeichneten sich Kampfflugzeuge unter Führung von Oberleutnant Neumann und Lt. Bischoff (4./KG 77) durch besondere Kühnheit aus.

7. Oktober 1940:

Bei den Angriffen auf Rüstungswerke in Südengland zeichneten sich durch besondere Kühnheit aus: Oberleutnant Braun, Oberleutnant Biemer, Oberleutnant Kühn und Oberfeldwebel Wolf.

27. Oktober 1940:

Wie bereits bekanntgegeben, erhielt 100 km westlich von Irland das 42 000 BRT große britische Transportschiff »Empress of Britain« einen so schweren Bombentreffer, daß es in Brand geriet und die Besatzung in die Boote gehen mußte...

28. Oktober 1940:

Das von Luftstreitkräften bombardierte und in Brand gesetzte 42 000 BRT große britische Transportschiff »Empress of Britain«, das die Engländer unter starker Sicherung durch Zerstörer und Bewacher einzubringen versuchten, ist von dem unter Führung des Oberleutnants zur See Jenisch stehenden Unterseeboot torpediert und versenkt worden. Beim ersten Angriff auf den großen, stark geschützten Transportdampfer »Empress of Britain« zeichnete sich die Besatzung eines Kampfflugzeuges unter Führung des Oberleutnants Jope (2./KG 40) besonders aus.

3. November 1940:

An der britischen Ostküste versenkte ein Kampfflugzeug ein Handelsschiff von 6000 BRT. Damit hat der Kommandant dieses Flugzeuges, Major i. G. Harlinghausen, Chef des Stabes des X. Fliegerkorps, sein 20. Handelsschiff und mit ihm eine Gesamttonnage von über 100 000 BRT vernichtet.

4. November 1940:

Die Besatzungen einer Kampfgruppe unter Führung ihres Kommandeurs, Hauptmann Storp (II./KG 76), zeichneten sich durch erfolgreich geführte Angriffe gegen britische Flugplätze und kriegswichtige Ziele in London aus.

6. November 1940:

Beim Verminen britischer Häfen zeichnete sich das Kampfgeschwader (4) »General Wever« in ununterbrochenem Nachteinsatz auch unter ungünstigen Wetterverhältnissen besonders aus.

23. Dezember 1940:

Ein Aufklärungsflugzeug griff das größte britische Aluminiumwerk Fort William in Nordschottland trotz starker Flakabwehr in kühn geführtem Tiefflug an. Durch Treffer in die wichtigsten Anlagen mit nachfolgenden Explosionen wurde das Werk schwerstens getroffen... Beim Angriff auf das Aluminiumwerk Fort William zeichnete sich die Besatzung des Aufklärungsflugzeuges, Kommandant Oberleutnant Fidorra, Flugzeugführer Leutnant Mündel,

Bordfunker Oberfeldwebel Botha, Bordschütze Unteroffizier Lemberg, besonders aus.

9. Januar 1941:

Ein schweres Kampfflugzeug (Fw 200 Condor) unter Führung des Oberleutnants Mons (II./KG 40) griff 480 km nordwestlich der Donegal-Bucht ein bewaffnetes Handelsschiff von etwa 10 000 BRT an. Nach zwei schweren Bombentreffern blieb das Schiff mit aufgerissener Bordwand brennend liegen... Bei dem Angriff auf das Motorenwerk bei Coventry zeichnete sich die Besatzung des Kampfflugzeuges, Leutnant Höflinger als Kommandant, Oberfeldwebel Vogelhuber als Bombenschütze, Flieger Odelga als Bordfunker und Feldwebel Herfort als Bordschütze besonders aus.

22. Januar 1941:

Bei Angriffen gegen die britische Handelsschiffahrt versenkte die Kampfstaffel des Hauptmanns Daser (KG 40) bisher 145 200 BRT. Hiervon ist Hauptmann Daser selbst mit 57 000 BRT beteiligt. Außerdem wurde von dieser Staffel eine große Zahl von Handelsschiffen beschädigt.

10. Februar 1941:

Fernkampfflugzeuge (Fw 200 Condor) unter Führung des Hauptmanns Fliegel (KG 40) griffen gestern etwa 500 km westlich der portugiesischen Küste einen durch Kriegsschiffe gesicherten Geleitzug an, versenkten nach bisher vorliegenden Meldungen Handelsschiffe mit zusammen 24 500 BRT und beschädigten vier weitere Schiffe schwer. Der Geleitzug wurde damit völlig zersprengt...

Nach dem erfolgreichen Angriff gegen den feindlichen Geleitzug westlich der portugiesischen Küste hat eine Kampfgruppe (KG 40) seit dem 1. August 1940 allein rund 350 000 BRT feindlichen Handelsschiffsraum versenkt und darüber hinaus eine große Zahl feindlicher Handelsschiffe schwer beschädigt. (Genau: 85 Schiffe mit 363 500 BRT versenkt und 192 103 BRT in Brand geworfen und schwer beschädigt.) Der OKW-Bericht vom 12. Februar ergänzt: Genaue Feststellungen ergaben, daß insgesamt sechs Schiffe mit 29 500 BRT versenkt worden sind.

14. Februar 1941:

Bei dem erfolgreichen Angriff im Seegebiet ostwärts Harwich zeichnete sich die Besatzung des Kampfflugzeuges, Kommandant und Flugzeugführer Oberleutnant Baumbach (KG 30), Bombenschütze Unteroffizier Menz, Funker Feldwebel Thieß und Bordschütze Unteroffizier Geifmühlen, besonders aus.

28. Februar 1941:

Die Besatzung eines Kampfflugzeuges, Oberleutnant Baumbach (KG 30), Feldwebel Erkens und Unteroffizier Stahl, vernichtete bis zum 27. Februar insgesamt 240 000 Tonnen feindlichen Schiffsraum.

7. März 1941:

Beim Angriff auf das Flugzeugwerk Filton zeichnete sich die Besatzung des angreifenden Kampfflugzeuges, Oberleutnant Hollinde, Oberfeldwebel Lebuda, Unteroffizier Weber und Gefreiter Schilling, besonders aus.

8. März 1941:

Bei dem Angriff auf das Rüstungswerk bei Newark (Kugellagerwerk) zeichneten sich die Besatzungen von zwei Kampfflugzeugen,
1. Oberleutnant Knauth, Oberfeldwebel Schumm, Oberfeldwebel Hell, Oberfeldwebel Möller und Unteroffizier Berger und
2. Leutnant Rudolph, Leutnant Metzmacher, Unteroffizier Gröper und Unteroffizier Hahn (beide von der I./KG 4), besonders aus.

9. März 1941:

Der im Wehrmachtsbericht vom 8. März gemeldete erfolgreiche Angriff auf ein Rüstungswerk bei Bristol wurde von der Besatzung Oberleutnant Lohmann, Oberfeldwebel Beckmann, Stabsfeldwebel Köster, Stabsfeldwebel Trageser und Gefreiter Hey geflogen. Diese Besatzung hat sich bereits bei mehreren anderen Tiefangriffen besonders ausgezeichnet.

19. März 1941:

An dem Erfolg bei dem Angriff auf den Verband feindlicher Kriegsschiffe westlich Kreta waren beteiligt: Kampfgruppenkommandeur Hauptmann Kowalewski (II./KG 26) als Kommandant mit der Besatzung Oberleutnant Lorenz, Oberfeldwebel Henze, Feldwebel Lehmann und Leutnant Bock als Kommandant mit der Besatzung Oberfeldwebel Schmidt, Unteroffizier Brückner, Feldwebel Katen.

28. März 1941:

Bei den erfolgreichen Angriffen auf den Geleitzug an der Küste von Wales zeichnete sich Hauptmann Müller (Hauptmann Rudolf

Müller I./KG 27), der die Einheit als stellvertretender Gruppenkommandeur führte, besonders aus. Im Tiefangriff vernichtete er allein drei Handelsschiffe.

Der im Wehrmachtsbericht vom 27. März erwähnte Angriff auf ein Werk der britischen Flugzeug- und Rüstungsindustrie wurde von einem einzelnen Kampfflugzeug in kühnem Tiefflug mit stärkster Wirkung durchgeführt. Die Besatzung bestand aus Leutnant vom Felde als Kommandant, Feldwebel Schönhoff, Feldwebel Janopa und Feldwebel Ribic.

30. März 1941:

Kampfflugzeuge (vom KG 30) unter Führung des Majors Krüger (richtige Schreibweise: Arved Crüger) griffen in den Nachmittagsstunden des 29. März im Seegebiet westlich Kreta einen starken englischen Flottenverband erfolgreich an. Sie erzielten trotz heftiger Flak- und Jagdabwehr auf einen Flugzeugträger drei Bombenvolltreffer. Bei den Luftkämpfen während des Angriffs schossen Kampfflugzeuge ein britisches Jagdflugzeug vom Muster Hurricane ab.

2. April 1941:

Flugzeuge eines Kampfgeschwaders unter Führung des Majors Ulbricht (KG 27) vernichteten sechs große Tankschiffe mit zusammen 42 000 BRT im Eingang des St.-Georg-Kanals. Eine Kette des gleichen Verbandes unter Führung von Oberleutnant Münz griffen — wie schon gemeldet — einen Flugplatz an der britischen Südküste mit durchschlagendem Erfolg an. Hierbei wurden Bombenvolltreffer in Hallen und Unterkünften erzielt und 24 Flugzeuge mit Sicherheit am Boden zerstört.

10. April 1941:

In der Nacht zum 8. April hat sich die Besatzung eines Kampfflugzeuges (von der Kampfgruppe 806) mit Oberleutnant Forgatsch (Kommandant und Flugzeugführer), Leutnant Gerlach (Beobachter), Unteroffizier Thoms (Bordfunker) und Unteroffizier Starke (Bordschütze) in zweimaligem Einsatz auf ein wichtiges Werk der englischen Flugzeugrüstungsindustrie in den Midlands durch besonderen Angriffsgeist und Kühnheit ausgezeichnet.

12. April 1941:

In der Nacht vom 10. zum 11. April brachte ein vom Einsatz (aus New Castle) zurückkehrendes eigenes Kampfflugzeug (von der 5./KG 53) ein weiteres feindliches Kampfflugzeug im besetzten Gebiet (über dem Flugplatz Vandeville bei Lille) zum Absturz (Besatzung: Hauptmann Peters, Leutnant Brütting, Oberfeldwebel Menke, Oberfeldwebel Wittek, Feldwebel Hahn).

9. Mai 1941:

Am 1. Mai führte ein Kampfflugzeug (von der II./KG 54) unter Oberleutnant Heinrichs mit Feldwebel Karsch, Feldwebel Igener und Gefreiter Mandl unter schwierigsten Bedingungen einen kühnen und erfolgreichen Angriff auf die Torpedofabrik in Portland Weymouth durch.

10. Mai 1941:

Bei Nachtangriffen auf Plymouth zeichnete sich die Besatzung eines Kampfflugzeuges, Leutnant Pichler, Oberfeldwebel Seefeld,

Feldwebel Abraham, Feldwebel Stöger und Unteroffizier Jacobi (III./KG 55), mehrfach besonders aus.

12. Mai 1941:

Bei dem Großangriff auf London in der Nacht zum 11. Mai zeichneten sich zwei Besatzungen von Kampfflugzeugen besonders aus:
1. Oberleutnant Ihrig, Feldwebel Lenger, Unteroffizier von Gehr, Unteroffizier Wolf (3./KG 3) und
2. Leutnant Kornblum, Unteroffizier Lichtinger, Unteroffizier Sprenger, Gefreiter Schäfer (II./KG 53).

15. Mai 1941:

Die Besatzung eines Kampfflugzeuges mit Leutnant Klöß, Sonderführer (Z) Adolph, Unteroffizier Engel, Unteroffizier Schilling und Gefreiter Knöchel zeichnete sich durch kühne und erfolgreiche Angriffe auf ein Rüstungswerk in Südengland besonders aus.

16. Juni 1941:

Im östlichen Mittelmeer bekämpften deutsche Kampfflugzeuge (von der II./LG 1) unter Führung von Hauptmann Kollewe mit besonderem Erfolg einen Verband britischer Kriegsschiffe. Sie versenkten einen leichten Kreuzer durch vier Bombenvolltreffer schweren Kalibers und beschädigten einen schweren Kreuzer.

20. Juni 1941:

Eine Gruppe eines Kampfgeschwaders (KG 40) unter Führung von Major Petersen und später von Hauptmann Fliegel vernichteten seit Mitte April 1940 durch rastlose kühne Angriffe gegen die britische Versorgungsschiffahrt um England bis weit in den Atlantik hinaus insgesamt 109 Handelsschiffe mit rund 636 000 BRT und beschädigte weitere 63 Schiffe durch Bombentreffer schwer.

2. Juli 1941:

Eine Kampffliegergruppe unter Führung von Major Busch versenkte im Einsatz gegen Großbritannien bis zum 15. Juni 1941 einen Kreuzer, 1 Zerstörer und 21 kleinere Kriegsfahrzeuge, sowie 436 186 BRT feindlichen Handelsschiffsraumes. Außerdem wurden zahlreiche Handelsschiffe durch Bombenvolltreffer schwer beschädigt.

14. April 1942:

Die Besatzung eines deutschen Flugzeuges, bestehend aus Oberfeldwebel Nitsch, Feldwebel Schäfer, Feldwebel Richter und Obergefreiter Hartmann (vom KG 26), hat ungeachtet stärkster feindlicher Boden- und Jagdabwehr einen wichtigen Auftrag über dem Kanal von Suez mit großem Schneid durchgeführt.

13. Mai 1942:

Den im gestrigen OKW-Bericht gemeldeten erfolgreichen Angriff auf britische Zerstörer im Seegebiet südlich Kreta unternahm ein vom Eichenlaubträger Hauptmann Helbig geführter Kampffliegerverband (I./LG 1). Hauptmann Helbig versenkte selbst einen der feindlichen Zerstörer durch Bombenwurf.

7. Juni 1942:

Der Oberfeldwebel Teige in einem Kampfgeschwader (6./KG 53) schoß mit seinem Kampfflugzeug in wenigen Tagen 11 feindliche Flugzeuge, darunter neun bei Nacht, ab.

9. Juni 1942:

Bei der Zerschlagung des für die Sowjetunion bestimmten großen feindlichen Geleitzuges im Nordmeer haben sich Staffelkapitän Hauptmann Flechner (5./KG 30), Kampfbeobachter Leutnant Richtering und Flugzeugführer Unteroffizier Pusavec besonders ausgezeichnet.

21. Juni 1942:

In der See- und Luftschlacht im Mittelmeer bei der Zerschlagung der britischen Geleitzüge zeichneten sich ... die Besatzungen von zwei Kampfflugzeugen (von der I./KG 54) mit dem Kommandanten Gruppenkommandeur Major Linke und Oberleutnant Schulte besonders aus.

9. Juli 1942:

Bei den Operationen der Luftwaffe gegen anglo-amerikanischen Großgeleitzug im Nordmeer zeichneten sich Oberleutnant Behnke (gemeint war wohl Oberleutnant Siegfried Betke), Leutnant Hennemann und Unteroffizier Braun (von der 9./KG 26) durch tapfersten Einsatz aus. Leutnant Hennemann fand bei der Vernichtung des amerikanischen schweren Kreuzers den Tod.

16. August 1943:

Wie bereits durch Sondermeldung bekanntgegeben, griff in den Abendstunden des 13. August ein deutsches Torpedofliegergeschwader (KG 26) unter Führung des Majors Klümper ostwärts Gibraltar einen starken, in das Mittelmeer einlaufenden Geleitzug überraschend an. In schneidig durchgeführten Angriffen erzielten unsere Besatzungen Torpedotreffer auf 32 Schiffseinheiten. Zwei Zerstörer und vier vollbeladene große Handelsschiffe, darunter ein Tanker, sanken sofort. Acht weitere Schiffe blieben brennend mit starker Schlagseite liegen ... Die laufend durchgeführte Aufklärung bestätigte, daß mindestens 170 000 BRT aus dem Geleitzug versenkt und vernichtend getroffen wurden. Sieben eigene Flugzeuge kehrten nicht zurück.

11. April 1944:

Abwehrschlacht südöstlich Ostrow ... »Fliegende Verbände unter Führung von Oberst Kühl ... zeichneten sich besonders aus.«

11. Mai 1944:

Das unter Führung von Major Antrup stehende Kampfgeschwader (KG 55) hat sich im Einsatz an der Ostfront besonders bewährt.

28. Mai 1944:

In den Kämpfen an der italienischen Front zeichneten sich Kampffliegerverbände unter Führung von Oberstleutnant Helbig ... besonders aus.

15. Juni 1944:

In der vergangenen Nacht wurden durch Angriffe starker Kampffliegerverbände 14 Transportschiffe mit 101 000 BRT und zwei Zerstörer durch Bomben- und Torpedotreffer entweder versenkt oder schwer beschädigt. Hierbei zeichnete sich eine Kampffliegergruppe unter Major Thomsen besonders aus.

26. Juni 1944:

In der Nacht vom 24. auf 25. Juni wurden nach abschließenden Meldungen vier große feindliche Kriegsschiffe und ein Frachter durch Bombentreffer schwer beschädigt. Ein seit langem im Kampf gegen England stehendes Fliegerkorps unter Führung von Generalmajor Peltz hat sich hierbei besonders ausgezeichnet.

NAMENSREGISTER

Abraham 297
Abrahamczik, Rudolf 178
Adolph 297
Aigen, Reinhard 178
Albersmayer, Ludwig 178
Albrecht 64
Andres, Ernst 179
Angerstein, Karl 179
Antrup, Willi 173, 220 (Bild), 256 (Bild), 300
Arnold 140
Aschenbrenner 144
Aufhammer 280, 285

Backhaus 92
Baerwald 66, 125 (Bild)
Bätcher, Hansgeorg 137, 142—161, 172, 201 u. 202 (Bild)
von Ballasko, Otto 179
Banholzer, Alfred 179
Barth, Eitel-Albert 179, 256 (Bild)
Barth, Siegfried 180
Baumbach, Werner 8, 9, 20, 22, 30, 32, 34—66, 76, 78, 79, 125 (Bild), 162, 163, 267, 278, 287, 293
Baumgartl, Erich 180
Bausner 110
Bechtle 17 (Bild)
Beckmann 294
Beeger, Horst 180
Beermann, Olt. 46
Beerwald, Uffz. 59, 66
Behm 88, 183 (Bild)
Beier, Karl 180
Bender, Wilhelm 180
Bennemann, Hans 181
Benz 20
Berger 294
Bermadinger, Matthias 181
Bertram, Wilhelm 181
Betke, Siegfried 181, 299
von Beust, Hans-Henning 137, 169, 219 (Bild)

von Bibra, Freiherr Ernst 181
Biemer 290
Bierbrauer, Günther 182
Bischof, Otto 182, 290
Bliesener, Fritz 182
Bloedorn, Erich 182
Bock 294
Boecker, Heinrich 182
Bollmann, Fred 182
Boos, Johann 185
Bormann, Dr. Ernst 168, 219 (Bild)
Bornschein, Walter 185, 256 (Bild)
Botha 291
Bradel, Walter 185
Brandenburg, Max 186
Braun, Willi 186
Braun, Willem 48, 59, 66, 125 (Bild)
Braun, Uffz. 299
Braun, Olt. 290
Brennecke, Wilhelm 186
Brenner, Gerhard 92, 186
Breu, Peter-Paul 187
Britting, Georg 165 (Bild)
Brogsitter, Eduard 187
Broich, Peter 187
Brückner, Wolfgang 187, 294
Brütting, Georg 238 (Bild), 296
Bucholz, Hans 187
Bühligen, Kurt 201 (Bild)
Bülowius, Alfred 188
Bull 268
Busch 298
von Butlar 289

Churchill 81
Class, Paul 153
Claus 38
Clemm von Hohenberg 189
Coeler, Jochen 113
Cordes, Udo 189
Cramer, Heinz 86, 189
Crüger, Arved 190, 295
Czernik, Gerhard 190

Dachauer 252, 255 (Bild)
Daimler 20
Darjes, Paul-Friedrich 190
Daser, Edmund 190, 292
Degan, Uffz. 126 (Bild), 284
Dieckmann 135
Dietrich, Gerhard 187
Dipberger, Willi 101, 109, 147 (Bild), 191
Doench, Fritz 191, 287
Döhler 285
Dönitz 65
Döring, Arnold 192
Döring, Wilhelm 192
Dornier 18, 21, 22, 31
Douhet 77
Dous, Willi 192
Dreher, Johann 192
Ducha 130
Dürbeck, Wilhelm 192

Ebersbach, Hans 193
Eichhoff, Otto 193
Ellmer, Konrad 193
Emig, Hans 193
Engel, Uffz. 297
Engel, Walter 194
Enssle, Alfred 194
Erkens 293
Ermoneit, Helmut 194
Evers, W. H. 26

Fach, Ernst 194
Fähndrich, Dr. Joachim 238 (Bild)
Falkenhorst 116
Fanderl, Georg 195
von der Fecht, Karl-August 195
vom Felde 199
Felmy 143
Fidorra 291
Fiebig, Martin 195
Fink, Johann 78, 195
Fischbach, Adolf 196
Flechner, Willi 196, 256 (Bild), 299
Fliegel, Fritz 196, 256 (Bild), 292, 297
Forgatsch, Heinz 196, 295
Frach, Hans 196
Franken, Werner 196
Frey, Harry 197
Frölich, Stefan 197
Fuchs, Robert 197, 287
Fuhrhop, Helmut 197

Galland, Adolf 31, 34, 66, 78
Gapp, Franz 198
Gassner, Alfred 26
von Gehr 297
Geifmühlen 293
Geisler, Hans 113, 114, 117

Geisler, Herbert 198
Geisler, Siegfried 198
Geismann, Johann 198
Genzow, Joachim 198
Geschwill, Heinz 198
Gerlach 295
Gey, Joachim 198
Glasner, Günter 101, 103, 106, 146 (Bild), 199
Gobert, Ernst-Ascan 199
Göpel 157
Göring, Hermann 24, 31, 52, 61, 62, 76, 79, 268
Görres 253
Graeber, Heinz 199
Grasemann, Walter 199
Graubner, Reinhard 199
von Gravenreuth, Freiherr Siegmund-Ulrich 176, 237 (Bild)
Greve, Karl-Heinz 200
Gröper 294
Grözinger, Ludwig 200
Grossendörfer, Hans 200
Günthert, Othmar 238 (Bild)
Güntner, Heinrich 200
Günzel, Reinhard 169, 219 (Bild)
Gutmann, Heinz 203
Gutzmer, Hans 203

Hagen, Walter 268
Häberlen, Klaus 203
Hahn, Uffz. 294
Hahn, Fw. 296
Hahn, Joachim 203, 289
Halensleben 99
Hankamer, Wolfgang 204
Hanke, Georg 204
Harlinghausen, Martin 66, 111—132, 128 (Bild), 139, 159, 263, 264, 265, 291
Harries, Friedrich 204
Hart, Rolf 204
Hartmann 298
Haß, Ete 50
Hasselbach, Hans 204
Haupt, Karl 204
Hauser, Hellmuth 205
Hefele, Hans 113
Heide, Ofw. 202 (Bild)
Heidemann 152
Heiner, Engelbert 205
Heinkel 19
Heinrich, Otto 205
Heinrichs, Erich 205, 296
Heintz, Kurt 205
Heise, Hanns 206
Helbig, Joachim 81—100, 162, 167, 183 (Bild), 298, 300

Hell 294
Henne, Rudolf 206
Hennemann, Konrad 206, 299
Henning, Horst 206
Henrici, Carlos 65
Henze 294
Herfort 292
Herkner, Erich 207
Herrmann, Benno 207
Herrmann, Hajo 207, 238 (Bild), 248
Hetzel 280
Heute, Wilhelm 208
Hey 294
Hildebrand, Walter 208
Hinkelbein, Claus 208
Hinrichs, Ernst 208
Hintze, Otto 209
Hitler, Adolf 31, 61, 65, 79, 94, 115, 122, 123, 124
Höfer, Karl-Heinrich 174, 237 (Bild), 256 (Bild)
Höflinger, Karl 210, 292
Höhne, Otto 209
Hörwick, Anton 210
Hoffmann, Kuno 91, 209
Hogeback, Hermann 101—110, 147, 148 (Bild), 162, 165 (Bild), 169
Holle, Georg 210
Hollinde 293
Hollweg 280, 284
Hormann, Hans 152, 202 (Bild), 210
Huhn 285
Hunger, Heinrich 210

Igener 296
Ihrig, Ernst-Wilhelm 211, 297
Ilk, Iro 92, 211
Illg, Wilhelm-Friedrich 211
Isachsen, Herbert 212

Jabs, Hans-Joachim 201 (Bild)
Jacobi 297
Janopa 295
Jeckstat, Erich 212
Jenisch 290
Jente, Heinz 212
Jeschonnek 26, 52, 55, 60, 64, 81
Jödicke, Joachim 212
Jolitz, Günter 212
Jungklaus, Siegfried 213
Junkers 20, 23
Jope, Bernhard 171, 201 (Bild), 220 (Bild), 280, 285, 290

Kahl, Konrad 213, 256 (Bild)
Kahle, Hellmuth 213
Karbe, Adalbert 213
Karsch 296
Katen 294

Kaupisch, Werner 120
Keppler, Hans 214
Kessel, Karl 214
Kessler, Ulrich 130
Kesselring, Albert 7, 8, 60, 66, 94, 97, 130
Kiel, Rudolf 214
Kindermann 26
Kindler, Alfred 214, 256 (Bild)
Kirn, Hans 215
Klaar 73
Klein, Heinrich 215, 238 (Bild)
Klein, Dr. Herbert 215
Kless, Friedrich 74, 215, 256 (Bild)
Klien, Heinz 215
Klimek, Helmut 216
Klischat, Helmut 216
Klöß 297
Klosinski, Werner 137
Klümper, Werner 216, 255 (Bild), 268—277, 300
Knauth 294
Knöchel 297
Knust, Friedrich-Karl 217
Köhnke, Otto 217
Kölln 156, 202 (Bild)
König, Viktor 217
Köster 294
Koller, Albert 217
Kollewe, Gerhard 92, 167, 219 (Bild), 297
Koppenberg 24
Kornblum, Dietrich 218
Korthals, Gerhard 218
Kosch, Benno 218
Kowalewski, Robert 116, 218, 255 (Bild)
Kräher 294
Kralemann, Friedrich 221
Kramer, Dr. 278
Kraus, Adolf 222
Krems, Gerhard 222, 238 (Bild)
Kühl, Dr. Ernst 133—141, 145 (Bild), 153, 171, 222, 300
Kühl, Hermann 121, 222
Kühn 290
Kuntz, Herbert 223
Kuntze, Albrecht 223

Lau, Heinrich 224
Lebuda 293
Lehmann, Kurt 224
Lehner, Franz 224
Lehnert, Willy 101, 103, 104, 109, 146 (Bild), 224
Lehwess-Litzmann, Walter 224
Lemberg 292
Lenger 297

Lent 38
Leonardi 289
Leupert, Otto 92, 225
Lichtinger 297
Lindinger, Eduard 225
Lindmayr, Alois 225
Linke, Richard 225, 299
Lipp, Karl 226
Loebel, Walter 226
Löffelbein, Günter 226
Lohmann 294
Lorch, Herbert 226
Lorenz 294
von Loßberg, Viktor 226
Lubrich 253
Lührs, Wolfgang 226
Lukesch, Dieter 173, 220 (Bild)
Luther, Dr. 140
Luxenberger, Josef 226, 256 (Bild)

Mader, Hans 227
Magg, Alois 227
Magnussen 287
Maier, Kurt 175, 237 (Bild)
Mandl 296
von Manstein 138
Marienfeld, Walter 228
Martin, Wolfgang 228
Martini 121
von Maseenbach, Freiherr Dietrich 228
Mayr, Rudolf 228
Menke 296
Menz 42, 46, 47, 50, 56, 293
Merker, Hans 229
Messerschmitt 30
Metzig, Rudolf 72 (Bild), 229
Metzmacher 294
Mevissen, Kurt 229
Meyer, Heinrich 229
Michael, Hermann 230
Michaeltakis 94
Middermann 284
Milch 138
Millahn, Karl-Hermann 230
Möller 294
Molly 284
Mons, Rudolf 230, 292
Morich, Gerhard 230
Moßgruber, Hans-Theo 231
Mrovitzki 285
Müller, Horst 231
Müller, Karl 231
Müller, Philipp 231
Müller, Rudolf 232, 238 (Bild), 255 (Bild), 294
Mündel 291
Münz 295
Mylius, Wilhelm 232

Nack, Herbert 238 (Bild)
Nacke, Rudolf 233
Neumann 291
Nitsch 298
Nocken, Klaus 233
Nölter, Herbert 233
Nöske, Klaus 234
Noll 46

Oberländer, Hans-Werner 234
Odelga 292
Odenhardt, Wilhelm 234
Oekenpöhler, Hansi 235

Paepcke, Heinrich 168, 219 (Bild)
Paul von Jugoslawien, Prinzregent 39
Peltz, Dietrich 7, 31, 62, 67—80, 97, 162, 165 (Bild)
Peters, Josef 235, 296
Peters, Karl 235
Petersen, Edgar 235, 256 (Bild), 287, 297
Petersen, Karl-August 235
Petzold, Ernst 236
Petzold, Joachim 236, 238 (Bild)
Pflugbeil, Kurt 78
Pichler 296
Pilz, Walter 236, 239
Philipp 38
Philipps 287
Placzek, Franz 239
Poetter, Joachim 239
Pohle 26
Prien 41
Prüger, Walter 239
Puchinger, Rudolf 165 (Bild), 239
Pusavec 299
Puttfarken, Dietrich 240
Putz, Helmut 240

Quednau, Horst 240

Raab, Alexander 241
Raithel 75, 241
Rath, Hans-Joachim 241
Rauer, Karl 241
Rauscher 73
Rehle, Siegfried 241
Rein, Willi 241
Renz, Gerhard 242, 253
Reuß, Fürst 99
von Reuter 41
von Ribbentrop 123, 124
Ribic 295
Richter, Gerhard 242
Richter, Heinz 242
Richter, Walter 242
Richter, Fw. 298

Richter, Lt. 299
von Richthofen 97, 151
Rieckhoff, Herbert 243
Riedesel, Freiherr von und zu Eisenbach, Volprecht 177, 237 (Bild)
Rösch, Rudolf 243
Rößiger, Wilhelm 243
Röthke, Siegfried 107 (Bild), 243
Roewer, Herbert 244
von Rohden, Herhudt 137, 138
Rommel 70, 96, 122
Roos, Uffz. 202 (Bild)
Roth, Günther 244
Rowehl 19, 22
Rudat, Horst 245
Rudolph 294

Saalfrank 152, 156, 202 (Bild)
Sartor, Bernhard 245
Sattler, Georg 175, 237 (Bild)
Sauer, Hans 183 (Bild), 245
Seefeld 296
Seib, Robert 253, 256 (Bild)
Seiffert, Heinz 253
Sengschmidt, Fritz 253
Seyfarth, Kurt 254
Sievert, Hans-Carl 254
Sigel, Walter 68
Silbersiepe 281
Skorczewski, Wolfgang 254
Skrzipek, Eduard 172, 220 (Bild)
Sölter, Willi 257
Sohler, Fritz 39, 82

Schäfer, Eberhard 246
Schäfer, Karl 246
Schäfer, Fw. 298
Schäfer, Gefr. 297
Schätz 252
Schalles, Walter 246
Scheele 247
Schellong, Hans 246
Schenck, Wolfgang 247
Schibuta 48
Schiller 64
Schilling 293, 297
Schlosser, Heinrich 247
Schloßleitner 248
Schlund, Franz 84, 87, 88, 91, 183 (Bild), 248
Schmetz, Heinrich 248, 284, 285
Schmidt 39
Schmidt, Franz 249
Schmidt, Hermann 149, 249
Schmidt, Karl 252
Schmidt, Rudolf 250
Schmidt, Werner 250
Schmidt, Ofw. 294

Schmidtmann, Fritz 250
Schmitter, Wilhelm 171, 220 (Bild), 256 (Bild)
Schmitz, Wilfried 250
Schölß, Josef 251
Scholz, Siegfried 144, 251
Schönherr 73
Schönhoff 295
Schomann, Karl-Heinz 251
Schoßleitner, Reinhard 251
Schulte 299
Schultz, Willi 252, 255 (Bild)
Schulz, Ludwig 252
Schultheiß 78
Schumm 294
Schröder, Gerhard 82
Schwegler, Matthias 252
Schweickhardt, Heinrich 266
von Schwerin 242, 253

Spadiut, Dr. Herbert 257
Speer, Albert 61, 62, 65
Spieth, Albert 257
Sprenger 297
Sprung, Helmuth 257

Stadermann 257
Stahl, Erhard 257, 293
Stahnke, Karl-Heinz 258
Stamp, Gerhard 258
Stams, Otto 258
Starke 296
Steputat, Jürgen 49, 259
Stemmler, Wilhelm 260
Stephan, Major 183 (Bild)
Steudel, Josef 259
Steudel, Fritz 259
Stockmann 269
Stoeckl, Alois 259
Stöger 297
Störchel, Helmut 259
Stoffregen, Erich 256 (Bild), 259
Storp, Walter 105, 163, 164, 167, 219 (Bild), 288, 291
Stricker, Karl-Heinz 260
Strobel, Paul 260
Stüwe, Eberhard 260

Sumpf, Hans 260
von Sutternheim 260
Sy, Erwin 260

Taeger, Erich 261
Teige, Waldemar 261, 299
Teske, Georg 261
Thiel, Erich 261
Thies, Heinrich 47, 48, 58, 59, 66, 125 (Bild), 292
Thoss, Werner 261

Thomas 295
Thomsen 301
Thurner, Hans 172, 220 (Bild)
Tilebein, Bruno 262
Trageser 294
Trenke, Johann 262
Trost, Günther 262
Tscharschning, Willy 262

Udet, Ernst 52
Ulbricht 295
Unrau, Heinz 262
Unruh, Kurt 262
Untucht 21

Veith, Alfred 262
Vetter, Martin 263
Vogelhuber 292
van Vonno 51
Vorpahl 284, 285
Voß, Herbert 263

Wagner, Herbert 278
Wagner, Wolfgang 26

Waldecker, Helmut 263
von Wangelin 263
Weber 293
Weible, Ernst 263
Weinreich, Helmut 264
Weitkus, Paul 264
Werlin, Wilhelm 238 (Bild), 264
Wever, Walter 7, 32, 143
Wick 74
Wieting, Hans 128 (Bild), 264
Wilhelm, Hans-Joachim 265
Will, Fritz 265
Winnerl, Josef 265
Wittek 296
Wittmann, Herbert 177, 237 (Bild)
Wittmer, Heinrich 265
Wolf 290
Wolf, Uffz. 297
Wolff, Gottlieb 265

Zauner, Franz 265
Zillich, Karl 266
Zöllner, Heinz 266

LITERATURVERZEICHNIS

Bundesarchiv in Kornelimünster.
Bundesarchiv — Militärarchiv Freiburg.
Baumbach, Werner: Zu spät? München, 1949.
Galland, Adolf: Die ersten und die letzten, Darmstadt, 1953.
Kesselring, Albert: Soldat bis zum letzten Tag, Bonn, 1953.
Obermaier, Ernst: Die Ritterkreuzträger der Luftwaffe, Mainz, 1966.
Orlovius, Dr. Heinz: Die deutsche Luftfahrt, Jahrbücher 1940/41, Frankfurt.
«Der Adler», Berlin, Jahrgang 1940—1944.

ANMERKUNG DES AUTORS ZUR NEU-AUFLAGE

Nach v. Seemen »Ritterkreuzträger« und vielen privaten Mitteilungen erhielten folgende Kampfflieger ebenfalls das Ritterkreuz. Bis zu einer weiter notwendigen Neuauflage wird sich der Autor bemühen, von diesen Kampffliegern Daten ihres Lebens und ihrer Leistungen in Erfahrung zu bringen.

Ackermann, Georg, Lt. d. R. TO i. d. 5./KG 53 »Legion Condor«, am 28. 2. 1945
Ammann, Paul, Fw. u. Flugzeugf. i. d. I./KG 4 »General Wever«, am 12. 3. 1945
Barth, Karl, Obl. i. d. 3./Küstenflieger-Gr. 506, am 14. 12. 1940, gef. als Staffelkapitän der 6./KG 26 am 9. 11. 1942
Dettke, Oskar, Hpt. u. Staffelkapitän 9./KG 55, am 7. 4. 1945
Engel, Otto, Lt. d. R. u. Stf. 5./KG 53 »Legion Condor«, am 28. 2. 1945
Franke, Adolf, Fw. u. Flugzeugf. im KG 30, am 30. 9. 1944
Gehring, Friedrich, Hpt. u. Staffelkapitän der 7./KG 26, am 28. 2. 1945
Graßmann, Dietrich, Oblt. u. Stkap. 1./KG 4 »General Wever«, am 12. 3. 1945
Hampe, Herbert, Ofw. u. Flugzeugf. i. d. II./KG 3, am 5. 4. 1944
Hulha, Alois, Oblt. u. Flugzf. i. d. 6./KG 53 »Legion Condor«, am 17. 3. 1945
Kempin, Günther, Fw. u. Flugzeugf. i. d. 14./KG 27 »Boelcke«, am 17. 4. 1945
Klosinks, Werner, OTL u. Kommodore KG 4 »General Wever«, am 9. 6. 1944
Krämer, Peter, Hpt. u. Gruppenkommandeur I./KG 4, am 4. 4. 1945
Kramer, Rudolf, Hpt. u. Staffelkapitän im KG 26, am 18. 3. 1945
Küster, Rolf, Oblt. u. Flugzeugf. i. d. 6./KG 53 »Legion Condor«, am 17. 3. 1945
Kunze, Herbert, Ofw. u. Beobachter i. e. KG, am 31. 10. 1944
Maier, Kurt, Oblt. und Beobachter i. d. 3./KG 4, am 16. 11. 1942
Meyer, Otto, Ofw. u. Flugzeugf. i. d. III./KG 55, am 29. 2. 1944
Paulsen, Karl-August, Oblt. u. Staffelkapitän der 9./KG 30, am 29. 2. 1944
Peteani, Josef, Oblt. u. Flugzeugf. i. d. 7./LG 2, am 27. 10. 1942
Dr. Rannersmann, Rolf, Hpt. und Kommandeur der I./KG 4, am 12. 3. 1945
Schäfer, Friedrich, Oblt. u. Staffelf. der 4./KG 200, am 24. 10. 1944
Schmidt, Rudolf, Hpt. und Kommandeur der II./KG 26, am 28. 3. 1945
Stein, Günther, Fw. u. Bordfunker i. d. 6./KG 2, am 8. 4. 1945
Südel, Heinrich, Oblt. u. Flugzeugf. i. d. I./KG 55, am 26. 2. 1945
Thomsen, Ernst-Heinrich, Major u. Kommandeur der III./KG 26, am 24. 10. 1944
Thurnhuber, Josef, Lt. u. Flugzeugf. i. d. I./KG 200, am 12. 3. 1945
Voß, Reimer, Oblt. u. Staffelkapitän der 4./KG 26, am 12. 3. 1945

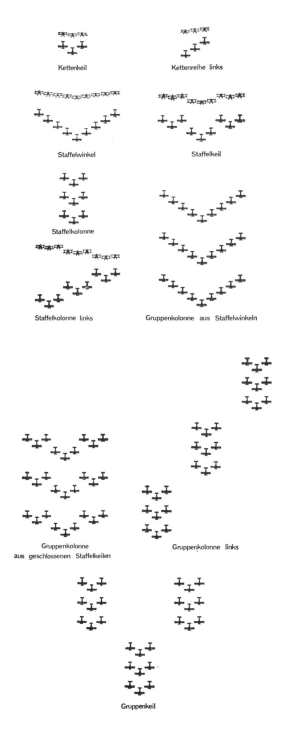

Die gebräuchlichsten Verbandsflugformen zu Beginn des Krieges.

Bestseller als ungekürzte Sonderausgaben

HOLT HARTMANN VOM HIMMEL
Die Geschichte des erfolgreichsten Jagdfliegers der Welt · Von Toliver/Constable
Mit 352 Luftsiegen erfolgreichster Jagdflieger aller Zeiten; in der Versenkung russischer Gefangenschaft verschwunden, nach 11 Jahren ungebrochen heimgekehrt und wieder Soldat: Kommodore des ersten deutschen Düsenjägergeschwaders der Nachkriegszeit.
344 Seiten, 52 Abb., geb., statt DM 36,– (Originalausg.) nur DM 22,–

DAS WAREN DIE DEUTSCHEN STUKA-ASSE 1939–1945
Von Georg Brütting
Das Sturzkampfflugzeug – in allen Sprachen als „Stuka" bekannt – war einmalig in der Luftfahrtgeschichte. Ohne die Stuka-Geschwader wären die deutschen Blitz-Operationen nicht denkbar gewesen. Über ein Dutzend Piloten flog mehr als 1000mal gegen den Feind.
286 Seiten, 105 Abb., geb., statt DM 39,– (Originalausg.) nur DM 22,–

ZWEIKAMPF AM HIMMEL
Taktik und Strategie der großen Jagdflieger 1914 bis heute · Von Edward H. Sims
Angefangen im Ersten Weltkrieg bei den „fliegenden Kisten" und endend mit dem Einsatz der Mach-2,5-„Phantom"-Jäger in Vietnam. Über 30 berühmte Jagdflieger hat Edward H. Sims interviewt – immer um Objektivität bemüht.
336 Seiten, 59 Abb., geb., statt DM 44,– (Originalausg.) nur DM 26,–

GEHEIMGESCHWADER KG 200
Die Wahrheit nach 40 Jahren · Von P. Wilhelm Stahl
Es erschien schon immer geheimnisvoll und vage: das Gesicht des „Gespenster-Geschwaders" KG 200. Lange Zeit war nichts Genaues zu erfahren. In diesem Buch findet der Leser den lange erwarteten, authentischen Bericht von einem, der dabei war. *Ein ebenso spannendes wie erfolgreiches Buch.*
304 Seiten, 53 Abb., geb., statt DM 36,– (Originalausg.) nur DM 22,–

DEUTSCHE FALLSCHIRMJÄGER IM 2. WELTKRIEG
Grüne Teufel im Sprungeinsatz und Erdkampf 1939–1945 · Von Volkmar Kühn
Die Geschichte der deutschen Fallschirmtruppe im Zweiten Weltkrieg. Ihre Einsätze in der Gluthitze Afrikas, in den Eiswüsten Rußlands, auf Sizilien und in Italien, in Frankreich und auf deutschem Boden. Aus der Sicht des Einzelkämpfers und der Obersten Führung.
340 Seiten, 114 Abb., geb., statt DM 42,– (Originalausg.) nur DM 24,–

Der Verlag für Zeitgeschichte
MOTORBUCH VERLAG
Postfach 13 70 · 7000 Stuttgart 1